A FORÇA ESTÁ CONOSCO

Thomas Walker

A FORÇA ESTÁ CONOSCO

As Evidências sobre a Existência da Consciência Superior que a Ciência se Recusa a Aceitar

Tradução de
CLAUDIA GERPE DUARTE

Prefácio de
RICHARD SMOLEY

Editora Cultrix
SÃO PAULO

Título original: *The Force Is With Us.*

Copyright © 2009 Thomas Walker.

Copyright da edição brasileira © 2012 Editora Pensamento-Cultrix Ltda.

Texto de acordo com as novas regras ortográficas da língua portuguesa.

1ª edição 2012.

Publicado mediante acordo com Theosophical Publishing House, 306 West Geneva Road, Wheaton, IL 60187 USA.

Todos os direitos reservados. Nenhuma parte desta obra pode ser reproduzida ou usada de qualquer forma ou por qualquer meio, eletrônico ou mecânico, inclusive fotocópias, gravações ou sistema de armazenamento em banco de dados, sem permissão por escrito, exceto nos casos de trechos curtos citados em resenhas críticas ou artigos de revistas.

A Editora Cultrix não se responsabiliza por eventuais mudanças ocorridas nos endereços convencionais ou eletrônicos citados neste livro.

Coordenação editorial: Denise de C. Rocha Delela e Roseli de S. Ferraz
Preparação de originais: Roseli de S. Ferraz
Revisão: Maria A. A. Salmeron
Diagramação: Fama Editoração Eletrônica

Dados Internacionais de Catalogação na Publicação (CIP)
(Câmara Brasileira do Livro, SP, Brasil)

Walker, Thomas
    A força está conosco : as evidências sobre a existência da consciência superior que a ciência se recusa a aceitar / Thomas Walker ; tradução Claudia Gerpe Duarte ; prefácio de Richard Smoley. — São Paulo : Cultrix, 2012.

    Título original: The force is with us
    Bibliografia
    ISBN 978-85-316-1176-6
    1. Parapsicologia e ciência I. Smoley, Richard. II. Título.

12-00136   CDD-130

Índices para catálogo sistemático:
1. Parapsicologia e ciência 130

Direitos de tradução para o Brasil
adquiridos com exclusividade pela
EDITORA PENSAMENTO-CULTRIX LTDA.
Rua Dr. Mário Vicente, 368 — 04270-000 — São Paulo, SP
Fone: (11) 2066-9000 — Fax: (11) 2066-9008
E-mail: atendimento@editoracultrix.com.br
http://www.editoracultrix.com.br
que se reserva a propriedade literária desta tradução.
Foi feito o depósito legal.

Em memória do meu amado filho, Clint:

Meu filho, se você não estiver sentado à sombra de Deus neste momento, o restante de nós simplesmente não tem a menor chance.

SUMÁRIO

Prólogo 9
Prefácio 15
Introdução:
O que é novo é velho 19
1. A força:
Do ch'i à constante cosmológica e além 25
2. Novas dimensões:
Percepções além do corpo 39
3. Mais dimensões:
O corpo além do corpo 61
4. Para onde vamos?
Argumentos a favor de uma vida futura 76
5. Desenvoltura paranormal:
Celebridades da psicocinese 98
6. Magneticamente magníficos:
Explorando o campo de energia humano 120
7. Pária orgástico:
Wilhelm Reich estava certo? 131
8. Corrigindo a lacuna:
A chegada da medicina alternativa 145
9. Ciência de segunda classe:
Quem decide? 171
10. Um caminho com coração:
De volta para casa 201
Epílogo 215
Notas 219
Bibliografia 235

Parti em busca da Verdade,
e eis o que encontrei...

PRÓLOGO

*E*ntre todos os tipos de tirania aos quais a humanidade se sujeitou, o despotismo das palavras está entre os mais insidiosos. Uma palavra é um significante altamente mutável, e os teóricos chegaram ao ponto de dizer que uma determinada palavra nunca significa duas vezes a mesma coisa. No entanto, geralmente nos esquecemos desse fato inquietante e tratamos a palavra como se ela fosse um objeto, às vezes um objeto de reverência. E se uma palavra encerra mais de um significado, achamos fácil reuni-los e confundir um significado com o outro.

Esta é a nossa situação com a palavra *ciência*. A palavra tem (pelo menos) dois significados que estão longe de ser idênticos. Um deles tem a ver com o *método* científico: a experimentação, a observação e a repetitividade dos resultados. Como salientou Karl Popper, filósofo do século XX, a ciência neste sentido não está interessada em provar nada. Mais exatamente, o seu propósito é conceber hipóteses que sejam *falsificáveis,* que possam ser testadas, verificadas e, possivelmente, comprovadas como sendo falsas. Se a sua falsidade não for demonstrada, então elas têm uma confiabilidade temporária. Mas é importante ressaltar que ela é apenas temporária: a hipótese (mesmo quando recebe uma certa sanção por ser rebatizada como teoria) sempre está aberta a uma posterior refutação. Se uma hipótese não é falsificável, ela não se encaixa no campo de ação da ciência.

De que maneira, por exemplo, você provaria ou refutaria a existência de Deus? Vi um *cartoon* certa vez (era *Life in Hell,* de autoria de Matt Groening, criador de *Os Simpsons*) no qual um menino encontra um esquilo morto na rua. O menino levanta os olhos e diz: "Deus, se você existe, peço que ressuscite este esquilo!" Mas o esquilo não voltou a viver. Isso significa que o menino demonstrou que Deus não existe? É evidente que não. Não é possível demonstrar a falsidade da existência de Deus dessa maneira ou de nenhuma outra, de modo que isso é considerado fora do âmbito da ciência.

Isso tudo é muito simples. O problema surge quando usamos a *ciência* em um segundo sentido: nós nos esquecemos desses fatos e tomamos as descobertas da ciência como objetos de uma crença dogmática. Essa atitude é frequentemente considerada ciência, e é chamada por esse nome, mas não é nada disso. Seria melhor chamá-la de *cientificismo*. Não se trata de um método e sim, mais exatamente, de pegar as constatações atuais ou recentes desse método e reverenciá-las como verdade.

Lembro-me de ter visto um livro peculiar na mesa de uma livraria em 2006. O seu conteúdo era extraordinário: quatro obras de Darwin, *Voyage of the Beagle [A Viagem do Beagle], The Origin of Species [A Origem das Espécies], The Descent of Man [A Origem do Homem e a Seleção Natural]* e *Expressions of the Emotions in Man and Animals [A Expressão da Emoção em Homens e Animais],* encadernadas em um único volume, com uma introdução do biólogo de Harvard E. O. Wilson. O curioso era que o formato grande e a luxuosa encadernação do livro fazia com que ele parecesse uma Bíblia, o que era a sua intenção: uma bíblia da religião da ciência, tendo Darwin como o seu Moisés e Wilson como o seu João Batista.

Assim é o cientificismo: por ser uma religião, ele precisa (ou acha que precisa) de uma bíblia, e as palavras de Darwin se encaixam muito bem nesse propósito. Mas independentemente dos pontos fortes e fracos da teoria darwiniana, ela não é e não foi destinada a ser um dogma de crença cega. No final, provavelmente, como a física newtoniana, descobriremos que ela tem validade dentro de certos limites, mas não para explicar tudo a respeito da natureza da vida ou, por falar nisso, a respeito do desenvolvimento da espécie.

A situação na física é ainda mais desconcertante. Todos "sabemos" que há lá fora um mundo sólido, objetivo e tridimensional, e que ele se assemelha às nossas percepções em maior ou menor grau. Grande parte do cientificismo se baseia nessa suposição. E, no entanto, essa é a afirmação mais tênue e infundada que existe. A física avançada já precisa recorrer a hipóteses bizarras como cadeias decadimensionais ou um universo holográfico para explicar as suas constatações paradoxais. Além disso, essas hipóteses só se aplicam a informações físicas, mas estas últimas são apenas uma pequena parte do quadro. Sabemos que a nossa experiência do mundo é firmemente restringida pelos limites dos nossos sentidos físicos. Atualmente, por exemplo, os cientistas estimam que 93% do universo consiste em "matéria escura", uma matéria que nem nós, nem os nossos aparelhos, conseguimos perceber diretamente mas que sabemos que deve estar presente devido a certas indicações indiretas.

Existem realidades além destas, realidades que não podemos perceber ou conhecer, nem mesmo indiretamente? É quase certo que sim. Os entusiastas da fé cientificista conseguem aceitar essa declaração porque ela não exige nada deles; eles já se sentem à vontade com o agnosticismo, pelo menos de um tipo. Mas podemos levar a pergunta um passo à frente: existem realidades que podemos perceber de maneiras que o cientificismo se recusa a aceitar? Existem coisas como a precognição, a clarividência ou a telecinesia? Existe uma "força vital" que anima cada criatura, mesmo que o bisturi da dissecação não consiga encontrá-la?

O trabalho fascinante e extremamente agradável de Thomas Walker aborda essa questão. As suas constatações coincidem com o que praticamente todos os investigadores objetivos descobriram: que essas coisas de fato existem e que a *ciência* provou a existência delas. Mas o *cientificismo* se permitiu constante e intencionalmente ficar cego para esses fenômenos e se esforçou ao máximo para fazer com que o público também fizesse a mesma coisa.

Se você, por exemplo, ler a respeito de assuntos como percepção extrassensorial (PES) ou cura a distância na imprensa convencional, quase sempre ficará com a impressão de que essas coisas não existem, que a ciência já provou há muito tempo que tudo isso é uma grande bobagem. Na realidade, a ciência fez exatamente o oposto. Sempre que ela tentou examinar esse assunto com uma objetividade genuína, ela confirmou a veracidade dessas supostas superstições, ou pelo menos descobriu que elas encerram mais coisas do que uma visão de mundo limitada e materialista gostaria de admitir.

Tomemos, por exemplo, a PES testada cientificamente por métodos como a adivinhação de cartas. Digamos que existam cinco tipos de cartas diferentes, e é pedido a um voluntário que adivinhe cegamente que carta está virada para cima num momento considerado. Se ele adivinhar corretamente num grau estatisticamente maior do que o puro acaso permitiria, esse resultado poderá ser tomado com uma confirmação da PES. Esses experimentos foram feitos? Foram. O investigador psíquico do século XIX, Henry Sidgwick, preconizou o seguinte: "Se eles não acreditarem em cinquenta experimentos, dê a eles mais cinquenta e depois mais cinquenta até que sejam obrigados a acreditar". No seu recente livro, *A New Science of the Paranormal* (também publicado pela Quest), o parapsicólogo Lawrence LeShan comenta: "Certamente fizemos isso com um número bem maior de experimentos do que o sugerido por Sidgwick", mas, acrescenta ele, "as informações das pesquisas psíquicas ainda não foram aceitas pela comunidade científica — não necessariamente por razões científicas".

Dean Radin, outro respeitado parapsicólogo, apresenta o mesmo veredicto no site *Reality Sandwich*: "Esta forma de investigação já acontece há mais de um século, e apesar da negativa oficial, a opinião está formada: alguns fenômenos psíquicos efetivamente existem. No entanto, como gorilas ofuscantemente óbvios, nem todo mundo consegue vê-los. (Na realidade, como a maioria do público em geral, muitos cientistas têm essas experiências, mas como na parábola da Roupa Nova do Imperador, os jovens que estudam ciências logo aprendem na faculdade que não é politicamente conveniente falar a respeito do assunto.)"

O falecido sociólogo Marcello Truzzi foi um dos fundadores do Committee for the Scientific Investigation of Claims of the Paranormal (CSICOP). Truzzi também foi o fundador de uma publicação chamada *Explorations,* cujo nome mais tarde foi trocado para *The Zetetic* e, finalmente, para o seu título atual: *The Skeptical Inquirer*. Ela é uma das revistas mais desapiedadamente cientificistas publicadas hoje em dia. E a CSICOP (que não é por acaso que se pronuncia "psi cop" [policial psíquico], como observa Walker) é a coisa mais próxima que o cientificismo tem de uma

Inquisição. Assim sendo, poderíamos esperar que Truzzi atacasse as alegações de paranormalidade com o fervor de um Torquemada, mas na verdade as suas opiniões foram bastante sutis (o que acabaria fazendo com que ele rompesse com a CSICOP). Truzzi havia advertido contra outro tipo de rotulação errada: chamar uma pessoa de cética quando na realidade ela está sendo zombeteira. Truzzi escreve o seguinte: "O termo *ceticismo* é adequadamente definido como 'dúvida' e não 'negação'. Ele envolve uma atitude de agnosticismo, de ausência de crença e não de descrença. O verdadeiro cético (o que duvida) não faz nenhuma alegação, de modo que não tem a obrigação de provar nada. O zombeteiro (o que nega), no entanto, faz uma alegação *negativa*" [ênfase de Truzzi]. O ceticismo organizado é uma norma fundamental na ciência, mas a zombaria nada mais é do que o dogmatismo disfarçado de investigação objetiva. Truzzi prossegue dizendo:

> Como os proponentes de anomalias produzem evidências mais poderosas, os críticos às vezes deslocaram as balizas para mais longe. Isso está especialmente claro no caso da parapsicologia. Para convencer os cientistas do que fora meramente respaldado por evidências difundidas, porém fracas, os parapsicólogos levaram a pesquisa psíquica para o laboratório. Quando os resultados experimentais foram apresentados, o seu projeto foi criticado. Quando os protocolos foram aprimorados, um elemento "à prova de fraude" ou "experiência crítica" foi exigido. Quando estes foram incluídos, os críticos argumentaram que novas formas de erro poderiam ser a causa (como o erro "file drawer"* que poderia resultar de pesquisas com resultados negativos não publicados) [...]. E em um caso, quando o zombeteiro não encontrou uma contra-explicação, ele descreveu o resultado como uma "mera anomalia", que não deveria ser levada a sério e cujo lugar era apenas em uma página de

---

* Tradução literal, erro da gaveta do arquivo. O efeito *file-drawer* refere-se à prática dos pesquisadores de arquivar pesquisas com resultados negativos. O resultado negativo diz respeito a não encontrar nada de importância estatística ou consequência causal, e não a encontrar uma coisa que nos afete de um modo negativo. O resultado negativo também pode se referir a encontrar uma coisa que seja contrária a pesquisas anteriores da pessoa ou ao que ela espera. A prática de relatar e publicar somente as pesquisas com resultados positivos cria uma deturpação do assunto que está sendo investigado. (N. da T.)

quebra-cabeça. As balizas foram agora deslocadas para o ponto em que alguns críticos detêm uma posição infalsificável.[1]

E como aprendemos com Karl Popper, uma posição infalsificável é uma posição não científica.

A história que Thomas Walker conta em seu livro é sobre pessoas que lutaram contra esse tipo de preconceito: figuras como Anton Mesmer, J. B. Rhine, Karl von Reichenbach e Wilhelm Reich. Algumas, como Reich e Reichenbach, tentaram, em vão, convencer a ciência de que existe uma coisa chamada força vital, conhecida pelos hindus como *prana* e pelos chineses como *chi* (ou *qi*), e que Reichenbach chamou de *força ódica* e Reich, de *orgônio*. Embora a existência dessa força devesse ser óbvia para qualquer pessoa que tenha olhado para um corpo vivo ao lado de um cadáver, as chamadas ciências da vida se recusaram a admitir tal coisa, e esses pioneiros foram desacreditados e as suas pesquisas ridicularizadas. Reich, que fugiu do Terceiro Reich para os Estados Unidos, descobriu que o governo no seu novo lar não era mais receptivo às suas ideias do que os nazistas e acabou condenado por charlatanismo. Enviado para uma prisão federal, lá veio a falecer em 1957.

Dizer mais a respeito dessas pessoas seria contar a história de Walker por ele. Este é um relato de fácil leitura, prazeroso e altamente condensado de algumas das descobertas científicas mais extraordinárias da nossa época. Embora a narrativa de Walker seja fascinante, ela também é séria. Ela nos faz lembrar que muitas verdades que aceitamos como coisa natural são pouco mais do que pressuposições e que fatos supostamente comprovados a respeito do universo são pouco mais do que um emaranhado de conjecturas. A ciência rompeu muitos limites e alcançou muitos novos horizontes; isso ninguém pode negar. Mas desconfio que ela está prestes a se lançar contra uma parede impenetrável a não ser que tenha a humildade de admitir algumas das verdades que Walker descreve de uma maneira tão admirável.

— Richard Smoley
Wheaton, Illinois

Richard Smoley é autor de vários livros, entre eles *Hidden Wisdom: A Guide to the Western Inner Traditions* (com Jay Kinney), *Inner Christianity*, *Forbidden Faith: The Secret History of Gnosticism* e *Conscious Love*. O seu mais recente trabalho é *The Dice Game of Shiva: How Consciousness Creates the Universe*.

PREFÁCIO

Iniciei este projeto em 1995 aos 40 anos de idade. O que começou como uma busca de significado que se seguiu a numerosos desapontamentos pessoais e nos negócios tornou-se uma profunda jornada espiritual à medida que comecei a fazer investigações mais profundas. Concluí o original em quase sete anos exatos. Publiquei-o por conta própria em 2004 e, no ano seguinte, contratei um agente literário e consegui um contrato para o livro, que logo foi programado para ser publicado internacionalmente. E foi então que o meu mundo virou de cabeça para baixo.

Certo dia no verão de 2006, Clint, o meu filho de 25 anos, foi diagnosticado com câncer. Uma hora depois, o meu agente me telefonou para dizer que a editora tinha desistido de publicar o livro. No intervalo de poucas semanas, mais dois traumas médicos tiveram lugar na família. No entanto, vou contar apenas a história de Clint e deixar que os eventos subsequentes falem por si mesmos.

Naquele verão, Clint foi submetido a dois transplantes de célula-tronco no Vanderbilt Medical Center. Em agosto de 2007, ele estava em completa remissão; a equipe do hospital disse que nunca tinha visto uma pessoa se recuperar tão bem. No entanto, dois meses depois, o câncer voltou. A medicina convencional nada mais tinha a oferecer, de modo que Clint e eu fomos para o México para que ele se submetesse ao tratamento alternativo da famosa Hoxsey Clinic. Inicialmente, tudo correu bem, mas em janeiro ele começou a piorar. Outro tratamento alternativo acelerou o câncer. De repente, ele estava no seu leito de morte, lutando para respirar enquanto lentamente se afogava dos seus próprios fluidos. Estávamos em 2008, no Dia dos Namorados.

Não encontro palavras que possam descrever a dolorosa agonia de ver o meu melhor amigo, o meu único filho, ir embora. Por duas vezes, enquanto eu estava ajoelhado, soluçando, na sua cabeceira, pedi a ele que entrasse em contato depois conosco, se isso fosse possível, para nos dizer se estava bem. Ele fez que sim com a cabeça através da bruma da morfina. Fiquei maravilhado com a sua incrível coragem, com a maneira como ele só se preocupava com o bem-estar dos outros, particularmente com o meu. Ele até mesmo brincou conosco. Depois de um martírio de 24 horas, Clint faleceu.

O meu interesse pelas experiências espirituais era uma paixão que me consumia e que havia se aprofundado nesses anos difíceis, mas o que aconteceu em seguida tornou o mundo espiritual o centro da minha existência. Clint cumpriu a sua palavra, permanecendo em contato.

Houve 18 eventos importantes de contato até a presente data. Alguns envolveram telefonemas e fotos enviadas pelo celular. Outros envolveram sonhos especiais. Fotografias de Clint e do seu amado gato Simon tombavam em misteriosas circunstâncias. Equipamentos eletrônicos apresentavam defeito, particularmente no início do seu programa de televisão favorito. Ele tocou fisicamente alguns de nós.

Mas o acontecimento mais incrível de todos teve lugar poucos dias depois da sua morte. Cyndi era uma amiga muito especial de Clint, e ela permanecera em uma vigília constante no hospital naquele último dia. Alguns dias depois, ela e seu filho, Jeremy, estavam em casa jogando mexe-mexe ou troca-troca. Cyndi remexeu no saco e pegou cinco das peças de madeira com as letras, arrumando-as na prateleira enquanto conversava com o filho. Ao baixar os olhos, o seu cabelo quase ficou em pé. *Em perfeita ordem, da esquerda para a direita, estavam as letras C-L-I-N-T!* A probabilidade de isso ter ocorrido por acaso era de cinco milhões para um, e isso sem incluir a *ordem* das peças.

Posteriormente, Clint apareceu para mim em um sonho. Ele exibia um sorriso luminoso e parecia fantástico, irradiando o brilho que cerca de 50% da população costuma relatar durante fenômenos semelhantes. Mais tarde, ele também apareceu para a irmã, Rachel. Esta disse que, durante o sonho, ele estava muito feliz e animado com as suas experiências. Quando ela se aproximou para abraçá-lo, os seus braços passaram através dele. Fazia exatamente seis meses que ele tinha morrido.

Seria de fato extremamente difícil alguém nos convencer de que esses acontecimentos foram apenas fortuitos. É por esse motivo que sinto intensamente, como você verá neste livro, que as atitudes a respeito da realidade espiritual precisam mudar.

Chegamos a uma importante encruzilhada no desenvolvimento humano. Os contatos de Clint não foram fenômenos inexpressivos ou imaginários. Os antigos sabiam a verdade: vivemos em um universo espiritual, e a nossa existência física familiar é apenas uma minúscula parte desse mundo. No entanto, no mundo moderno, a verdade está sendo desconsiderada, até mesmo reprimida. A mentalidade dos nossos dirigentes continua fechada para a realidade dos fenômenos psíquicos, da percepção extrassensorial, da mediunidade, dos cuidados naturais com a saúde, da cura psíquica, da vida após a morte e da energia vital. Nas próximas páginas, vamos examinar profundamente essas ideias e experiências. Estamos na iminência de redescobrir o que foi perdido depois dos tempos antigos: o nosso destino espiritual. O meu desejo sincero é que, depois de empreender esta jornada, você concorde comigo em que a Força *está* conosco.

INTRODUÇÃO:
O QUE É NOVO É VELHO

O respeito irracional pela autoridade é o maior inimigo da verdade.
— Albert Einstein

A cosmologia moderna afirma que tudo que conhecemos e amamos corresponde apenas a 4% do universo. O restante é composto por substâncias teóricas chamadas *matéria escura* e *energia escura*. O conhecimento da ciência moderna, com todas as suas pesquisas e teorias maravilhosas, explica apenas 4% do cosmos. O resto, invisível para o olho humano e indetectável pela instrumentação científica, forma a maior parte do mundo. Esses 96% restantes são a esfera espiritual à qual os antigos se referiam.

A chave para tudo isso é a *energia*. No entanto, a energia da qual estou falando é muito diferente daquilo que a ciência cotidiana tipicamente chama de "energia". Estou me referindo a campos de energia que são de uma substância fundamental diferente de tudo o que existe no mundo do dia a dia.[1] A esfera espiritual está fora de tudo o que conhecemos e experimentamos na vida cotidiana; é uma vasta área de energia e consciência sutil que cria e sustenta a nossa realidade física.

As qualidades desse mundo energético não podem ser explicadas ou discutidas adequadamente por meio da comunicação corriqueira. Essa esfera precisa ser experimentada diretamente. Esses planos mais elevados de realidade não são encontrados no espaço exterior, e sim no espaço interior da consciência humana. Esse é o verdadeiro segredo que os antigos conheciam. Para descobrir a natureza desses planos superiores, temos que empreender uma jornada *interior* e entrar em contato com a consciência superior, o mundo do espírito que é encontrado em cada um de nós.

A instrumentação científica moderna está começando a arranhar a superfície dessa esfera, mas a grande energia primordial permanece indetectável por intermédio de métodos usuais. Por esse motivo, algumas pessoas questionam a sua existência. Elas concordam, em princípio, com a estranheza da realidade subatômica como prognosticada pela teoria moderna — aceitando (mas predominantemente desconsiderando) a existência da energia do vácuo quântico (também chamada de *campo do ponto zero* ou *energia livre*) — mas ridicularizam a ideia de efetivamente experimentarmos essa esfera por meio de antigas práticas religiosas ou da meditação.[2] As primeiras são a badalação da ciência moderna; a última, um contrassenso.

Nem todos os cientistas pensam dessa maneira.[3] Alguns estão interessados tanto nas práticas espirituais quanto na teoria científica. Alguns percebem intuitivamente que a vida encerra outras coisas, mas precisam ser cuidadosos. Certos temas, como veremos, são tão proibidos que nem mesmo podem ser mencionados. Apesar disso, uma grande quantidade de pesquisas de qualidade tem sido realizada nessas áreas, e os resultados podem ser fascinantes. Uma das descobertas mais surpreendentes é a incrível semelhança entre as antigas crenças espirituais e a física moderna. Se colocarmos de lado a matemática, teremos a impressão de que estamos falando da mesma coisa. No seu livro clássico, *The Tao of Physics*,* o físico internacionalmente conhecido Fritjof Capra examinou detalhadamente as semelhanças entre as duas. Na sua narrativa, elas soam como os dois lados de uma mesma moeda.

No verão de 1969, Capra estava relaxando na praia em Santa Cruz, na Califórnia, quando teve o que o grande psicólogo Abraham Maslow chamou de *experiência de pico*. Era uma bela tarde de verão num belo lugar, e enquanto Capra observava o movimento das ondas e a cintilante luz do

---

* *O Tao da Física*, publicado pela Editora Cultrix, São Paulo, 1985.

Sol, sentiu uma explosão de descoberta, um momento emocional no qual percebeu o ritmo e o fluxo da energia da natureza de uma maneira que era difícil colocar em palavras. Foi um despertar espiritual. Ele instintivamente teve conhecimento do grande fluxo de energia através do cosmos e através dele naquele momento.

Tendo um intenso treinamento em física teórica, Capra se viu inspirado pela experiência direta dessa energia, algo que anteriormente só conhecia por meio de gráficos, tabelas e fórmulas matemáticas. Ele escreveu: "Senti o seu ritmo e 'ouvi' o seu som, e naquele momento eu soube que essa era a Dança de Shiva, o Deus dos Dançarinos adorado pelos hindus".[4]

Capra havia estudado o misticismo oriental. Notara as semelhanças entre religiões como o budismo e a Nova Física. Antes da experiência em Santa Cruz, esse conhecimento estava na sua mente. Agora, estava no seu coração. O resultado foi *O Tao da Física*.

Desse modo, uma jornada espiritual teve início para Capra. Ele ficou convencido de que antigos profetas orientais tinham consciência dos níveis mais profundos da natureza e também estavam familiarizados com a dificuldade de falar a respeito desse conhecimento. Ficou impressionado com o fato de que, embora os métodos de investigação fossem muito diferentes, as conclusões deles eram quase idênticas às da sua disciplina. Os antigos sabiam o que estava acontecendo. Estava na hora de a ciência moderna compreender que nem tudo poderia ser demonstrado em um laboratório. Capra escreve o seguinte:

> As mudanças promovidas pela física moderna foram amplamente discutidas pelos físicos e pelos filósofos nas últimas décadas, mas raramente tem sido percebido que todas elas parecem conduzir na mesma direção, rumo a uma visão do mundo muito semelhante às concepções alimentadas pelo misticismo oriental. Os conceitos da física moderna frequentemente exibem paralelos surpreendentes com as ideias expressadas nas filosofias religiosas do Extremo Oriente.[5]

Os antigos, por exemplo, sabiam que o mundo era na verdade energia. Também sabiam que o fato de concentrarmos a atenção nessa energia espiritual criava a "realidade". Eles estavam plenamente conscientes da carga positiva e negativa, bem como da maneira como essa polaridade faz tudo funcionar. Na verdade, grande parte da moderna teoria quântica era conhecida dos antigos, inclusive a ideia da não localidade e o poder da intenção.[6] Muitos sábios acreditavam que, por intermédio da disciplina espiritual e da meditação, os seres humanos podiam entrar em contato com a energia da ordem superior. Esses mestres acreditavam que, com o treinamento e o desejo adequados, o conhecimento poderia ser direta e intuitivamente experimentado. Eles sabiam que, embora os vislumbres pudessem ser testados até certo ponto, as energias criativas da intuição, dos palpites e das realizações instintivas provêm do mundo do espírito.

No mundo do dia a dia, muitos de nós experimentamos regularmente manifestações repentinas de vislumbres criativos, seja um sentimento que temos no coração, seja a compreensão repentina da resposta de um problema complicado. Até mesmo a ciência deve muito a esses vislumbres. A história da ciência está repleta de contos de explosões repentinas de conhecimentos e vislumbres criativos. Einstein, por exemplo, foi se deitar numa determinada noite de primavera em 1905 e acordou com a resposta para os problemas da relatividade especial, o primeiro dos poderosos pilares da física moderna. Esse tipo de experiência direta da natureza, do conhecimento, era a meta principal das grandes escolas do misticismo oriental, como o taoismo chinês.

Os antigos pensadores eram "vitalistas", pessoas que achavam que uma força vital especial estava em atividade no mundo, especialmente nas coisas vivas. Os vitalistas predominaram durante milhares de anos, ajudados pelo desenvolvimento das religiões ocidentais que concordavam com uma energia de Deus viva e consciente. No entanto, na era da Renascença, as coisas estavam mudando. A nova crença do materialismo se situava nas obras, e ela fornecia uma explicação que agradava àqueles que viam o mundo como uma série de objetos. Já no século XVII, o grande filósofo René Descartes tinha dividido o mundo em matéria e mente. O novo conceito do "dualismo" teve início, e logo a ideia de uma força vital passou a ser considerada uma superstição ignorante, indigna de ser estudada cientificamente.

Os cientistas começaram a usar um raciocínio circular que os faria ser reprovados no primeiro ano de estudos de qualquer curso de filosofia. Uma força vital não poderia possivelmente existir, de modo que era indigna de ser estudada. E como não havia pesquisas científicas, ela não poderia possivelmente existir! Os fenômenos que não podiam ser vistos não podiam fazer parte do nosso mundo. Tudo já era conhecido.

Entretanto, as coisas acontecem em ciclos. Novas informações começaram a indicar que existem muitas coisas que não podem ser vistas com os olhos ou detectadas por meio da tecnologia atual. A física newtoniana foi derrubada pelas emocionantes — e estranhas — descobertas da teoria da relatividade e da mecânica quântica. De repente, o mundo estava parecendo bem mais peculiar do que qualquer coisa que os vitalistas possam ter sugerido, mas qualquer coisa de natureza espiritual ainda era considerada absurda. Os físicos modernos sugerem a existência de outras dimensões — a infame teoria dos "muitos mundos" — mas se um filósofo ou místico mencionar algo semelhante, são tachados de lunáticos.

Persiste, contudo, o incômodo fato (para a ciência) que as coisas de natureza espiritual estão entre as crenças mais comuns da humanidade, algo às vezes chamado de *filosofia perene*. Os fenômenos espirituais estão entrelaçados em toda a nossa história. Depois de estudar durante décadas a ciência, os conceitos espirituais e as artes marciais, eu soube, bem no fundo, que as antigas crenças representavam uma verdade fundamental a respeito do mundo. Comecei a pesquisar evidências de uma força vital. Como a força é considerada o mecanismo por trás dos fenômenos psíquicos e espirituais, a busca se expandiu para incluir um grande território. Descobri duas coisas extremamente importantes: a incrível quantidade de pesquisas que apoiam essas informações e o atordoante preconceito da ciência ortodoxa contra esses fenômenos.

Nas páginas que se seguem darei exemplos de informações que exigem um novo modelo da realidade. Examinarei as surpreendentes descobertas oriundas das pesquisas na área da parapsicologia, da paranormalidade e do espírito. Discutirei também a "psicoenergética", a interação da consciência, da matéria e da energia. Na realidade, as evidências mostram que o mundo espiritual é mais "real" do que a realidade física, algo que deve ter sido completamente óbvio para os nossos antepassados. Afinal de contas, faz apenas poucas centenas de anos que as convicções mecanicistas e reducionistas da ciência moderna cativaram a nossa mente. Lentamente, sob o poder das evidências, poderemos começar a avançar em direção a uma concepção capaz de integrar tanto o novo quanto o velho. Um novo paradigma se encontra nas obras. Que a Força esteja conosco.

Capítulo 1

A FORÇA: DO CH'I À CONSTANTE COSMOLÓGICA E ALÉM

A mente intuitiva é um dom sagrado e a mente racional é um servo fiel.
Criamos uma sociedade que honra o servo e se esqueceu do dom.
— Albert Einstein

Há uma força no mundo que faz as coisas acontecerem. A crença nela existe desde tempos imemoriais. Assim como "A Força" no filme *Guerra nas Estrelas*, ela é um campo de energia que permeia o universo, formando e sustentando todas as coisas; é uma energia de consciência que anima o mundo. Ela flui através das coisas vivas em canais chamados *meridianos* e é a base dos fenômenos paranormais e das formas alternativas de cura. É a nossa ligação com os planos superiores de consciência, o outro mundo, a realidade quântica fundamental que compõe o mundo. Uma vez que ela for aceita pela comunidade científica, estará classificada entre as maiores descobertas de todos os tempos.

Na crença tradicional chinesa, essa força é chamada de *ch'i*. O ch'i é o agente fundamental do universo, a energia sutil, que existe em toda parte, que se condensa a partir do grande campo para formar a matéria física. Ele compõe os objetos materiais, sendo também a forma de onda responsável pela maneira como os objetos interagem. O termo *ch'i* significa "energia vital" ou "éter", cujo fluxo contínuo sustenta o equilíbrio entre o yin e o yang, os grandes polos opostos. Na minha opinião, ele é o campo quântico da física moderna, a entidade fundamental da realidade física. Todos estamos lendo a mesma partitura. Em *O Tao da Física,* Fritjof Capra cita um dos maiores eruditos taoistas da antiguidade, Chang Tsai, que descreve o ch'i da seguinte maneira:

> Quando o ch'i se condensa, a sua visibilidade torna-se evidente de modo que existem, então, as formas [das coisas individuais]. Quando se dispersa, a sua visibilidade não é mais evidente e não há mais formas. No momento da sua condensação, podemos afirmar outra coisa a não ser que se trata de algo temporário? Mas, no momento da sua dispersão, podemos nos apressar em afirmar que se torna então não existente? [...] O Grande Vazio não pode consistir senão do ch'i; este ch'i não pode condensar-se senão para formar todas as coisas; e essas coisas não podem senão dispersar-se de modo a formar o Grande Vazio.[1]

Capra comparou essa descrição com a seguinte declaração do físico Hermann Weyl:

> Segundo a [teoria de campo da matéria], uma partícula material como, por exemplo, um elétron, é apenas um pequeno domínio do campo elétrico dentro do qual a intensidade do campo assume valores extremamente elevados, indicando que uma energia de campo comparativamente enorme acha-se concentrada em um espaço muito pequeno. Um tal nó de energia, que de nenhuma maneira está claramente delineado contra o campo remanescente, propaga-se através do espaço vazio como uma onda de água através da superfície de um lago; não existe algo que seja uma substância única da qual o elétron se consista sempre.[2]

Sim, o ch'i. À semelhança dos conceitos fundamentais da física, é difícil descrevê-lo com palavras. Entretanto, o modelo antigo funciona tão bem quanto o dos físicos modernos para explicar os mistérios do universo. Ambos os modelos afirmam que a energia é a entidade fundamental. Os fenômenos da polaridade fazem o mundo funcionar, adicionando a dinâmica necessária para os ciclos de crescimento e destruição. Somente a terminologia varia. O que nós chamamos de *carga* os chineses conheciam como *yin* e *yang*. Os antigos também tinham pleno conhecimento do efeito do observador mencionado na interpretação da mecânica quântica de Copenhagen, a saber, que a realidade é determinada pelo ato da observação. Nós, por meio do uso da intenção e do ato da observação, determinamos o universo, ou, pelo menos, o "nosso" universo. Essa visão é comum tanto à física quanto à antiga cosmologia. Na realidade, vejo pouca diferença entre a ideia do Grande Vazio e a matéria escura, entre o ch'i e os campos quânticos, entre as ilusões de *maya* no hinduísmo e a interpretação da mecânica quântica de Copenhagen; no entanto, dependendo de com quem você fala, um deles é considerado o que há de mais moderno na ciência e o outro um mito ou superstição ignorante. As civilizações do passado estavam claramente conscientes da verdadeira natureza das coisas. Essa é uma verdade fundamental que estamos neste momento a caminho de descobrir. No restante deste capítulo, vamos seguir algumas investigações da ciência do ch'i.

Em 1979, um estudante de medicina chamado David Eisenberg interrompeu temporariamente os seus estudos na Harvard Medical School para viajar para a China e pesquisar a medicina tradicional chinesa, sendo o primeiro ocidental a fazer isso. A China moderna fora um mistério para o Ocidente até que o Presidente Nixon abriu as linhas de comunicação em 1972, restabelecendo as relações diplomáticas e criando um fluxo de interesse pelo antigo país. Eisenberg havia estudado mandarim no seu curso de graduação em Harvard, de modo que era fluente na língua e tinha um certo conhecimento dos costumes. Mas ele não estava preparado para a filosofia chinesa, particularmente o conceito do ch'i. Ele narra as suas experiências no livro *Encounters with Qi* (uma grafia alternativa do *ch'i*).[3]

Eisenberg começou por investigar a acupuntura, um tratamento médico inteiramente baseado na manipulação do fluxo do ch'i, geralmente por meio da inserção de agulhas em pontos específicos da pele. Era um novo território para o jovem estudante de medicina e desafiou todos os seus sistemas de crenças. Na ocasião, Eisenberg comentou a respeito da falta de documentação sobre a energia vital, mas na realidade pesquisas científicas haviam sido realizadas sobre o ch'i e a acupuntura.

Na década de 1960, o Professor Kim Bong Han havia conduzido pesquisas anatômicas em animais para identificar os meridianos da acupuntura.[4] (A acupuntura funciona bem nos animais e até mesmo nas plantas.) Usando coelhos e outros animais, Kim injetou fósforo radioativo nos pontos de acupuntura e, utilizando a microautorradiografia, analisou os resultados. Estes foram espantosos. Surgiu um mapa quase idêntico aos mapas de acupuntura de milhares de anos atrás. Mas isso não é tudo.

Kim localizou uma minúscula série de dutos desconhecidos, com 0,5 a 1,5 micrometro de diâmetro, que acompanham o trajeto dos meridianos clássicos da acupuntura. Esse sistema de túbulos era independente dos sistemas nervoso ou vascular dos animais. Ele descobriu que o sistema tubular de meridianos tinha subdivisões adicionais. Ele as chamou de *sistema de dutos internos*. Constatou que os minúsculos túbulos eram estruturas móveis dentro dos vasos vasculares e linfáticos dos animais, entrando e saindo em vários pontos ao longo das paredes dos vasos. Uma segunda série de dutos foi encontrada ao longo da superfície dos órgãos internos. Ele chamou essa rede de *sistema intraexterno de dutos*. Uma terceira rede corria ao longo da parte externa dos vasos sanguíneos e linfáticos. Finalmente, Kim encontrou mais duas redes de dutos, uma nas camadas superficiais da pele e outra acompanhando o sistema nervoso. E acabou constatando que os cinco sistemas de dutos estavam conectados, formando uma rede contínua através das principais estruturas do corpo. Kim descobriu ainda que as minúsculas extremidades terminais do sistema faziam uma coisa praticamente inacreditável: *terminavam em núcleos celulares individuais!* A descoberta desse grau de interligação nas coisas vivas era sem precedentes. Kim se perguntou o que aconteceria se um túbulo fosse cortado.

Foi exatamente o que ele fez, rompendo o meridiano do fígado de uma rã. Em um intervalo de tempo muito curto, uma degeneração microscópica tornou-se visível. Em três dias, uma degeneração vascular tinha tido lugar.

Kim repetiu o experimento, obtendo todas as vezes o mesmo resultado. Mais tarde, cortou cuidadosamente os dutos do meridiano neural. Em 30 minutos, mudanças neurológicas foram documentadas. A função nervosa foi intensamente afetada, com os tempos de reflexo reduzidos em 500%, situação que permaneceu em grande medida inalterada mesmo depois de 48 horas. Estudos embriológicos posteriores revelaram que o sistema de meridianos se formava durante as primeiras 15 horas do desenvolvimento fetal, bem antes de qualquer outro sistema orgânico. A conclusão de Kim Bong Han foi que o sistema de meridianos da acupuntura é a estrutura mais fundamental nas coisas vivas.[5]

Mesmo que grande parte da acupuntura fosse misteriosa para o jovem David Eisenberg, ela pelo menos envolvia agulhas físicas. Imagine o seu assombro quando conheceu os mestres do ch'i kung, cujo único instrumento de trabalho são as mãos! O ch'i kung é uma antiga prática chinesa voltada para a manipulação da energia vital que existe há milhares de anos, sendo anterior a outras formas de artes marciais. Ela é, em grande medida, uma prática revitalizante da saúde, que utiliza movimentos lentos e precisos bem como técnicas respiratórias especiais, muito parecida com o t'ai chi. Embora o ch'i kung seja conhecido pelo menos há 3 mil anos e fosse praticado por todos os famosos sábios chineses, entre eles Confúcio e Lao-tzu, foi somente depois de 1978 que os chineses realizaram verdadeiras pesquisas científicas.

Banido durante algum tempo na China comunista moderna, o ch'i kung reapareceu recentemente, e os chineses estão muito animados por causa disso. Eles realizaram muitas pesquisas nessa área nos anos recentes, e, se o mundo ocidental prestar atenção, um importante conhecimento poderá ser acrescentado à esfera do potencial humano. Mestres de ch'i kung altamente treinados podem fazer algumas coisas bastante incríveis, como o dr. Eisenberg pôde ver pessoalmente durante as duas viagens que fez à China. Ele diz o seguinte:

> Qi Gong [ch'i kung] significa a "manipulação da energia vital", e o termo se refere a uma antiga prática, crucial no desenvolvimento da medicina chinesa. Dizem que os mestres dessa prática, originalmente

monges taoistas ou budistas, manipulam o Qi dentro do seu corpo por meio de exercícios respiratórios especiais, do treinamento físico e de uma intensa concentração. Os mestres de Qi Gong afirmam ser capazes de controlar totalmente o seu Qi, dirigindo-o à vontade através de qualquer parte do corpo a fim de executar proezas aparentemente sobre-humanas.[6]

Eisenberg ficou impressionado com as demonstrações; as proezas eram aquelas frequentemente exibidas nos filmes de artes marciais, mas o que ele viu foi real. Até mesmo os mestres idosos eram capazes de realizar coisas incríveis, como quebrar pedras grossas desapoiadas com o punho desprotegido. Ele também presenciou experimentos que mostraram mestres de ch'i kung projetando das mãos uma energia que era registrada em um osciloscópio padrão. Em numerosas ocasiões, ele testemunhou pessoalmente mestres usando a psicocinese, deslocando objetos ou fazendo com que objetos suspensos se movessem. Quando ele lhes perguntou como faziam aquilo, os mestres sorriram cortesmente e pronunciaram uma única palavra: "Ch'i!"

Cientificamente, o tipo de ch'i ao qual os mestres estavam se referindo tornou-se conhecido como *ch'i externo,* significando a capacidade de projetar energia a partir do corpo. O *ch'i interno,* por outro lado, é a energia que circula *dentro* do corpo e é vital para a vida. Todos nós a possuímos, assim como os animais e as plantas. Entretanto, o ch'i externo, a capacidade de projetar essa mesma energia *para fora,* é algo que somente um pequeno percentual de praticantes consegue fazer.

Eisenberg voltou à China em julho de 1983 com o dr. Herbert Benson, diretor da Divisão de Medicina Comportamental da Harvard Medical School. Benson era considerado um especialista em meditação. Ele desenvolvera a sua própria versão do que chamava de *relaxation response,* que se revelara eficaz no tratamento da hipertensão.

A primeira surpresa de Benson foi o fato de os pesquisadores de Xangai terem realizado pesquisas mais ou menos na mesma linha, usando o ch'i kung com êxito no tratamento da hipertensão. Depois de visitar as instalações e conversar a respeito de algumas das pesquisas que envolviam o ch'i kung, os médicos americanos visitaram cientistas com treinamento ocidental no Departamento de Pesquisas de Acupuntura na Faculdade de Medicina de Xangai. Esses cientistas tinham visto por si mesmos a eficácia da acupuntura, mas quando Benson e Eisenberg pediram a opinião deles sobre os praticantes de ch'i kung e o ch'i externo, eles comentaram: "Somos fisiologistas com treinamento em fisiologia, de modo que não acreditamos na emissão do Qi externo. Isso não faz sentido para nós tomando como base a ciência médica ocidental". Eisenberg observou: "Esses fisiologistas compartilhavam as tendenciosidades dos seus colegas americanos."[7]

Resultados surpreendentes da clínica de oftalmologia foram apresentados aos dois médicos na mesma escola de medicina. Oitenta crianças tinham sido aleatoriamente escolhidas, examinadas com precisão, e divididas em quatro grupos. Todas eram míopes. O primeiro grupo não recebeu nenhum tratamento; no segundo foi aplicado um colírio placebo. As crianças do terceiro grupo aprenderam técnicas de ch'i kung para praticar sozinhas e o último grupo foi tratado por um mestre de ch'i kung. O mestre tratou cada criança durante vinte minutos por dia, colocando as mãos sobre a órbita ocular e atrás da cabeça delas e projetando o seu ch'i externo nos olhos delas.

Os primeiros dois grupos não exibiram nenhuma melhora. No terceiro, duas crianças apresentaram uma acentuada melhora na visão. Os resultados não foram satisfatórios, mas sugeriu-se que as crianças eram jovens demais para entender plenamente os exercícios. Entretanto, o quarto grupo é que foi surpreendente. *Dezesseis das vinte crianças exibiram uma acentuada melhora na visão,* como foi verificado por extensos exames oftalmológicos.[8]

Essa pesquisa não foi uma iniciativa isolada; outra pesquisa apresentada a Benson e Eisenberg foi particularmente impressionante. O dr. Fong Li-da do Beijing Institute realizou um estudo dos efeitos do ch'i externo na bactéria intestinal comum *E. coli.*[9] Particularmente interessante foi o fato de o mestre de ch'i kung ser capaz de usar o seu ch'i tanto para promover o crescimento da bactéria quanto para destruí-la.

O planejamento da pesquisa era simples. Três tubos de ensaio com quantidades iguais de bactérias foram entregues ao mestre, um de cada vez. O primeiro era o tubo de controle, de modo que ele simplesmente o segurou durante um minuto e o colocou na prateleira. O segundo, ele submeteu ao seu "Qi letal", algo que ele dirigiu com a mente, durante um minuto. O terceiro tubo foi tratado com o seu "Qi que promove a saúde" de acordo com o mesmo procedimento. Apenas a sua intenção era diferente.

Em quarenta tentativas, os resultados foram os mesmos. O ch'i positivo causou um aumento de sete a dez vezes na quantidade de bactérias. A dose letal reduziu o número de bactérias em um mínimo de 50%. Os tubos de ensaio de controle não apresentaram nenhuma mudança. Fong publicou essa pesquisa particular em uma revista local e se encontrou com os americanos durante a visita deles. Ele estava confiante de que a pesquisa poderia ser verificada em qualquer laboratório.

Em meados da década de 1980, pesquisas com o ch'i externo convenceram os cientistas de que o ch'i era real, uma entidade energética efetiva, uma parte da física desconhecida e não reconhecida pelo Ocidente. Os pesquisadores chineses sentem atualmente que demonstraram cientificamente a existência do ch'i e que ele é o mecanismo por trás dos fenômenos psíquicos como a psicocinese e a percepção extrassensorial (PES), bem como das incríveis alegações de cura de várias doenças graves.[10] Esta evidência, ao lado da grande quantidade de pesquisas atualmente dedicadas à acupuntura, poderão resultar em um avanço do potencial humano de uma maneira sem precedentes. Entretanto, as pessoas que praticam t'ai chi, ch'i kung ou kung fu nunca duvidaram do ch'i. Elas sabem que ele é verdadeiro por uma razão extremamente simples: elas podem *senti-lo*.

As questões fundamentais para a pesquisa sobre o ch'i são as seguintes: ele é uma forma de energia, conhecida na antiguidade, mas que agora foi perdida? Se for este o caso, a energia que foi agora redescoberta está relacionada com as formas conhecidas, como o eletromagnetismo? Existe uma maneira simples de testar esta hipótese: separar os praticantes de ch'i kung de todas as formas de eletromagnetismo e verificar se eles continuam a conseguir praticar eficazmente. Essa foi exatamente a ideia contida no "experimento da parede de cobre" do dr. Elmer Green.

Em primeiro lugar, por que o termo *parede de cobre*? Ele recua a Michael Faraday, o grande cientista britânico do século XIX, que descobriu que uma gaiola de metal absorvia todos os tipos de eletromagnetismo. O dispositivo é hoje chamado de *gaiola de Faraday* em sua homenagem e é usado para eliminar a interferência da radiação eletromagnética oriunda do rádio, da televisão e de outras fontes que permeiam o mundo moderno. A gaiola é usada o tempo todo nas pesquisas convencionais, e os parapsicólogos começaram a utilizá-la para investigar os fenômenos psíquicos. Foi apenas uma questão de tempo para que alguém decidisse empregá-la na investigação do ch'i kung.

Elmer Green investigou há muito tempo o conceito das energias sutis. Em 1990, ele e a sua equipe na Menninger Foundation em Topeka, Kansas, projetaram um experimento original para testar as energias de mestres de ch'i kung e de agentes de cura psíquicos. Para eliminar uma possível contaminação da parte de energias elétricas e eletromagnéticas externas, os experimentos eram realizados em uma gaiola de Faraday gigante, construída com folhas maciças de cobre em vez de apenas com arame. Instrumentos de medição foram colocados nas quatro paredes de cobre, nos revestimentos externos de alumínio e no corpo dos voluntários da pesquisa. Tanto os agentes de cura quanto os pacientes se isolaram do ambiente de cobre ficando de pé sobre blocos de vidro.

Os dados foram analisados por meio de computadores, polígrafos e eletroencefalógrafos (EEG). Sequências de testes foram realizadas na emissão do ch'i externo e na energia de agentes de cura psíquicos, clarividentes e outros voluntários. Embora os clarividentes conseguissem funcionar no ambiente isolado, nenhum efeito elétrico foi observado. Entretanto, grandes incrementos de voltagem foram sistematicamente registrados tanto nos mestres de ch'i kung quanto nos agentes de cura.[11] Repetidos testes revelaram algo estranho. Os agentes de cura e os praticantes de ch'i kung eram sistematicamente capazes de gerar incrementos de tipo elétrico que superavam em mais de mil vezes o do potencial galvânico normal da pele do corpo, e isso enquanto estavam efetivamente isolados de todas as energias externas.[12]

Um agente de cura em particular, em uma sessão de 30 minutos, registrou quinze incrementos distintos, alguns dos quais foram "espantosamente grandes, 10^5 vezes" do das voltagens elétricas comuns no corpo humano. Como se poderia esperar, eles estavam centrados no *tan tien*, a área logo abaixo do umbigo conhecida desde os tempos antigos como o centro de energia sutil no corpo humano. A única conclusão racional foi que essas enormes medições de energia estavam sendo geradas pelos voluntários do experimento. Green descreveu as suas constatações em um artigo, "Anomalous Electrostatic Phenomena in Exceptional Subjects", o qual foi publicado na revista *Subtle Energies*, a publicação oficial da International Society for the Study of Subtle Energies and Energy Medicine.

Os chineses podem estar convencidos da base científica dos fenômenos paranormais e da energia psíquica, e o dr. Green e muitos outros estão fazendo progresso no Ocidente, mas o verdadeiro problema para o posterior avanço para nos portões da comunidade científica reconhecida. Embora muitos dos pesquisadores interessados nos fenômenos paranormais sejam membros do "Clube", não se sacode as coisas com trabalhos publicados em revistas como *Subtle Energies*. Para que as pessoas abram os olhos e prestem atenção, elas precisam ler artigos a respeito do assunto em publicações como a revista *Nature*. Um número muito maior de estudos se faz necessário, mas as coisas estão avançando na direção certa. Uma série surpreendente de artigos, por exemplo, apareceu na edição de janeiro de 1999 da revista *Scientific American*, o baluarte da ciência secular. Os artigos postulam a existência de uma nova forma de energia, a qual soa muito familiar. A nova energia está sugerida em uma parte da teoria geral da relatividade, mas o grande Einstein ficaria surpreso com a sua nova utilização.

Embora a teoria geral da relatividade de Einstein prognosticasse um universo em expansão, ele nunca se sentiu à vontade com essa ideia. Para levar as coisas de volta para o estado estático que parecia correto para ele, Einstein acrescentou a sua famosa "constante cosmológica, que representa uma forma de energia desconhecida "constante", com uma gravitação repulsiva e independente com relação ao tempo ou posição no espaço. Ao adicionar esse fator de correção, Einstein pôde fazer com que a sua equação fosse compatível com o que ele imaginava ser correto, ou seja, que o universo é estático. Poucas décadas depois, contudo, os cientistas souberam com certeza que o universo está, de fato, se expandindo a uma grande velocidade. A luz das galáxias distantes demonstram que isso é verdade.

Tudo é um equilíbrio cósmico entre a gravitação coletiva da massa no universo e o movimento para fora de tudo a partir do Big Bang. Entretanto, a quantidade de massa disponível para impedir a eterna expansão parece ser inadequada para a tarefa, e, recentemente, os cosmólogos descobriram uma coisa ainda mais surpreendente: *a expansão do universo parece estar se acelerando!* Isso não deveria acontecer com a gravitação usual que conhecemos, mas está. Parece haver uma grande força de repulsão no mundo, bem como a força de atração que conhecemos como gravidade.[13]

No artigo da *Scientific American* "Surveying Space-Time with Supernovae", os autores expõem um novo tipo de energia para explicar esse fenômeno inesperado. A introdução do artigo diz o seguinte: "Estrelas em explosão avistadas através de imensas distâncias mostram que a expansão cósmica pode estar se acelerando, o que é um sinal de que o universo pode estar sendo desagregado por *uma nova forma invulgar de energia*" [grifo acrescentado]. Os autores comentaram o seguinte:

> Um universo composto apenas por uma matéria normal não pode crescer dessa maneira, porque a gravidade é sempre atrativa. No entanto, segundo a teoria de Einstein, a expansão pode se acelerar *se uma forma invulgar de energia preencher todos os lugares do espaço vazio*. Essa estranha "energia de vácuo" é personificada nas equações de Einstein como a constante conhecida como constante cosmológica. Ao contrário das formas comuns de massa e energia, a energia de vácuo adiciona uma gravidade que é repulsiva e pode desagregar o universo em velocidades cada vez maiores [...]. A evidência de uma estranha forma de energia que transmite uma força gravitacional repulsiva é o resultado mais interessante que poderíamos ter esperado, mas no entanto isso é tão assombroso que nós e outras pessoas permanecemos adequadamente céticos [grifo acrescentado].[14]

Em um artigo concomitante, "Cosmological Antigravity", Lawrence M. Krauss escreve o seguinte: "Essa constante cosmológica por longo tempo ridicularizada — uma maquinação de Albert Einstein que representa *uma forma bizarra de energia inerente ao próprio espaço* — é um dos dois concorrentes à explicação das mudanças na velocidade de expansão do universo [grifo acrescentado]".[15] O autor prossegue dizendo:

> No entanto, o termo cosmológico de Einstein é diferente. A energia que lhe é associada não depende da posição ou do tempo, daí o nome "constante cosmológica". A força ocasionada pela constante opera até mesmo na total ausência da matéria ou da radiação. Por conseguinte, a sua fonte precisa ser uma curiosa energia que reside no espaço vazio. *A constante cosmológica, assim como o éter, dota o vazio de uma aura quase metafísica [...] queiramos ou não, o espaço vazio não é, afinal de contas, vazio* [grifo acrescentado].[16]

Ironicamente, Einstein sempre se sentiu constrangido por causa da sua constante cosmológica e sentiu anos depois que ela era o seu grande erro. Antigravidade? Gravitação repulsiva? Essas coisas não são o conteúdo da ficção científica? Inicialmente ele introduziu a energia para equilibrar as suas equações e mostrar que o universo estava em um "estado estacionário". Observações posteriores demonstraram o universo em aceleração. Einstein ficou desapontado; talvez ele se tranquilizasse ao ver a maneira como as qualidades da sua infame "constante cosmológica" estão sendo usadas hoje para explicar como a expansão do nosso universo pode efetivamente estar se acelerando, algo que não é possível apenas com a energia do Big Bang. O grande Einstein pode ter estado certo a respeito da existência de uma "energia de vácuo" que preenche o espaço, mas errado com relação aos seus efeitos. Em vez de criar um universo de estado estacionário, pode muito bem ser a energia de vácuo de Einstein que está acelerando uma expansão que já é incrível. *Uma forma bizarra de energia que preenche o espaço vazio — uma energia com uma aura quase metafísica!* Isso não parece familiar? Na realidade, é simples. Quanto mais de perto examinamos a verdadeira natureza subjacente do mundo, mais ela se parece com os ensinamentos dos antigos que viveram milênios atrás. O antigo conceito do ch'i poderá em breve se revelar uma pedra angular da ciência moderna.

Einstein encontrou equações que expressavam um mundo que ainda parece bastante estranho para quase todos nós. William Tiller descobriu uma maneira de olhar para o mundo de Einstein que poderá nos mostrar um caminho matemático em direção a uma esfera ainda mais estranha: as dimensões superiores da consciência humana. Tiller é professor do Departamento de Ciência dos Materiais e Engenharia da Stanford University desde 1964; durante alguns anos, foi também chefe do departamento. Hoje é professor emérito, sendo internacionalmente conhecido e, provavelmente, o mais proeminente especialista em cristais. Tiller é um excelente cientista profissional, respeitado pelos colegas, autor de mais de 250 artigos científicos e detém cinco patentes pelas suas descobertas. Também é um astro do cinema, sendo um dos especialistas que aparecem no fantástico filme *What the Bleep Do We Know?** Ele também realizou uma impressionante quantidade de pesquisas nas áreas da paranormalidade, tendo publicado mais de setenta artigos no campo da psicoenergética, o tema geral deste livro.

Tiller é acima de tudo um cientista, de modo que não se satisfaz com boatos. Ele precisa de evidências e dos modelos científicos apropriados. Quando se interessou por essa área de estudos, esses modelos não existiam, a não ser pelas pistas fornecidas na mecânica quântica, de modo que Tiller criou as suas próprias teorias, respaldadas pela matemática.

Tiller acredita que a consciência humana é uma força, uma energia no universo, assim como todas as outras coisas. Também acredita que a velocidade da luz é a barreira que precisamos cruzar para atingir novos níveis de existência. É importante mencionar neste ponto que a teoria especial da relatividade de Einstein não exclui a possibilidade de um objeto viajar mais rápido do que a luz. Ela apenas afirma que, teoricamente, seria necessária uma quantidade infinita de energia para fazer isso. E de acordo com as modernas teorias acerca do ponto zero e da energia do vácuo quântico, o cosmos é uma fonte de energia infinita.

Tiller desenvolveu um modelo científico da realidade que usa a velocidade da luz como um limiar. Se tentarmos usar as equações de energia de Einstein com valores superiores aos da velocidade da luz, acabamos com a raiz quadrada de um número negativo, o que os matemáticos cha-

---

* Exibido no Brasil com o título: *Quem Somos Nós?*

mam de *número imaginário,* uma entidade considerada como na realidade inexistente. Alguns matemáticos, como Charles Muses, os chamam de *hipernúmeros.*[17] Muses acredita que esses números são necessários para o desenvolvimento de equações que descrevam o comportamento de fenômenos de dimensões superiores. Ele também afirma que esses hipernúmeros são necessários para a descoberta de soluções para as equações das teorias eletromagnéticas e quânticas. Uma vez mais, embora a matemática esteja presente, a interpretação das soluções das equações está aberta à opinião humana.

Tiller acha que a velocidade da luz é o limiar entre o mundo do espírito e o físico. Se colocarmos em um gráfico as soluções para as equações de energia de Einstein, os valores positivos acima de zero produzem uma curva que aumenta em direção ao infinito, com os níveis de energia atingindo uma quantidade infinita com velocidades cada vez maiores. Essa esfera, com velocidades menores do que a da luz, é o mundo físico que todos conhecemos muito bem.

Abaixo do valor de zero, contudo, em uma área que Tiller chama de "espaço/tempo negativo", vemos uma área com velocidades superiores às da luz. Tiller afirma que essa região é de natureza *magneto-elétrica* (o oposto de *electromagnética* e que não é encontrada no mundo físico) e demonstra a entropia negativa, o oposto do nosso mundo do dia a dia. Tiller sustenta que essa é a explicação para a natureza magnética dos fenômenos psíquicos, para a aparente qualidade instantânea da PES e para a clarividência.

Por estar respaldada nos processos matemáticos apropriados e por apresentar uma explicação para grande parte dos fenômenos espirituais examinados no decorrer da história, a teoria está ganhando terreno. Tiller acredita que a esfera das energias superiores, a área em que as velocidades são maiores do que a da luz, é o mundo das dimensões superiores mencionadas desde os mais antigos textos históricos, as dimensões invisíveis dos antigos. É o mundo dos fenômenos psíquicos. E ele parece estar ligado de uma maneira desconhecida e fundamental à consciência humana. É o mundo da Força.

Capítulo 2

NOVAS DIMENSÕES: PERCEPÇÕES ALÉM DO CORPO

A minha suspeita é que o universo não é apenas mais estranho do que imaginamos, e sim mais estranho do que podemos imaginar.
— J. B. S. Haldane, biólogo britânico

Uma coisa engraçada aconteceu a uma mulher chamada Vicki quando ela tinha 13 anos de idade. Vicki ia se submeter a uma cirurgia de grande porte. Depois de ser anestesiada, ela deu consigo flutuando perto do teto, olhando para baixo, para a mesa de operações. Era quase como estar assistindo a um filme; em uma espécie de estado desligado, Vicki observou os procedimentos como se estivessem acontecendo a outra pessoa. Ela era capaz de ver claramente o próprio corpo coberto na mesa, bem como os cirurgiões e enfermeiros enquanto executavam as atividades da cirurgia, complicadas, porém rotineiras. A única emoção que ela sentiu foi uma leve curiosidade a respeito de um fenômeno tão incomum.

O que aconteceu a Vicki naquele dia, contudo, foi além de uma experiência fora do corpo banal, pois ela também vivenciou algo muito mais profundo: uma experiência de quase-morte, ou EQM. Até mesmo no nosso mundo moderno, esse fenômeno é relativamente bem conhecido. A experiência de Vicki foi típica. Ela comenta o seguinte:

> Eu descreveria aquela experiência de quase-morte como se eu estivesse passando por um cano ou um tipo de sentimento de estar passando através de um cano ou de um tubo e fiquei chocada, fiquei completamente assombrada, quero dizer que não consigo descrever o que eu estava sentindo, porque eu pensei "Então é assim que é", e eu vi o meu corpo, pouco antes de ser sugada para dentro do tubo. Eu estava no teto e vi o meu corpo sendo preparado para a cirurgia e eu soube que era eu.[1]

Vicki também vivenciou os fenômenos típicos de uma EQM como são descritos por milhares de pessoas cujos casos foram estudados: um sentimento esmagador de amor e felicidade, como se tivessem ganhado na loteria, a avó aleijada pudesse andar de novo ou tivessem sido escaladas para substituir Keith Richards em um concerto dos Rolling Stones, tudo combinado! Ela encontrou outros seres, até mesmo uma divindade extraordinária, e experimentou o conhecimento de coisas que não são normalmente conhecidas, uma explosão de consciência. Ela descreveu tudo nos mínimos detalhes, inclusive a sensação de ser arrebatada de volta através do túnel e ter voltado para seu corpo dolorido e danificado na sala de cirurgia, que se revelou uma horrível experiência em comparação com o lugar de onde ela acabara de vir. Até agora nada de novo, então qual é a grande sensação?

É muito simples, na verdade: *Vicki ficara cega pouco depois de nascer!* Ela fora um bebê prematuro e, como tantos outros que nasceram entre 1947 e 1952, entre eles o grande músico Stevie Wonder, fora colocada em uma incubadora com excesso de oxigênio, o que destruiu os seus nervos óticos. A não ser por um breve intervalo depois do parto, Vicki nunca tivera a visão. "Não consigo enxergar nada. Nenhuma luz, sombras, nada", disse ela. "De modo que nunca fui capaz ao menos de entender o conceito da luz."[2] E, no entanto, de algum modo, a partir do ponto de observação do teto, Vicki vira o seu corpo ser preparado para a cirurgia.

O que devemos concluir disso? A explicação científica habitual de uma EQM é que a pessoa teve uma alucinação particularmente intensa ocasionada pelo trauma ou pela anestesia. Afinal de contas, há um longo tempo as pessoas vêm realizando viagens extravagantes induzidas pelas drogas. Uma explicação simples e conveniente é que tudo aconteceu na imaginação de Vicki. *Mas ela era cega,* e o fora desde a época em que pesava menos de novecentos gramas! Nunca vira nenhuma das coisas que a maioria de nós aceita como fato consumado na vida. Não tinha nada em que pudesse basear a "imaginação", e no entanto foi capaz de descrever o fenômeno tão bem quanto uma pessoa com a visão normal. O caso de Vicki é apenas um entre muitos que fornecem evidência para os tipos de percepção que este capítulo investiga.

A experiência de Vicki de observar o próprio corpo a partir do lado de fora não é exclusiva daqueles que já tiveram um rápido encontro com a morte. Esse fenômeno incomum tem sido relatado ao longo da história e através das culturas. Os fenômenos são muito semelhantes quer ocorram com uma criança pequena, quer com um professor de engenharia. A consciência humana parece ter a capacidade de se separar do seu corpo físico e viajar através do tempo e do espaço: ou seja, de ter experiências fora do corpo, ou EFC.

É claro que essa insinuação deixa os cientistas convencionais malucos! O grande Carl Sagan, já falecido, astrônomo extraordinário e professor de Cornell, bem como autor e estrela da mídia, expressava abertamente as suas críticas aos fenômenos paranormais. Ele fazia uma especial objeção à ideia da EFC. Na sua opinião, tudo era um processo de alucinação ou recordação do processo do parto. Além de ser um cientista mundialmente famoso, o dr. Sagan também era um cético profissional. Em um dos seus livros populares, ele propôs uma maneira de testar as EFCs. Pedir a um voluntário que identificasse um número aleatório escondido em uma prateleira bem alta, perto do teto de um aposento com um pé-direito elevado, e gravar o procedimento em vídeo para evitar a fraude. Se o sujeito pudesse depois informar corretamente o número, o experimento talvez — *talvez* — conferisse credibilidade ao conceito de uma EFC.

Em um experimento bastante conhecido na área da parapsicologia, Charles Tart já havia realizado esse tipo de teste, com o objeto de estudo sendo conhecido como "Miss Z". Ela era uma dessas pessoas que, por alguma razão, podem ter uma EFC praticamente na hora em que bem entendem. Tart projetou um teste para verificar se a sua mente, a sua consciência, efetivamente deixava o corpo durante esses fenômenos, ou se ela era apenas vítima de uma brilhante imaginação. Ele colocou um papel com um número gerado aleatoriamente em uma prateleira perto do teto. Foi pedido a Miss Z que memorizasse o número e a hora do dia se fosse capaz de "vê-lo" com a sua forma astral. Com a fita girando, o experimento teve início.

> No entanto, em todas as noites com exceção de uma ela relatou que, enquanto flutuara para fora do corpo, não estivera na posição correta na sala, perto do teto, que lhe permitisse olhar para o número em questão, de modo que não tinha a menor ideia de qual ele era. Na única ocasião em que afirmou ter visto o número, ela informou corretamente que se tratava de 25132. Ora, a probabilidade de que acertasse corretamente como o fez, apenas por acaso, é de 100.000 para 1, em uma única tentativa. Desse modo, Miss Z não apenas vivenciava a si mesma como fora do corpo, flutuando perto do teto, como também fez uma demonstração bastante impressionante de parecer perceber corretamente a sala física a partir desse local.[3]

Curiosamente, cientistas fora do campo da parapsicologia apresentaram uma explicação original para os resultados do experimento. A EFC foi uma idiotice; Miss Z simplesmente descobriu o número usando... *telepatia*! Eles usaram um fenômeno paranormal para explicar outro, menos aceitável. Um momento, gente — a telepatia supostamente também não existe!

Outra pesquisa convincente de um conhecimento obtido por meios "impossíveis" foi concebida pelo dr. Karlis Osis, conhecida figura da área, e conduzida pela American Society for Psychical Research em Nova York, onde Osis era o diretor de pesquisas. O objeto de estudo era outro paranormal talentoso, o psicólogo Alex Tanous. A meta dessa vez era testar uma coisa semelhante, mas não idêntica, à EFC. Eles estavam investigando a *clarividência,* a capacidade de projetar a mente através do espaço e do tempo, ou a capacidade de receber conhecimento a partir de outros níveis de consciência.

Osis se esforçou bastante para idealizar um teste de qualidade. Além de construir uma caixa de observação especial, a qual apresentava uma imagem diferente do objeto quando observado a partir de diferentes ângulos, ele também instalou extensômetros elétricos ao redor da caixa, os quais detectavam o movimento e campos eletromagnéticos. Durante o teste, várias figuras eram colocadas na caixa, cujo projeto só permitia que uma ilusão de ótica singular se formasse de cada objeto quando observado a partir de um orifício especial na lateral da caixa. Dessa maneira, imagens distintas se formavam quando o objeto era observado a partir de direções particulares, adicionando outro grau de controle ao estudo.

Tanous foi capaz de descrever, repetidas vezes, a aparência adequada dos objetos de teste, o que sugeria intensamente que ele estava observando o objeto como se estivesse dentro da caixa, ou seja, com uma parte de "si mesmo" que não a visão física. A sua consciência era capaz de se deslocar para a posição correta para observar o aspecto não ilusório do alvo que ele descrevia. Ele era capaz de projetar a consciência no espaço, exatamente como afirmavam as antigas culturas. E os extensômetros? Cada vez que Tanous afirmava estar observando o objeto de teste, os instrumentos captavam flutuações da saída de energia nessa área imediata.[4] A consciência era uma forma de energia!

Esses fenômenos — EQMs, EFCs, clarividência — são exemplos de fenômenos *psi,* modo pelo qual os fenômenos psíquicos são conhecidos. Por incrível que pareça, os fenômenos psíquicos têm sido exaustivamente pesquisados no Ocidente desde o século XIX e continuam a ser objeto de um intenso escrutínio científico. As evidências que respaldam a existência dos fenômenos psíquicos são esmagadoras. Fiquei chocado quando me dei conta do quanto essas evidências eram vastas. A ciência convencional não aceita os fenômenos psíquicos, de modo que quase todos nós, inclusive eu, partimos do princípio que nenhuma pesquisa autêntica foi feita sobre o assunto, ou que houve pesquisas, mas elas só mostraram... imaginação. A nossa suposição está errada. Os fenômenos psíquicos são comprovadamente parte do nosso mundo. Aqueles que afirmam o contrário simplesmente ignoram os fatos ou criticam as pesquisas, independentemente da sua qualidade. O verdadeiro problema não reside nos fenômenos psíquicos, e sim na — *ciência*!

Falando de modo geral, o mundo dos fenômenos psíquicos faz parte de um campo maior livremente chamado de *paranormal*. Entretanto, os cientistas que estudam o mundo da *parapsicologia*, ou seja, o mundo dos fenômenos psíquicos, agrupam as suas investigações no que eu chamo de as Quatro Grandes: três categorias para percepção extrassensorial, ou PES — *telepatia, clarividência* e *precognição* — e uma quarta categoria para a capacidade de afetar objetos materiais com uma forma desconhecida de energia, a *psicocinese*, ou PK. (Recentemente, os pesquisadores começaram a usar os termos *cognição anômala* para PES e *perturbação anômala* para PK, mas vou me ater aos termos mais familiares.) Coisas como OVNIs, o monstro do Lago Ness, assombrações e coisas semelhantes se enquadram na categoria mais ampla da paranormalidade. Antes de mergulharmos nas evidências, vamos examinar mais de perto as Quatro Grandes.

No caso da *telepatia*, são obtidas informações a respeito dos pensamentos, sentimentos ou atividades de outro ser consciente sem a utilização dos canais normais com os quais estamos extremamente familiarizados. A telepatia parece desafiar a física. Estudos revelam que ela é instantânea, mais rápida do que a luz e não é afetada por métodos de blindagem, como um recipiente de chumbo ou uma gaiola de Faraday. Como tal, acredita-se que ela envolva uma forma desconhecida de energia. Ela também desafia a matéria. A telepatia foi demonstrada durante EFCs, quando o corpo físico não é nem mesmo um participante.

Ao contrário da telepatia, que envolve outra consciência, a *clarividência* é definida como a aquisição paranormal de informações a respeito de um objeto ou evento físico, ou seja, os dados são extraídos do ambiente físico e não da mente de outra pessoa. O fenômeno parece não ser limitado pelo tempo e pelo espaço. A visão a distância, ou visão remota, que examinarei um pouco mais adiante, é um exemplo moderno. A ciência convencional não tem nenhuma explicação para o fato de uma pessoa poder obter conhecimento a partir de uma fonte distante, ou sobre quais energias estão envolvidas no processo.

A terceira forma de PES é a *precognição*, a consciência de um evento futuro que não pode ser deduzida a partir de informações que conhecemos no presente. As pessoas dotadas da visão remota, os paranormais e os médiuns frequentemente exibem esse tipo de percepção. Se o tempo é linear, como podemos explicar essa habilidade? Como podemos ter conhecimento de uma coisa que ainda não aconteceu? A resposta é fácil, embora não menos perturbadora. O espaço e o tempo, como Einstein enfatizou, são interpretações da mente humana, o tabuleiro sobre o qual entendemos a vida com a mente racional. Eles *não* são um aspecto fundamental da natureza. Ambos os fatos foram demonstrados na física de partículas, onde as coisas estão ligadas não localmente, tendo sido mostrado que as partículas se deslocam para trás no tempo.[5] Embora esses resultados estejam consagrados, os cientistas ainda se irritam diante da ideia de que a mesma coisa possa ocorrer em um nível macroscópico. Entretanto, existem evidências espantosas de que isso de fato acontece.

Embora os três tipos de PES envolvam a capacidade de sentir as coisas além do alcance da percepção ordinária, a quarta importante atividade de fenômeno psíquico forma uma categoria própria. A psicocinese, ou PK, não envolve informações e sim a matéria. Ela é definida como a influência da mente sobre um sistema físico, influência essa que não pode ser inteiramente explicada por nenhuma energia atualmente conhecida. Em outras palavras, na presença de determinadas circunstâncias, algumas pessoas são capazes de mover coisas com a mente, ou, no caso dos mestres de ch'i kung, por meio da projeção de uma forma desconhecida de energia — isto é, desconhecida para a ciência convencional. Os mestres afirmam com serenidade que estão usando o ch'i.

Estudos sérios a respeito dos fenômenos psíquicos tiveram início em meados do século XIX, quando a mediunidade era extremamente popular tanto nos Estados Unidos quanto do outro lado do Atlântico. Um excelente trabalho inicial foi realizado pelos membros da British Society for Psychical Research, que abriu o caminho para a verdadeira investigação científica dos fenômenos psíquicos. Os seus interesses abrangiam toda a amplitude das atividades paranormais, de assombrações a sonhos precognitivos, de videntes e sessões espíritas a poltergeists. No entanto, foi necessário o trabalho pioneiro da fera da Duke University, J. B. Rhine (1895-1980), para que a verdadeira ciência da parapsicologia fosse efetivamente instituída.

Joseph Banks Rhine pretendia originalmente tornar-se um ministro da igreja. Entretanto, J. B. era no fundo um cientista, de modo que abandonou o seminário, declarando que "não via nenhuma base lógica para o papel de um ministro".[6] Ao deixar a formação religiosa, ele comentou as suas razões com o seu professor de psicologia:

> No meu curso sobre religião falamos a respeito da alma do homem como se ela fosse extremamente real, e aqui na psicologia falamos a respeito das reações do cérebro como se isso fosse tudo que soubéssemos sobre os seres humanos. A palavra "alma" não aparece em nenhum dos livros-texto que lemos. Nem mesmo a usamos na sala de aula. Assim sendo, em uma sala de aula sou uma alma vivente; na outra, uma máquina cerebral.[7]

No entanto, Rhine nunca abandonou a religião, e a ciência moderna da parapsicologia nasceu da sua tentativa de encontrar um denominador comum entre a teologia e a ciência. Quando jovem, Rhine ficara profundamente decepcionado com as duas disciplinas, de modo que se pôs em campo, com a esposa Louisa, para descobrir o elo que ele intuitivamente sentia que ligava as duas. Marido e mulher se matricularam juntos em um programa de pós-graduação em biologia da University of Chicago.

Na década de 1930, o casal Rhine havia se instalado na Duke University da Carolina do Norte, onde logo criaram um programa para testar cientificamente os estranhos fenômenos espirituais que têm acompanhado a humanidade ao longo da história. Foi lá, nesse laboratório histórico de PES, que teve início a primeira pesquisa científica estatística autêntica dos fenômenos psíquicos. Foi mais ou menos nessa época que J. B. Rhine projetou os seus famosos testes de PES com cartas, que até mesmo estrelaram em um filme.

O filme *Ghostbusters** começa com um professor de psicologia (interpretado por Bill Murray) usando uma versão do teste de Rhine. Um jovem estudante tenta adivinhar os símbolos de um baralho especial — todos os procedimentos são relativamente convencionais, exceto a forma radical da recompensa. Se o seu palpite for incorreto, ele recebe um choque elétrico! Uma bela estudante dá palpites errados a torto e a direito, mas o ardiloso Murray não interfere, enquanto o pobre rapaz leva um choque mesmo quando adivinha corretamente a carta. As cartas usadas foram criadas por J. B. Rhine décadas antes de o filme se tornar um sucesso de bilheteria.

A versão básica do teste usava uma série de cinco cartas, cada uma com um símbolo simples: um círculo, uma estrela, uma cruz, um quadrado e três linhas sinuosas paralelas. O sujeito tentava adivinhar corretamente a carta que Rhine ou um dos seus colaboradores estava segurando, e o número de acertos e erros era colocado em uma tabela.

Uma das primeiras coisas que Rhine percebeu foi que para que o teste tivesse algum mérito, a ordem das cartas teria que ser *aleatória.* Isso foi alcançado de uma maneira simples, porém eficaz: as cartas foram completamente embaralhadas. Esse passo é fundamental por dois motivos. Primeiro, ele impedia que os sujeitos do experimento adivinhassem corretamente baseados apenas em uma inferência lógica; o segundo motivo, ainda mais importante, é que com uma sequência aleatória de objetivos, *era possível calcular exatamente qual seria o número médio de acertos devidos ao mero acaso.*[8]

É claro que obter mais acertos do que o previsto é um resultado emocionante. No entanto, você talvez fique surpreso ao ser informado que obter um número de acertos *menor* do que o previsto também é muito significativo. Esse resultado é conhecido como *psi-missing (erros psi).* A coisa funciona das duas maneiras, meus amigos! Se a teoria da probabilidade afirma que deveria haver um determinado número de acertos causados pelo mero acaso, um número menor também é significativo. O *psi-missing* é hoje um fenômeno bem-documentado no mundo da parapsicologia.

Rhine comentou em meados da década de 1950:

---

* Exibido no Brasil com o título *Os Caça-Fantasmas.*

É inevitável a conclusão que existe algo em operação no homem que transcende as leis da matéria e por conseguinte, por definição, uma lei não física ou espiritual se manifesta. O universo, portanto, não se sujeita ao conceito materialista predominante. É um conceito a respeito do qual é possível ser religioso; possível, pelo menos, se a exigência mínima da religião for uma filosofia do lugar do homem no universo baseado na operação de forças espirituais.[9]

Desde a publicação em 1934 da grande introdução de Rhine ao mundo dos fenômenos psíquicos, *Extra-Sensory Perception,* ao final da sua carreira que durou décadas, as suas centenas de experimentos cuidadosamente elaborados para investigar os fenômenos paranormais resultaram em uma evidência muito forte da existência dos fenômenos psíquicos. No entanto, esses experimentos também derramaram luz sobre outros aspectos interessantes dos fenômenos psíquicos. Os experimentos de Rhine, aliados ao trabalho realizado em outros laboratórios por pesquisadores independentes que reproduziram os seus estudos, produziram uma probabilidade cumulativa de 10^{24}, ou somente uma chance de erro em um trilhão, trilhão.[10]

Um fato surpreendente foi que as qualidades do objetivo envolvido — coisas como tamanho, forma ou cor — não pareciam realmente ter importância. Entretanto, talvez o mais importante tenha sido o fato surpreendente que o tempo e o espaço tampouco pareciam fazer diferença. Esta é talvez a coisa que mais tenha irritado a comunidade científica ortodoxa. O famoso parapsicólogo K. Ramakrishna Rao comenta:

> Qualquer relacionamento hipotético de distância com a PES precisa partir do princípio que existe alguma transmissão de energia entre o sujeito e os alvos que é inibida pelo fator distância. No entanto, se a precognição é um fato, e temos fortes evidências que nos levam a acreditar que ela o é, qual é a natureza da transmissão que ocorre entre o sujeito e o alvo ainda não existente? Assim, a evidência da precognição e o sucesso dos experimentos de PES através de longas distâncias nos levam a acreditar que *o espaço e o tempo não são variáveis limitadoras no que diz respeito aos fenômenos psíquicos* [grifo acrescentado].[11]

As pessoas sábias das sociedades tradicionais entendiam o valor de superar o tempo e o espaço. Em quase todas essas sociedades, profetas, xamãs, oráculos e curandeiros de ambos os sexos tinham um papel central, oferecendo um serviço valioso à sua comunidade. Eles curavam os doentes, davam orientação aos governantes, forneciam informações nos tempos de guerra. As suas habilidades geralmente incluíam a projeção astral e a clarividência, entre outras coisas. É claro que as habilidades psíquicas podem ser nebulosas e imprevisíveis, até mesmo entre os mais competentes. Nem sempre funciona. Mas às vezes dá certo — até mesmo nas vidas mais modernas.

O governo americano sabe disso. Os serviços de inteligência e o Exército dos Estados Unidos também sabem. Adivinhe o quê? Um dos papéis tradicionais das pessoas psiquicamente dotadas ainda está vivo e ativo — e bem escondido: a espionagem psíquica. Os agentes federais estão profundamente envolvidos com a espionagem psíquica e as atividades do serviço de inteligência desde a década de 1970. Eles simplesmente lhe deram um nome: *visão a distância* ou *visão remota*.

O nome parece tão inócuo, como olhar as coisas do pico distante de uma montanha. Isso é bom, porque é exatamente essa a ideia que o nome tem a intenção de transmitir. Você pode vender o conceito de visão remota... talvez. Mas você não consegue fazer isso quando o chama pelo seu nome tradicional: *clarividência*. Na sociedade moderna, as pessoas instruídas ficam irritadas quando mencionamos os fenômenos psíquicos, particularmente quando estão totalmente envolvidas com os aspectos da ciência que estão mais na moda. Elas pensam nesses ridículos comerciais da televisão que anunciam telefones de emergência para problemas psíquicos. No meio da elite científica, não é chique ser espiritual.

No entanto, a visão remota se tornou "legal" por duas razões. A primeira foi o nome. Este conferiu à clarividência e à projeção astral uma nova imagem muito limpa, removendo o estigma associado ao mundo psíquico. Deu certo. E segundo, *funcionou;* as pessoas podiam efetivamente ser treinadas para separar a consciência do corpo físico, deixando que ela viajasse através do tempo e do espaço.

Imagine o entusiasmo do Serviço de Inteligência do Exército e da Agência Central de Inteligência (CIA) quando finalmente compreenderam o potencial desse novo *modus operandi*. Era o sonho de um agente secreto, ser capaz de espionar o inimigo usando apenas a consciência de um operador. Nossa, com sorte talvez pudéssemos ler os pensamentos dos nossos inimigos, talvez até mesmo matá-los com vibrações mentais! Exatamente, apesar do desprezo científico com relação à visão remota, o governo decidiu investir nela. Eles não estavam interessados na teoria acadêmica; queriam resultados. A visão remota entregou a mercadoria.

Tudo começou em junho de 1972. Harold Puthoff, Ph.D., havia sido contratado recentemente por um dos melhores órgãos de pesquisa do mundo, o Stanford Research Institute (SRI). Ele era especialista em lasers e mecânica quântica, com um doutorado em física — um homem ativo e dinâmico. Ele também estava muito interessado nos fenômenos psíquicos e na criatividade, porque achava que essas coisas poderiam fornecer um vislumbre dos mistérios da física quântica.

O SRI o contratou para que ele ajudasse em um projeto com laser, e mais tarde ele começou a examinar os fenômenos psíquicos na tentativa de promover o seu trabalho com a mecânica quântica. No dia 4 de junho de 1972, ele conheceu Ingo Swann: artista, paranormal e um nova-iorquino excêntrico que mastigava o charuto... em resumo, o homem que começou tudo. Puthoff se envolveu com uma aventura extravagante que mudou a sua vida para sempre.

Puthoff sentia que o futuro da física quântica possivelmente residia nos fenômenos psíquicos. Com o tempo, ele conseguiu que alguém financiasse as suas ideias: Bill Church, fundador da Church's Fried Chicken, concordou em financiar parte das pesquisas de Puthoff. Este espalhou que estava procurando paranormais talentosos. O apelo rendeu a ele uma carta de um tal Ingo Swann de Nova York. Depois de trocarem mais algumas cartas, Puthoff concordou em pagar a passagem de avião de Swann para a ensolarada Califórnia, onde estava localizada a sede do SRI. Ele chegou no dia 4 de junho e logo os deixou incrivelmente entusiasmados.

Puthoff queria ver se Swann era capaz de afetar equipamentos sensíveis com a mente. Os dois homens foram até a Stanford University e se encaminharam para o subsolo do prédio de física, Varian Hall, onde estava alojado um dos sensores mais especializados do mundo. Era um magnetômetro experimental construído com dinheiro do Departamento de Pesquisas Navais. O instrumento fora projetado para procurar quarks, a sugerida partícula fundamental da matéria, e de fato os acabaria encontrando.

Era um equipamento excepcional, especialmente protegido de todas as formas de radiação do cobre, do alumínio e de ligas metálicas especiais, totalmente projetado para detectar as minúsculas perturbações do campo magnético supostamente causadas pelos quarks. O equipamento até mesmo continha um supercondutor super-resfriado, um dispositivo dispendioso que possibilitava que a eletricidade fluísse sem resistência.

Puthoff explicou brevemente como o equipamento funcionava para Swann e em seguida disparou a grande pergunta: conseguiria ele alterar a saída do magnetômetro estando este especialmente protegido e enterrado no chão de concreto? Swann ficou momentaneamente desconcertado com um pedido tão invulgar, mas concordou em tentar.

Swann se concentrou, e algo incrível aconteceu. O registrador de gráfico do magnetômetro enterrado de repente se alterou! *Foi isso mesmo que você leu.* Puthoff reparou que os dados do registrador estavam correlacionados com as tentativas de Swann. Os outros cientistas riram, achando que era apenas uma coincidência. Swann repetiu várias vezes esse efeito e até mesmo fez o esboço de um diagrama mostrando o mecanismo interno, o que o projetista mais tarde afirmou estar completamente preciso. Assim que Swann deixou a sala, os dados voltaram ao normal. Ali estava um dos mais sofisticados sensores do mundo, protegido contra todas as formas conhecidas de radiação eletromagnética, e no entanto Swann o afetara com a sua consciência.[12]

Puthoff tinha sido fisgado. Ele preparou uma breve descrição do sucesso de Swann, junto com cópias dos dados, e saiu em campo para tentar conseguir mais recursos. Em poucas semanas, Puthoff fisgou o maior peixe de todos: o governo americano. Assim teve início uma das mais estranhas corridas armamentistas da história, e tanto Puthoff quanto Swann eram protagonistas fundamentais. A pesquisa e a atividade psíquicas estavam oficialmente em uma posição proeminente — e os soviéticos oficialmente alertas.

Os soviéticos sempre estiveram interessados nos fenômenos psíquicos — isso é quase uma tradição nacional para eles — e eles demonstraram grande interesse pelos supostos experimentos psíquicos dos Estados Unidos quando ouviram falar neles. Até então, os soviéticos achavam que tinham o monopólio da atividade militar psíquica. Mais ou menos na mesma época, o livro *Psychic Discoveries Behind the Iron Curtain** tornou-se um *best-seller*.[13] De repente, em uma espécie de circularidade de efeito, os agentes secretos americanos ficaram muito interessados no potencial da atividade da inteligência psíquica, mesmo que pela mera razão de os soviéticos estarem tão envolvidos com ela. Se ela continha alguma verdade, os Estados Unidos tinham que se empenhar para descobrir. Em seguida, circulou a notícia que os soviéticos estavam trabalhando em um programa destinado a afetar mentalmente a trajetória de mísseis balísticos intercontinentais (ICBM). Repentinamente, os fenômenos psíquicos se tornaram a última palavra. Os detentores do poder decidiram que estava na hora de agir. Foram falar com Hal Puthoff no SRI depois de o seu relatório sobre Swann e o magnetômetro ter circulado.[14]

Já em outubro de 1972, Puthoff e o seu colega Russell Targ, Ph.D., também físico especializado em laser, estavam realizando experimentos em PES com Swann. Certo dia, dois homens de aparência estranha apareceram no SRI. Queriam ver por si mesmos se Swann era efetivamente capaz de fazer alguma coisa de valor. Traziam com eles um objeto e pediram a Puthoff que o colocasse em uma caixa experimental. Swann poderia dizer a eles o que era o objeto usando a PES? Swann entrou na "zona" e descreveu o objeto. "Vejo uma coisa pequena, marrom e irregular, como uma folha, ou alguma coisa parecida com uma folha, só que ela parece muito viva, como se estivesse se mexendo!" O objeto do teste era uma grande mariposa marrom, que se parecia bastante com uma folha para que o inseto pudesse se harmonizar com o ambiente.[15]

Swann havia conseguido, pelo menos até um certo grau. Os homens foram embora. Algumas semanas depois, entregaram a Puthoff um cheque de 50 mil dólares para que ele continuasse a pesquisa. Os homens eram da

---

* *Experiências Psíquicas além da Cortina de Ferro*, publicado pela Editora Cultrix, São Paulo, 1975. (fora de catálogo)

CIA. O governo estava na jogada. Continue a pesquisa, produza alguma coisa realmente útil (dizia o cheque) e mais dinheiro apareceria. Puthoff, Swann e Targ ficaram em êxtase! Finalmente, era oficial, a pesquisa sobre os fenômenos psíquicos tinha o patrocínio do governo. Agora, o que eles poderiam fazer que pudesse ser valioso para a comunidade do serviço de inteligência?

Durante algum tempo, eles fizeram coisas do tipo PES convencionais, pedindo a Swann que adivinhasse a identidade de objetos escondidos e atividades semelhantes. Os resultados foram medíocres. O programa estava começando devagar, exatamente quando tudo parecia estar em risco. No entanto, Swann era bastante perspicaz. Ele sabia exatamente o que a CIA desejava. Eles queriam espiões psíquicos, pessoas capazes de investigar mentalmente um importante alvo militar ou de inteligência e dizer o que estava acontecendo no local. Swann estava ansioso para corresponder aos desejos deles, mas ao mesmo tempo confuso a respeito de como proceder.

Você imaginaria que Puthoff e Targ poderiam simplesmente dar instruções a Swann para que examinasse uma determinada sala no Kremlin e relatasse o que estava sendo dito ou quem estava lá, mas não era tão fácil. Quando Swann ouvia as informações, a sua imaginação tinha a tendência de se envolver, ou apresentando uma interpretação e dessa forma limitando o valor das informações ou mudando o rumo da sua atenção fazendo com que ele errasse completamente o alvo. Swann desenvolveu um rígido protocolo para evitar os problemas da imaginação; esse protocolo exigia que os visualizadores treinados fossem acompanhados durante a sessão por monitores que também desconhecessem o alvo. Isso ajudou, porém um método mais preciso era necessário. Swann o descobriu um dia enquanto descansava na piscina. Uma voz lhe disse: "Experimente coordenadas". Era isso! Coordenadas geográficas poderiam ser usadas para identificar um alvo sem efetivamente designá-lo.

Não foi fácil convencer Puthoff e Targ, mas quando eles viram os resultados, tornaram-se crentes. Tampouco Swann era a única pessoa capaz de fazer aquilo; outros visualizadores remotos aprenderam a reproduzir o seu sucesso. Por mais difícil que fosse de aceitar, por meio da mera menção de um conjunto de coordenadas, um visualizador remoto treinado era capaz de visualizar o alvo em questão. Com o tempo, descobriu-se que a simples associação de números aleatoriamente gerados obtinha o mesmo resultado. Foi sugerido que a consciência coletiva humana estava em ação.[16]

Sem dúvida, isso parece absurdo, mas funcionou. Digamos, por exemplo, que a CIA desejasse mais informações sobre uma fábrica de armas na União Soviética de cuja existência ela desconfiava. Uma série de números gerados aleatoriamente era atribuída à tarefa e enviada por fax, através de uma linha segura, para o SRI, ou, mais tarde, para Fort Meade, em Maryland. Esses números representavam o alvo em questão. A pessoa que recebia as informações fazia um breve relato para o visualizador remoto fornecendo apenas as coordenadas, talvez acrescentando a declaração de que se tratava de um "lugar". O visualizador relaxava, entrava na "zona" e ingressava no "éter" com a sua consciência.

Seguindo um rígido protocolo desenvolvido por Ingo Swann, o visualizador remoto era efetivamente capaz de ver a cena em questão, como se o seu espírito estivesse efetivamente no local. E as informações recolhidas iam além de detalhes visuais. O visualizador também conseguia captar odores e sons, e às vezes pensamentos, das pessoas no alvo. O rígido protocolo de Swann permitia que a equipe distinguisse entre informações efetivamente relevantes e as impressões pessoais do visualizador. Parecia loucura, mas funcionava.

Às vezes, o visualizador descrevia uma cena que parecia incorreta até que a análise verificava a história do alvo. O visualizador remoto descrevera algo do passado do alvo! Por mais difícil que fosse acreditar, a consciência humana era capaz de atravessar tanto o tempo quanto o espaço. Mais uma vez os antigos estavam certos. A equipe de visão remota não tinha a menor ideia de como tudo funcionava, mas os resultados eram reproduzíveis; outros visualizadores obtinham informações semelhantes das mesmas coordenadas.

No estágio formativo das pesquisas sobre os fenômenos psíquicos no SRI, Puthoff e Targ tentaram quase tudo. Houve tentativas de ver remotamente a partir de pequenos submarinos. Eles usaram gaiolas de Faraday para bloquear formas conhecidas de energia. Essas variações pareciam não exercer nenhum efeito. A visualização prosseguiu como de costume, com os mesmos resultados. O que quer que estivesse em ação estava fora do mundo convencional que conhecemos.

Procedimentos semelhantes foram repetidos milhares de vezes nos anos seguintes. Os fenômenos eram reproduzíveis. Visualizadores remotos treinados eram capazes de transcender o tempo e o espaço com a sua consciência e relatar o que viram. Um dos melhores era um senhor de meia-idade chamado Pat Price, ex-comissário de polícia de Burbank, Califórnia, e um agricultor que cultivava árvores de Natal, entre outras coisas. Algumas das tentativas iniciais de Price sugerem que ele estava de fato vendo a cena a partir de outro nível de existência, com outro aspecto dele mesmo e não com os seus sentidos físicos. Na realidade, as impressionantes habilidades de Pat Price acabaram levando Puthoff a se concentrar exclusivamente na atividade clarividente e a criar o termo *visão remota*.

Naqueles anos formativos, a CIA não estava convencida de que os visualizadores não estavam sendo orientados para os alvos. O contato deles com a CIA era um homem chamado Richard Kennett, médico e analista de pesquisas que investigava os fenômenos psíquicos para a CIA. A pedido de Puthoff, Kennett solicitou a um colega que lhe fornecesse coordenadas geográficas de um alvo desconhecido tanto para ele quanto para Puthoff. Eram coordenadas precisas, até os minutos e os segundos de latitude e longitude.

Inicialmente, Ingo Swann foi incumbido da tarefa. Ele descreveu instalações do governo, com esboços e mapas do alvo. Puthoff não conhecia o grau de precisão das informações de Swann, mas preparou o relatório que seria enviado para Kennett. No entanto, antes que o concluísse, o destino interferiu, e Puthoff recebeu um telefonema de um homem que se identificou como Pat Price. Eles haviam se encontrado rapidamente, tendo se conhecido em uma palestra em Los Angeles. Impulsivamente, Puthoff decidiu dar a Price uma chance no alvo misterioso e leu para ele as coordenadas. Alguns dias depois, Puthoff recebeu pelo correio a descrição do alvo feita por Price.

Este descreveu a mesma cena que Swann descrevera, porém com muito mais detalhes. Começou descrevendo o alvo com se avistado de cima, fornecendo informações precisas sobre o terreno, como a altura exata de picos circundantes, bem como uma minuciosa análise das condições atmosféricas. Price então "entrou" no estabelecimento. Descreveu o interior do prédio de uma maneira extremamente detalhada, mencionando até mesmo, espantosamente, a placa identificadora em uma mesa, um Primeiro Sargento Long. Puthoff sentiu que Price estava envolvido com algo de peso, de modo que lhe telefonou para perguntar se ele poderia revelar detalhes adicionais a respeito do alvo. Puthoff desejava causar um efeito avassalador na CIA; queria uma coisa que não deixasse nenhuma dúvida com relação aos recursos da visão remota.

Price voltou ao éter e descreveu a cena com uma riqueza de detalhes inacreditável, fazendo algo praticamente sem precedentes na visão remota: conseguiu penetrar psiquicamente em arquivos sigilosos e protegidos, e ler o nome de cada arquivo! Também forneceu o nome dos documentos que estavam sobre as mesas. Puthoff digitou o seu relatório e o enviou para Kennett. Este, por sua vez, entregou a descrição por escrito ao homem que escolhera as coordenadas, um agente da CIA chamado Bill O'Donnell. "Rick, isto não tem nada a ver com o local", declarou O'Donnell se desculpando, depois de ler as descrições. "Eu lhe forneci as coordenadas da minha cabana de veraneio. Eu simplesmente peguei os mapas no meu carro, descobri onde a minha cabana estava na floresta, e foi o que eu lhe dei. Isto", disse ele, apontando para as descrições de Swann e Price, "é um disparate".[17]

Kennett não sabia bem a que conclusão chegar com tudo aquilo, mas ficou impressionado com o fato de tanto Swann quanto Price terem descrito basicamente o mesmo lugar. Decidiu então verificar. No fim de semana seguinte, pegou o carro, foi até o local e encontrou a cabana. Também descobriu outra coisa. Havia nas proximidades instalações secretas do governo, com antenas de satélite e placas com os dizeres "Proibido Ultrapassar".

Kennett aprofundou a sua verificação e conversou com uma pessoa da CIA que conhecia o local, situado nas florestas da Virgínia Ocidental. Ele forneceu ao agente as descrições que recebera. Foi um deus nos acuda. O local abrigava instalações subterrâneas secretas da Agência de Segurança Nacional chamadas Sugar Grove, e algumas pessoas muito importantes quiseram saber como Kennett e a equipe do SRI tinham obtido informações tão confidenciais. Ficaram absolutamente furiosos. As investigações tiveram início. Finalmente, quando nenhuma evidência de um vazamento pôde ser encontrada, a comoção gradualmente desapareceu.

Price ficou bem visto pela CIA no verão de 1973 ao visualizar remotamente um local semelhante na União Soviética. Ele forneceu detalhes de um lugar nos Montes Urais e comentou que as instalações secretas tinham um número desproporcional de funcionários do sexo feminino. Posteriormente, a CIA confirmou todas as informações de Price. Ironicamente, a Agência de Segurança Nacional viria mais tarde a se tornar um dos maiores usuários da visão remota, trabalhando em alto grau a partir de instalações situadas no SRI e em Fort Meade.

O programa de Puthoff e Targ estava começando a ganhar impulso. Certo dia, a equipe decidiu verificar se um alvo em movimento faria alguma diferença. Rick Kennett escolheu aleatoriamente um número de três dígitos, escreveu-o em um pedaço de papel e colocou-o no bolso da sua camisa. O objetivo era verificar se Price conseguiria determinar o número enquanto Kennett voava pelo céu em um planador.

O planador de Kennett foi puxado para o alto, enquanto Price e Puthoff permaneceram em terra. Price se concentrou. Ele não teve nenhum problema para determinar tanto os três dígitos quanto a sua sequência correta, mas se queixou de algo estranho. Começou a ficar mareado, como se estivesse em um navio. Um objeto não parava de oscilar de um lado para o outro enquanto Price estava tentando ler o que estava escrito no papel no bolso de Kennett. As oscilações estavam quase fazendo com que Price se sentisse fisicamente doente. Ele fez um esboço do objeto. Este se parecia muito com um *ankh* egípcio, o antigo "segredo da vida". Tanto Price quanto Puthoff ficaram intrigados.

Depois que aterrissou, Kennett confirmou que o número estava correto. Price havia conseguido novamente. Quando este último mencionou os efeitos colaterais incomuns da sua sessão de visão remota, Kennett riu em alto e bom som. Ele introduziu a mão debaixo da camisa e puxou um *ankh* egípcio que estava pendurado em um cordão em volta do seu pescoço! O pendente tinha balançado de um lado para o outro com o movimento do planador, interferindo na tentativa de Price de visualizar o papel que estava no bolso da camisa de Kennett! Neste caso, estamos além da telepatia. Price estava *lá* — a sua consciência tinha visto a cabine de um planador em movimento e fora distraído pela oscilação do pendente. Algum aspecto de Price tinha transcendido o espaço e entrado no planador.

Posteriormente, visualizadores remotos em Fort Meade frequentemente seriam afetados pela presença da água, da fumaça ou de substâncias químicas nocivas enquanto utilizavam a visão remota. Os monitores passaram a ter que ficar atentos a isso. Às vezes, o visualizador remoto efetivamente vomitava enquanto investigava um alvo, ou ficava tão transtornado que a sessão tinha que ser encerrada. Para pessoas como Puthoff, Targ, Swann e Price, bem como para as dezenas de visualizadores remotos posteriormente utilizados pelas forças armadas, a visão remota não era um produto da imaginação. Era bem real. Eles estavam lá. Novas dimensões, de fato.

Com o tempo, a notícia se espalhou. Vários órgãos do governo e as forças armadas ficaram extremamente interessados no que os rapazes do SRI estavam fazendo. Novos testes se revelaram muito promissores. Os recursos financeiros estavam chegando em grande quantidade. Em 1978, o Exército criou uma nova unidade destinada a utilizar a visão remota para objetivos do serviço de inteligência; o codinome da unidade era Grill Flame, e ela estava baseada em Fort Meade, Maryland. Pessoas como Ingo Swann estavam começando a aceitar trabalhos autônomos. Puthoff e Targ estavam entusiasmados, embora eu esteja certo de que estavam surpresos com as cartas que o destino distribuíra para eles. Afinal de contas, eles eram físicos especializados em laser! Agora, estavam profundamente enredados na espionagem psíquica. Entretanto, isso também era coisa de vanguarda.

Em novembro de 1974, eles tiveram sorte. No meio de uma grande controvérsia, a revista *Nature* publicou o trabalho deles.[18] Mas o triunfo veio misturado com desapontamento. Os editores tinham decidido a partida de antemão. Em um editorial concomitante, deixaram bem claro que o trabalho de Puthoff e Targ não os convencera. Enfatizaram pontos negativos secundários levantados pelas pessoas que avaliaram o artigo, pontos que já haviam sido abordados pelos autores na versão publicada.

Dezoito meses depois, no meio da contínua controvérsia, Puthoff e Targ conseguiram publicar um artigo mais minucioso na prestigiosa revista da destacada sociedade de profissionais da engenharia elétrica, *Proceedings of the IEEE*.[19] O editor, um cientista da Bell Labs chamado Robert Lucky, quisera inicialmente rejeitar o artigo, mas quando Puthoff e Targ compareceram pessoalmente para responder a perguntas de um grupo de cientistas, Lucky ficou impressionado. Ele até mesmo praticou um pouco de visualização remota e passou a acreditar nela. Mais tarde, foi citado como tendo dito: "As coisas psíquicas não são na verdade muito mais absurdas do que parte da física por trás do laser".[20]

No início de 1974, a revista *Time* publicou um artigo de capa a respeito das pesquisas sobre os fenômenos psíquicos.[21] O autor, Leon Jaroff, logo mencionou que Puthoff e Swann eram membros "do grotesco e polêmico culto da cientologia". De fato eles o foram, durante algum tempo. Isso não era terrivelmente inusitado nos anos 60. Os dois homens abandonaram posteriormente a cientologia, e Puthoff acabou ingressando em um grupo de anticientologistas. No entanto, o dano tinha sido feito, e apesar das importantes publicações de Puthoff e Targ, o seu trabalho não foi levado adiante por pesquisadores convencionais.

Ainda assim, eles deram seguimento ao seu trabalho no SRI. No entanto, os tempos mudam, e em 1995 os programas de visão remota tanto do SRI quanto de Fort Meade tinham sido interrompidos devido a cortes no orçamento e ao vazamento de informações para a imprensa. O trabalho durara quase vinte anos, com um incrível sucesso. Algumas pessoas acreditam que ele simplesmente se tornou ainda mais secreto, o que é uma conclusão lógica se levarmos em conta o incrível potencial da técnica. Quando o programa terminou, Russell Targ já havia deixado o SRI. Hal Puthoff, entretanto, continua até hoje a investigar o conceito quântico da energia do ponto zero, a enorme quantidade de energia que preenche o mundo inteiro prognosticada pela física moderna e, no entanto, desconsiderada pela maioria dos cientistas.[22] Puthoff já tem várias patentes para o seu trabalho, e ele pode estar a caminho de fazer uma das mais importantes descobertas científicas de todos os tempos.[23] Muitos dos visualizadores remotos que participaram do trabalho começaram a tornar público o seu conhecimento.

Hoje é possível fazer cursos de visão remota e até mesmo encomendar DVDs que a ensinam.

Quanto a Ingo Swann, ele voltou para Manhattan, onde ainda perambula pelo cosmos, com efeitos surpreendentes. Há alguns anos, antes que as sondas espaciais começassem a explorar o sistema solar, Swann visualizou remotamente Júpiter e outros planetas. Fez várias afirmações extravagantes que soaram como fantasias, entre elas que Júpiter tinha um conjunto sutil de anéis e irradiava mais energia para o espaço do que recebia do Sol. Os astrônomos riram do que ele disse, até que as sondas enviaram as suas informações. Swann tinha acertado em cheio! Tudo o que ele dissera a respeito de Júpiter estava certo.[24] Ainda assim, a comunidade científica continua a insistir em que a visão remota não existe.

Capítulo 3

MAIS DIMENSÕES: O CORPO ALÉM DO CORPO

Nada é maravilhoso demais para ser verdade, se estiver em consonância com as leis da natureza.
— Michael Faraday, físico britânico do século XIX

Desde os tempos mais primitivos tem sido reconhecido que existem planos superiores de existência. Os antigos sábios insistiam em que a nossa consciência era capaz de se separar do corpo físico e explorar essas outras esferas. Eles também estavam certos a respeito de outra coisa. O nosso *corpo* também existe em outras dimensões. Nos textos teosóficos, este conceito é às vezes chamado de *anatomia multidimensional humana*. Os antigos diziam que o segredo é a frequência, e os pesquisadores modernos estão começando a concordar com isso. A anatomia multidimensional humana é considerada uma função da harmonia. Os corpos de frequência mais elevada são uma condição de oitavas, como na música.

De acordo com os ensinamentos da antiguidade, a primeira dessas oitavas é a que está mais estreitamente associada ao corpo físico, o *corpo etérico*. O corpo etérico, também chamado de *duplo etérico,* está intimamente ligado à estrutura física das coisas vivas e é o primeiro dos chamados corpos de energia sutil. Há éons que se diz que a doença aparece primeiro no corpo etérico, até que o equilíbrio da energia se altera e a doença se manifesta no receptáculo físico familiar. Devido à íntima ligação entre esses dois corpos, eles são às vezes considerados uma unidade, o complexo físico-etérico.

Quando Kim Bong Han fez experimentos com os meridianos da acupuntura nos coelhos e em outros animais na década de 1960 (consulte o Capítulo 2), ele acreditava que estava alterando o fluxo de energia oriundo do corpo etérico. Cortar o elo vital entre os corpos etérico e físico desequilibrava o fluxo do ch'i, com resultados desastrosos para as cobaias. É claro que a ciência moderna ridiculariza essas afirmações, mas uma análise do trabalho do dr. Harold Saxton Burr e do casal Kirlian poderá instigar alguma reconsideração.

Na década de 1940, Harold Burr era um neuroanatomista de Yale. Ele estivera pesquisando as salamandras durante algum tempo por várias razões, sendo que uma das mais importantes era o fato de que as salamandras são um dos poucos animais capazes de regenerar novos membros quando adultos. Para sua surpresa, Burr descobriu que as salamandras têm um campo de energia elétrica praticamente idêntico ao do animal em si. Também constatou que esse campo está alinhado com o cérebro e a medula espinhal do animal. No mínimo, esse era um terreno novo e emocionante.

A pergunta seguinte era natural: em que ponto do desenvolvimento embriológico começava esse estranho campo? Depois de estudar um pouco, Burr ficou chocado ao descobrir que o *eixo do campo de energia elétrico se originava no próprio ovo não fertilizado*. Ele era inerente na própria célula germinativa do organismo! Burr considerou lógico pressupor que esse campo primordial era aquele que mais tarde se tornava visível no alinhamento do sistema nervoso central das salamandras.

Os ovos das salamandras são grandes o suficiente para ser observados debaixo de um microscópio convencional. Burr injetou uma minúscula quantidade de tinta indelével no eixo do campo de energia elétrica de um ovo, e depois relaxou e ficou esperando. Em todos os casos, a mancha de tinta com o tempo se incorporou ao cérebro e à medula espinhal do organismo em crescimento. Algo profundo estava acontecendo: um campo de energia que era anterior ao corpo físico do organismo.

Burr também começou a estudar plantas. Observou os padrões de energia em volta de minúsculas plantas brotadas de sementes. Para sua surpresa, descobriu que o campo elétrico não se parecia com a semente e sim *com a forma da planta adulta que ela se tornaria mais tarde*. O que tradicionalmente fora chamado de *corpo etérico* havia sido encontrado nos animais e nas plantas.[1]

Nesses estudos, Burr utilizou um novo voltímetro que ele mesmo projetara, que não extraía nenhuma voltagem dos objetos de estudo. Como resultado, o instrumento refletia as características energéticas dos misteriosos campos. Ele realizou pesquisas durante mais de vinte anos e fez surpreendentes descobertas. A alteração de um único gene dentro do DNA de uma planta, por exemplo, causava profundas mudanças nas leituras de voltagem. Burr descobriu depois que a saúde futura da planta poderia ser prevista a partir do campo de energia que envolvia a semente.

Baseado em um palpite, Burr começou a estudar as árvores ao redor do campus de Yale, organismos que são obviamente estacionários e vivem até uma idade bastante avançada. Utilizando instrumentos que ele mesmo projetara, Burr descobriu algumas coisas intrigantes. Os campos de energia ao redor das árvores, estudados durante um período de vinte anos, mostraram sinais de estar sendo influenciados pelos ciclos lunares e solares, bem como pela atividade das manchas solares.[2] Uma vez mais, o antigo conhecimento é redescoberto: gerações a fio os agricultores plantaram as suas sementes seguindo o que chamavam de "sinais", baseados nos ciclos lunares e solares da natureza registrados nos almanaques. Eles confiavam neles, afirmando que funcionavam. Os botânicos modernos riam em silêncio desse "absurdo", mas o trabalho de Burr confere credibilidade a essa antiga crença. Os campos de energia das coisas vivas podem ser afetados pelos ciclos da Lua e do Sol.

E há então a lendária aura, o brilho que dizem emanar do corpo de energia superior das coisas vivas. Ele tem sido relatado ao longo da história e das culturas. Quase todas as pinturas da Idade Média mostram as pessoas com uma aura — ou se você preferir, um halo — que se irradia da cabeça delas.

Na realidade, muitas pessoas conseguem enxergar a parte da aura que emana do corpo etérico. Ela é geralmente cinza-azulada, estendendo-se vários centímetros além do corpo físico. É mais fácil vê-la contra um fundo claro. Para enxergar os outros aspectos da aura, as radiações dos corpos de energia mais elevada além do corpo etérico, são necessárias habilidades adicionais. Alguns afirmam ver cores vívidas e detectar aspectos do estado emocional e da saúde física da pessoa na aura. Pelo menos os pesquisadores modernos estão seguros de que o corpo etérico brilha. Semyon Kirlian certamente estava.

Em 1939, Semyon Kirlian era considerado o melhor eletricista da cidade soviética de Krasnodar, a capital da região de Kuban na Rússia, perto do Mar Negro. Certo dia, um instituto de pesquisas médicas da vizinhança precisava consertar alguns instrumentos elétricos; alguém mencionou Kirlian. Entraram em contato com ele, e ele concordou em dar uma olhada nos instrumentos. Depois, como acontece com tanta frequência, o destino interveio.

Enquanto estava no instituto, Kirlian notou que alguns pacientes eram tratados com eletroterapia. De repente, algo chamou a sua atenção. Minúsculos lampejos de luz eram visíveis entre os eletrodos e a pele dos pacientes. Kirlian se perguntou se esse fenômeno poderia ser fotografado. Decidiu fazer a experiência em si mesmo colocando uma chapa fotográfica entre os eletrodos e a sua pele. A dor foi excruciante, mas ele a suportou durante um tempo suficiente para obter uma imagem.

Enquanto revelava a foto na câmara escura, Kirlian começou a ver algo estranho. Ele viu a sua mão e os seus dedos, mas eles estavam cercados por um brilho luminescente! Clarões de energia podiam ser vistos irradiando de certas áreas da sua mão, áreas que mais tarde ele viria a constatar que eram os pontos clássicos de acupuntura dos antigos chineses. Kirlian descobriu que a ciência já conhecia o fenômeno. Ele era denominado *descarga de coroa*, a chamada emissão a frio de elétrons. O efeito se baseia no fato que os objetos eletricamente aterrados em campos de alta frequência, entre 75.000 e 200.000 ciclos por segundo, geralmente exibem descargas de faíscas entre o objeto e o eletrodo. Ao colocar um pedaço de papel fotográfico entre os dois, o fenômeno pode ser registrado em filme. O método passou a ser conhecido como *fotografia Kirlian* ou *eletrofotografia.*

Kirlian não discordou da ciência, mas sentia intuitivamente que isso não era tudo. Ele e a sua esposa, Valentina, deram seguimento à pesquisa. Objetos comuns, como uma moeda de metal, apenas demonstravam um brilho uniforme ao redor da borda. As coisas vivas eram outro assunto. Elas pulsavam com clarões de energia, algumas em cores vívidas. Pontos de energia eram visíveis sobre a superfície do objeto.

Descobriram o mesmo tipo de coisa com uma folha arrancada de uma planta. Ela certamente brilhava, com clarões de energia turquesa e amarelo-avermelhados ao redor da borda, junto com inumeráveis pontos minúsculos de energia. Alguns dos clarões de energia emanavam de áreas específicas da folha, quase como minúsculas erupções vulcânicas. Estudos adicionais com mãos e dedos humanos revelaram padrões semelhantes. As coisas vivas estavam *animadas* com essa energia, algo que uma câmera comum não poderia ver.

Kirlian sabia que estava a caminho de descobrir algo importante. Ele e a sua mulher desenvolveram com o tempo um dispositivo que conseguia registrar um objeto em movimento. Um mundo inteiramente novo se revelou para eles. A mão humana se parecia com uma exibição de fogos de artifício de padrões de energia cintilantes, alguns constantes e alguns que esmoreciam e retornavam. Era espetacular. Fizeram outra tentativa com uma folha recém-arrancada de uma planta. Ela também exibiu os mesmos tipos de belos padrões de energia. No entanto, as coisas começaram realmente a ficar interessantes quando colocaram uma folha murcha no seu novo dispositivo. Os padrões de energia eram praticamente inexistentes!

O casal Kirlian ficou convencido de que os instrumentos poderiam revolucionar a medicina e uma infinidade de outras áreas, e pouco a pouco a fama do método se espalhou.[3] Ao longo dos anos, centenas de cientistas e técnicos visitaram a pequena casa e o laboratório do casal. Todos ficavam impressionados, mas a engrenagem oficial funciona lentamente, especialmente com relação a uma coisa que provavelmente esmagaria o paradigma vigente. Certo dia, em 1949, um cavalheiro de aparência importante os procurou com o que iria ser um teste oficial, embora o casal desconhecesse esse fato na ocasião.

Ele era o presidente do conselho administrativo de um importante instituto de pesquisas e trazia consigo um recipiente que continha duas folhas de plantas idênticas, ambas arrancadas ao mesmo tempo da mesma espécie de planta. Ele queria que elas fossem fotografadas com o novo dispositivo. Kirlian pôs-se imediatamente a trabalhar no que a essa altura se tornara um procedimento rotineiro. Ele sabia, baseado em anos de experimentação, que cada espécie individual de planta produzia um tipo único de imagem eletrofotográfica. No entanto, o que descobriu nas amostras o deixou desconcertado. Uma das folhas exibiu o resultado esperado, os padrões agora familiares de cores e clarões de energia. A outra, contudo, exibiu algo estranho: minúsculas figuras geométricas distribuídas de modo esparso pela folha.

Kirlian imediatamente culpou o equipamento. Os malditos circuitos deviam estar com algum defeito! Ele e Valentina repetiram várias vezes o procedimento, na realidade varando a noite na tentativa de obter a exposição correta. Nada funcionou. Uma das folhas estava normal, e a outra continuava a produzir a imagem distorcida. Kirlian ficou ao mesmo tempo desapontado e preocupado. Estavam na União Soviética. Havia campos de trabalhos forçados em lugares desagradáveis. Não era preciso muita coisa para alguém se tornar um hóspede oficial de um deles.

Exaustos, mostraram os resultados para o botânico, esperando pelo pior. "Vocês descobriram!", exclamou o cientista. A experiência fora um teste cego destinado a verificar a eficiência do dispositivo do casal Kirlian. As folhas haviam sido arrancadas de plantas idênticas, a não ser por um aspecto importante. Uma delas era saudável. A outra sofria de uma grave doença que em breve a mataria, embora ainda parecesse perfeitamente normal na ocasião. O cientista ficou em êxtase.

O casal Kirlian alcançou proeminência.

Os dois continuaram a demonstrar o seu dispositivo, até mesmo encorajando os visitantes a tomar uma dose de vodca e observar o efeito nos seus próprios padrões de energia. (O efeito era quase instantâneo e a ondulação podia ser vista em todo o campo de energia.) No entanto, apesar de todo o potencial do dispositivo para os cuidados com a saúde, o casal descobriu algo ainda mais profundo com o instrumento. Certo dia, Kirlian tirou uma foto de uma folha recém-arrancada, em seguida cortou fora um pedaço dela e tirou uma segunda fotografia. O que ele viu deixou em pé o cabelo da sua nuca. Lá, claro como o dia, estava a folha *inteira*, com o brilho e os clarões de energia habituais. O que restava da parte que estava ausente era surpreendente. Na fotografia, ligada ao fragmento efetivo da folha, *havia uma imagem espectral da parte ausente, perfeita com minúcia de detalhes*, com a textura, os padrões e as nervuras da folha! Kirlian havia fotografado o padrão de energia da metade ausente da folha, o corpo etérico.

Eles haviam documentado pela primeira vez o que logo se tornaria conhecido como o *efeito fantasma da folha,* o mais famoso aspecto da fotografia Kirlian. Ele os tornaria famosos em todo o mundo e também alvo de uma imediata polêmica, grande parte da qual continua até hoje.

A primeira sugestão foi que o padrão de umidade do fragmento ausente da folha teria causado o surgimento do fantasma. Essa explicação foi logo refutada quando o pesquisador Keith Wagner da California State University usou um bloco de lucite límpido para cobrir quaisquer vestígios de umidade deixados para trás pela parte ausente. Exemplos claros e excelentes do efeito fantasma da folha mesmo assim foram obtidos.[4] Outro pesquisador, Allen Detrick, fotografou posteriormente ambos os lados de uma folha cortada, obtendo imagens fantasmas separadas e distintas dos dois lados com os detalhes completos. A umidade residual certamente *não* explicaria esse efeito.

Kirlian continuou a vida inteira a aprimorar a sua descoberta. Ele conseguiu inventar um dispositivo de acoplamento que possibilitava que a fotografia Kirlian fosse tirada através de um microscópio eletrônico. Ele e a esposa inventaram os mais diferentes tipos de equipamento ótico especializado. A União Soviética com o tempo reconheceu o seu trabalho, oferecendo-lhes um bom apartamento e uma pensão. A notícia da descoberta se espalhou pelo mundo. Uma das pessoas que começaram a fazer experimentos com ela foi um romeno chamado Ion Dumitrescu. Ele levou a ideia do efeito fantasma da folha mais adiante, tornando-o ainda mais misterioso. Ele encontrou evidências de um *holograma* nas coisas vivas.

Uma das qualidades impressionantes de um holograma é que quando uma pequena parte de uma imagem holográfica é removida, a imagem inteira aparece nesse fragmento. Dumitrescu fez um pequeno buraco em uma folha recém-arrancada e tirou uma foto Kirlian. Ele teve um choque. Na fotografia, visível nos mais ínfimos detalhes através do buraco, havia outra imagem da folha inteira, completa com um minúsculo buraco no lugar apropriado! Era quase como olhar para o reflexo de um espelho em outro espelho.[5]

Durante anos, os livres-pensadores haviam aventado que as coisas vivas têm uma natureza holográfica, particularmente em aspectos do cérebro. Alguns chegaram a propor que o próprio universo era apenas um gigantesco holograma, um padrão de energia de interferência infinito, uma área inimaginável na qual todas as informações estão contidas em cada parte dele. O conceito da não localidade da física, que foi experimentalmente verificado, é apresentado como evidência dessa proposição. As novas constatações do efeito da folha fantasma a respaldaram ainda mais.[6]

O trabalho de Dumitrescu foi relatado pela primeira vez no Ocidente em *Psychic Discoveries Behind the Iron Curtain*, o livro que fez a CIA se interessar pela visão remota. Já na década de 1980, a fotografia Kirlian só perdia para os raios X como a ferramenta de diagnóstico médico mais comum na Rússia. Ela continua sendo um tema controvertido nos Estados Unidos, embora também tenha gerado um grande interesse.

Com o tempo, ela começou a aparecer nas pesquisas ocidentais nos diagnósticos iniciais de câncer e de fibrose cística, obtendo algum êxito. Fotografias Kirlian tiradas de agentes de cura psíquicos revelaram enormes clarões, intensamente coloridos, emanando das suas mãos quando eles estão em modo de cura. O dr. Dumitrescu continua o seu trabalho em Paris, onde computadorizou os campos de energia de pacientes. Ele acha que essa análise dos campos de energia poderia revolucionar a medicina interna, possibilitando a detecção das doenças muito antes que elas se manifestem no corpo físico.[7]

O próximo corpo de energia sutil é o famoso *corpo astral*. Ele é o primeiro dos corpos de frequência mais elevada capazes de se separar da forma física durante intervalos de tempo. Esse corpo é responsável pelos estranhos fenômenos da projeção astral, hoje chamado de *experiência fora do corpo* (EFC). Ele também é *a sede das emoções humanas*. Às vezes, o corpo astral se separa do complexo físico-etérico. Muitos pesquisadores acreditam que essa separação acontece todas as noites, durante o processo do sonho.

Por mais estranho que pareça, sonhar é um processo vital da vida. Se retirarmos de uma pessoa a capacidade de sonhar, o que pode ser feito por intermédio de determinadas drogas, a sua saúde rapidamente se deteriora. A privação do sono é prejudicial, mas a privação do sonho pode ser fatal. Particularmente importante é o sono REM, o estágio do movimento rápido dos olhos quando o sonho tem lugar. Se privarmos uma pessoa quase que completamente do sono, os poucos momentos em ela conseguir dormir será de sono REM, como é revelado em pesquisas que envolvem a elite das forças armadas, como os SEALs da Marinha e as Forças Especiais do Exército, que logo conhecem os prazeres de passar períodos prolongados sem uma quantidade adequada de sono. Obviamente, o sonho desempenha um papel fundamental na nossa vida, mas por quê?

Muitos acreditam que no período de sonho o corpo astral se separa da interface físico-etérica e viaja para outro lugar, pelo menos temporariamente. Dizem que se o corpo astral ficar afastado por um tempo excessivo, nós não voltamos, que o suposto cordão de prata descrito na literatura esotérica se separará do corpo físico. No fenômeno correlato da EFC, muitas pessoas são atemorizadas pelo sentimento de que não conseguem voltar para o corpo. É como se a consciência astral expandida tivesse dificuldade para se condensar novamente nas limitações do humilde corpo físico.

Outro aspecto incomum da consciência astral são os *sonhos lúcidos*, ou seja, sonhos nos quais a pessoa sabe que está sonhando e consegue mudar o sonho de uma maneira que lhe convenha. Os sonhos lúcidos têm sido objeto de muitos estudos. Eles são únicos de várias maneiras. Em primeiro lugar, a pessoa que sonha permanece plenamente consciente, e no entanto está sonhando. Os sonhos são singularmente nítidos, poderíamos dizer que mais reais do que a realidade. Mas o que realmente torna os sonhos lúcidos invulgares é a capacidade da pessoa que sonha de *controlá-los*. Nos sonhos corriqueiros, comuns, somos participantes passivos. No sonho lúcido, a pessoa que sonha dirige o sonho, transformando um pesadelo em uma experiência agradável, por exemplo.

É tudo é extremamente *real*! As cores são mais brilhantes. O chão e as paredes são sólidos. As emoções são extraordinariamente intensas. Um sonho lúcido com uma conotação romântica pode ser melhor do que a realidade! Alguns pesquisadores acham que os sonhos normais são um fenômeno virtual, como um holograma, mas são de opinião que os sonhos lúcidos têm origem em outro nível de realidade. O físico Fred Alan Wolf, outro astro de *Quem Somos Nós?*, acredita que os sonhos lúcidos são visitas a universos paralelos, mundos inacessíveis à nossa consciência do dia a dia.[8] Se for este o caso, por que então são os sonhos tão imprescindíveis para a nossa existência?

Alguns sistemas de crença consideram a nossa vida aqui no plano físico uma experiência de aprendizado, um período no qual os eventos podem ser efetivados no mundo da matéria ordinária, uma época de crescimento e desenvolvimento. Durante o sonho e eventos como as EFCs, o corpo astral penetra outras esferas, talvez para manter um contato permanente com os planos superiores da existência, os aspectos mais elevados de nós mesmos.

Por mais peculiares que esses corpos de dimensões superiores possam parecer, eles continuam conectados ao corpo físico. A conexão é feita por intermédio de centros de energia chamados *chakras*. Esses centros de energia, por exemplo, ligam as emoções do corpo astral ao físico, particularmente ao sistema endócrino. Os chakras são antigos e místicos, mas pesquisas recentes demonstraram que eles também são literalmente bastante mensuráveis.

A dra. Valerie Hunt, fisioterapeuta e pesquisadora da University of California, em Los Angeles, estava investigando os efeitos do Rolfing, um sistema de massagem vigorosa e realinhamento, no corpo humano. O que ela descobriu foi muito além do Rolfing. Hunt estava usando um eletromiógrafo (EMG) computadorizado sofisticado que mede o potencial elétrico dos músculos através da pele. (Usei com frequência um dispositivo semelhante na minha prática quiroprática como ferramenta de diagnóstico.) Os resultados de Valerie Hunt foram tudo menos rotineiros.

Enquanto examinava os sujeitos, começou a perceber leituras em certas áreas do corpo que eram bem mais elevadas do que as que eram tipicamente relatadas. As ondas cerebrais geralmente se situam em uma amplitude de 0 a 100 ciclos por segundo (cps). As leituras musculares vão normalmente até 225 cps, com o músculo cardíaco especial do coração chegando a 250 cps. O dispositivo de Hunt estava marcando leituras de até 1000 cps em regiões específicas do corpo. Leituras nessa faixa não tinham precedente na literatura científica.

Eis o motivo: ninguém jamais se dera ao trabalho de verificar o plexo solar ou o alto da cabeça. Hunt estava familiarizada com o conceito dos chakras, e de repente ela se deu conta de que essas eram exatamente as áreas que estavam apresentando essas leituras elevadas. Afinal de contas, talvez as teorias da antiguidade encerrassem alguma verdade. Ela entrou em contato com uma paranormal, Rosalyn Bruyere, que diziam ser capaz de enxergar as radiações áuricas e os chakras.

Hunt estava curiosa para verificar se haveria alguma correlação entre as suas leituras do EMG e o que Bruyere relatasse com a sua visão psíquica. Bruyere não foi informada a respeito das áreas que Hunt estava registrando; ela simplesmente relatou as suas percepções psíquicas. O que elas descobriram foi incrível. Quando Bruyere relatava uma cor particular na aura ou nos chakras, o equipamento de Hunt apresentava uma leitura *exatamente* compatível.[9]

Quando Bruyere informava um branco puro em um chakra, as leituras eram as mais elevadas, acima de 1000 cps, as mais altas já registradas no corpo humano. Hunt ficou ao mesmo tempo impressionada e desconcertada. "Os resultados foram tão emocionantes que eu não consegui dormir naquela noite. O modelo científico que endossei a vida inteira simplesmente não era capaz de explicar essas constatações." Repetidos estudos se revelaram extraordinariamente coerentes. "Aconteceu tudo exatamente da mesma maneira, o tempo todo."[10]

Hunt ficou profundamente impressionada com as suas constatações. À medida que prosseguia com o trabalho, encontrou evidências de talentos e personalidades individuais nos campos de energia. Nos sujeitos que se concentravam nos aspectos materiais da vida, Hunt encontrou leituras apenas levemente acima da faixa biológica normal de 250 cps. Os paranormais e os agentes de cura natural tinham frequências na amplitude de 400 a 800 cps, o que era substancialmente mais elevado do que a média. Em raras ocasiões, contudo, Hunt encontrou pessoas cujos níveis do campo de energia estavam fora da escala, com alguns chegando a atingir 200.000 cps. Essas pessoas foram rotuladas de "personalidades místicas". Hunt constatou que esses sujeitos eram espiritualmente avançados, com habilidades psíquicas e de transe, mas mesmo assim com o pé no chão e conscientes do seu lugar no universo e da interligação de todas as coisas.

Hunt começou em seguida a examinar como os chakras e os campos eram afetados pelos estímulos externos. Depois de estar envolvido há décadas com as artes marciais, experimentei pessoalmente a sensibilidade dos campos de energia. Consigo *sentir* um golpe antes de ele ser executado. E durante a prática de ch'i kung, muitas pessoas conseguem sentir os chakras. Em alguns dos exercícios, as mãos envolvem bolas invisíveis de energia durante os movimentos. Quando a bola de energia se aproxima de um chakra tradicional, nítidos sentimentos de plenitude ou volume podem ser detectados. Embora essa sensação seja muito subjetiva, ela acontece. Nos dias em que me sinto bem e vigoroso, ou quando pratico com pessoas adiantadas, as bolas de energia parecem muito maiores. Consigo sentir a energia na sala e ao redor dos chakras. Valerie Hunt e outros mediram esse tipo de percepção.

Em um determinado teste, Hunt mediu simultaneamente o EMG do campo de energia e as leituras de EEG do cérebro. Ela aplicou o estímulo, como um lampejo de luz intenso ou um ruído alto, e observou o espetáculo. O que descobriu foi quase assustador. *O campo de energia registrou o estímulo bem antes do cérebro!*

Constatações semelhantes foram verificadas por outras pessoas. Os neurofisiologistas Benjamin Libet e Bertram Feinstein do Mount Zion Hospital em San Francisco constataram que os estímulos elétricos eram registrados pelo cérebro e instigavam uma reação da parte dos sujeitos muito antes deles se conscientizarem da ação requerida, como apertar um botão. A sua mente subconsciente tomava a decisão de reagir antes de eles terem consciência dela. Por incrível que pareça, os sujeitos achavam que *eles* estavam tomando a decisão.[11] Hunt comenta o seguinte:

> Creio que superestimamos enormemente o cérebro como sendo o componente ativo no relacionamento do ser humano com o mundo. Ele é apenas um excelente computador. Mas não enxergo de nenhuma maneira no cérebro os aspectos da mente relacionados com a criatividade, a imaginação, a espiritualidade e todas essas coisas. A mente não está no cérebro. Está na droga desse campo.[12]

O corpo etérico e o astral, assim como os chakras, são apenas uma pequena parte do que é chamado na teosofia de *anatomia multidimensional humana*. Os Vedas da antiga Índia, os primeiros textos conhecidos, discutem essas ideias com detalhes minuciosos. Os filósofos da Grécia clássica, Platão em particular, também acreditava em conceitos semelhantes. A famosa mística Madame Helena Petrovna Blavatsky, que viajava constantemente pelo mundo, fundou em 1875, em Nova York, a Sociedade Teosófica e reintroduziu no Ocidente a ideia dos corpos de energia sutil. Entre os membros que ingressaram posteriormente na sociedade e que modificaram e contribuíram para o conhecimento da teosofia estão Annie Besant, C. W. Leadbeater e A. E. Powell, todos os quais escreveram extensamente a respeito de temas de cunho espiritualista. Na realidade, a teosofia é considerada a principal influência sobre o movimento da Nova Era em geral. Nessa condição, o seu modelo da anatomia multidimensional humana é amplamente aceito nos relatos da Nova Era sobre a psicoenergética, o que justifica uma breve síntese neste ponto.

De acordo com a teosofia, o 7 é um número cósmico sagrado, como também o é no cristianismo e em muitas outras religiões, e existem sete corpos de energia na anatomia multidimensional humana. Os planos de existência também são em número de sete. O plano inferior, o sétimo, tem a velocidade de vibração mais lenta. Ele tem dois componentes: 7a, o corpo físico; e 7b, o corpo etérico. O sexto plano contém o corpo astral, o primeiro dos corpos de energia sutil capazes de se separar do corpo físico por intervalos de tempo. Ele também é a sede da emoção.

Na frequência mais elevada seguinte encontra-se o quinto plano, que possui três componentes. O mais avançado é o 5a, o plano mental superior, que contém o que é conhecido como "mente", o mundo do pensamento puro. É aqui que dizem que tem origem a inspiração, a imaginação e a invenção. O próximo da fila é o 5b, o corpo causal, considerado o domínio do pensamento abstrato. O corpo causal é a área associada à descoberta da essência das coisas. É aqui que tem início a intuição. O corpo causal é o veículo da consciência que chega ao âmago das coisas, que é capaz de ir até a "gestalt" total de uma ideia. O corpo causal possui o seu próprio sistema de chakras, diferente daquele do corpo físico. O terceiro aspecto do quinto plano, 5c, é o corpo mental inferior, onde encontramos a personalidade individual. Aqui, os pensamentos são transformados em vibrações de energia; o termo usado quando outras pessoas conseguem detectar ou interpretar essas vibrações é *telepatia*. Esse corpo mental inferior é também a fonte da razão e da lógica. Ele também está sobreposto à forma física, como os outros descritos até aqui, todos os quais podem ocupar o mesmo espaço porque têm frequências diferentes.

É claro que os seres humanos são compostos por muitas outras coisas além da emoção e do pensamento, até mesmo do que o pensamento abstrato de uma ordem mais elevada. Também somos criaturas de espírito. *Temos uma alma.* Segundo o modelo teosófico, existem planos para esse aspecto do nosso ser. O quarto plano é o da alma, chamado de *plano intuicional.** Esse plano conduz a essência eterna da pessoa. O número 1 é o plano espiritual, que contém o espírito puro. Aqui começamos a ver a energia superior da pessoa se fundir com a do cosmos. O plano número 2 é o plano monádico, que se caracteriza pelo Espírito Santo. Acima dele, no pináculo, está o plano mais elevado, o plano divino, considerado o da Divindade. Desse modo, os sete corpos e planos do antigo conhecimento nos ligam ao cosmos e à inteligência mais elevada de todos.[13]

De acordo com William Tiller, aquilo que chamamos de *consciência* é a alma, o aspecto da energia divina que reside em cada um de nós, manifes-

---

* Anteriormente chamado na teosofia de plano búdico. (N. da T.)

tando-se na matéria densa do mundo físico. Nas palavras dele, nós somos "multifacetados no Divino". Os nossos quatro corpos superiores lidam com a alma, território com o qual temos dificuldade em nos relacionar. Todos compreendemos a emoção. Nós a vemos e geramos todos os dias. Também é fácil entender o intelecto. O homem é uma criatura de lógica, de razão. Até mesmo a intuição, por mais misteriosa que ela pareça ser, faz parte da nossa experiência habitual. Mas quando alcançamos a área além desses aspectos, nós estamos em uma esfera inteiramente diferente.[14]

Existem conceitos na ciência, como a teoria quântica e a relatividade, nos quais a linguagem é insuficiente para descrever o que o nosso coração e a nossa mente estão nos dizendo. O mesmo é verdade a respeito das esferas espirituais da alma. Algumas pessoas adiantadas à nossa volta poderiam explicá-las para nós, mas não tenho certeza se seríamos capazes de entender a explicação. Algumas coisas precisam ser *sentidas*, experimentadas, para que possamos compreendê-las plenamente. O xamã iaqui don Juan costumava dizer ao seu discípulo Carlos Castañeda que falar a respeito dessas coisas era um exercício de futilidade. É somente quando acumulamos um poder pessoal suficiente por meio de práticas espirituais e da autodisciplina que os mistérios mais elevados da vida se tornam disponíveis para nós. Uma vez mais, tudo é uma questão de energia. A Força precisa estar conosco.

Capítulo 4

PARA ONDE VAMOS? ARGUMENTOS A FAVOR DE UMA VIDA FUTURA

Não é a dor breve bem gerada, que traz um longo conforto,
e deita a alma para dormir em um bosque tranquilo?
O sono depois da labuta, o porto depois de mares tormentosos,
O sossego depois da guerra, a morte depois da vida é imensamente agradável.
— Edmund Spenser, *The Faerie Queene*

Ah, os mistérios da vida [...]. Existe um propósito em tudo isso, ou é a vida, como a ciência deseja que acreditemos, apenas uma ocorrência acidental, um evento aleatório, o resultado de um punhado de compostos orgânicos que se reuniram há alguns bilhões de anos? E se existe um significado por trás da nossa existência, qual é ele?

Somos seres sencientes, você e eu, e às vezes refletimos sobre a aventura e o desapontamento que chamamos *vida*, em busca de algum significado que justifique a nossa existência. Eu gostaria de pensar que existe um propósito para tudo isso, um plano mestre para a nossa vida, algo que justifique a labuta cotidiana. Seria agradável imaginar que toda a dor e o tédio não são inúteis. E se existe um plano mestre, se a vida não é apenas um acaso evolucionário, o que acontece depois que ela acaba? Esta grande aventura é apenas uma sequência única, algo que ocorre ao longo de algumas décadas e desaparece para sempre, pelo menos para a pessoa em questão?

Essas são as questões realmente importantes na vida, meus amigos, e a mais importante de todas é a mais difícil de responder: se as nossas almas são realmente imortais e existe de fato uma vida futura aguardando por nós quando este repouso terreno termina, quando realmente tudo acaba, quando o velho coração finalmente para e as ondas cerebrais cessam, me digam — *para onde nós vamos?*

Sim, senhoras e senhores, essa é realmente a Grande Pergunta. Esperamos que a resposta seja um lugar bonito e agradável, e certamente não um local excessivamente quente, se você entende o que estou querendo dizer. Já convivemos com a Grande Pergunta há um longo tempo. Cemitérios de milhares de anos atrás, muito antes do advento da história escrita, revelam que o homem antigo se sentia tão nervoso e desconcertado a respeito dela quanto nós nos sentimos hoje. Até mesmo as sepulturas do homem de Neanderthal eram habilmente arrumadas, com pedras cuidadosamente arrumadas e coisas como flores e objetos comuns colocadas junto do falecido, assim como fazemos hoje em dia. Os povos da antiguidade obviamente acreditavam em uma vida futura, já que tinham um trabalho enorme para se preparar para ela. Os seus registros escritos e lendas orais estão repletos de detalhes a respeito do que acontece quando nos livramos deste envoltório mortal.

Se você segue a linha da maioria, então acredita em uma vida futura. A maioria da população do mundo acredita que continuamos de alguma maneira depois da morte, e um grande percentual daqueles a quem foi feita a pergunta — dizem que foram contatados por entes queridos falecidos por intermédio de vozes, visões ou sonhos.

Acreditar na vida após a morte é o tipo de coisa que a maioria de nós sente no coração. Podemos acreditar que a morte não é o fim de tudo, mas não temos muita certeza com relação ao que temos pela frente. É claro que o conhecimento intuitivo e os sentimentos não têm muito peso no meio científico, deixando aberta a questão a respeito de se o "fenômeno da sobrevivência" encerra alguma verdade, usando o termo parapsicológico. Vamos examinar novamente o fenômeno da experiência de quase-morte (EQM).

Uma EQM se distingue da experiência fora do corpo (EFC) pelo fato de que a pessoa está clinicamente morta. O coração e as funções respiratórias cessaram, pelo menos temporariamente. Em alguns casos, a atividade das ondas cerebrais também foi suspensa.[1]

É claro que a EQM está longe de ser um fenômeno exclusivamente moderno e tampouco está limitado ao mundo ocidental. Na realidade, o primeiro aspecto da EQM que chamou a atenção dos pesquisadores modernos foi a sua universalidade. O fenômeno é comum demais para ser considerado inexpressivo. Hoje em dia provavelmente é "legal" afirmar ter tido uma experiência desse tipo; tudo faz parte de "saber das coisas". No entanto, até o final da década de 1970, as EQMs recebiam muito pouca credibilidade oficial — a não ser que você fosse um aluno da literatura da antiguidade.

As experiências de quase-morte são mencionadas por Platão no Livro X de *A República*, quando ele narra a história de um soldado grego chamado Er, que despertou bem a tempo de evitar ser assado na sua própria pira funerária e que em seguida descreveu um clássico exemplo de uma EQM. Essas ocorrências também são detalhadamente mencionadas no *Livro dos Mortos* tanto da tradição tibetana quanto da egípcia. Carol Zaleski, professora do Smith College e ex-pesquisadora de Harvard, escreveu um livro sobre o assunto intitulado *Otherworld Journeys*, e ela informa que a literatura medieval está repleta de relatos que lembram as EQMs. No entanto, foi o dr. Raymond Moody, Jr., que realmente trouxe a ideia para primeiro plano com o *best-seller Life After Life*, no final da década de 1970.

Moody, cujo doutorado é em filosofia, trabalhou durante anos como psiquiatra, e começou a observar uma estranha ocorrência que muitos dos seus pacientes relatavam. Ela o impressionava como sendo ao mesmo tempo estranha e fascinante. Começou então a entrevistar formalmente pessoas que afirmavam ter tido uma experiência de quase-morte e encontrou um grau impressionante de confiabilidade. É claro que havia diferenças culturais, mas os principais elementos eram muito semelhantes. Como poderíamos ter certeza de que essas jornadas eram genuínas e não o tipo de alucinação que costumava ser alvo de zombaria da parte dos seus colegas? Moody começou a analisar as suas informações em busca de indícios de provas e encontrou algumas histórias interessantes.

Às vezes, as EQMs envolvem mais de uma pessoa, o que é uma ideia realmente fantasmagórica. Em um determinado caso, uma mulher estava viajando através do túnel (um dos elementos reconhecidos), seguindo satisfeita em direção à luz (outro elemento reconhecido), quando efetivamente avistou uma pessoa vindo da outra direção. *Era uma mulher que ela conhecia!* A amiga telepaticamente transmitiu a ideia de que havia estado ali, na luz, e estava agora sendo enviada de volta. Depois que a mulher se recuperou, ela investigou o caso da amiga e constatou que a situação fora autêntica! A sua amiga sofrera uma parada cardíaca ao mesmo tempo da sua ocorrência quase fatal.[2]

Em outros casos, as pessoas viajaram na luz e foram saudadas por alguém que elas acreditavam estar vivo. Embora a pessoa desconhecesse o fato na ocasião da EQM, a outra tinha na verdade morrido. Numerosos exemplos desse tipo estão registrados na literatura sobre as pesquisas.

A opinião da comunidade científica, quando ela se digna a fazer comentários, é que as EQMs são naturalmente apenas alucinações, produto da fértil, porém tola, mente humana. Entretanto, existe um grande problema. Como eles explicam o EEG?

O eletroencefalógrafo (EEG) registra as ondas cerebrais por intermédio de pequenos eletrodos colados ao couro cabeludo. É um instrumento comum para o diagnóstico médico, amplamente utilizado e extensamente estudado. Os cientistas terão facilidade em informar que muito foi descoberto a respeito da atividade do cérebro por meio da utilização do EEG, mas ficam aturdidos com o que constatam em algumas EQMs. O motivo é simples. Os pacientes clinicamente mortos, *com leituras lineares de EEG, que indicam a total ausência de atividade cerebral,* mesmo assim frequentemente recuperaram a consciência e relataram detalhadamente as suas experiências de quase-morte. Pode ser chocante descobrir que muitos pacientes se recuperaram completamente depois de ter sido declarada a sua "morte cerebral", mas o diagnóstico da morte cerebral é apenas uma *opinião*.[3] Na década de 1990, no que dizia respeito às EQMs, estava começando a parecer que o argumento a favor das alucinações estava desmoronando. Afinal de contas, um cérebro morto é incapaz de alucinar ou de fazer qualquer outra coisa. Entretanto, pacientes cuja morte cerebral havia sido declarada, frequentemente experimentaram elaboradas EQMs e viveram para falar a respeito delas. Estava começando a parecer que as EQMs eram... *autênticas*.

Na literatura sobre a EQMs, Raymond Moody divide o palco com o dr. Kenneth Ring, psicólogo da University of Connecticut. Dos dois, Ring foi o primeiro a aplicar a análise estatística e técnicas padronizadas de entrevista à investigação das EQMs. Depois de realizar muitos estudos, Ring, à semelhança de Moody, publicou um livro sobre o assunto: *Life at Death*.

Ring declara sem rodeios que as EQMs são um fenômeno genuíno e que as pessoas envolvidas efetivamente viajam para outra dimensão, outro nível de consciência no qual a energia e a frequência são a chave. As suas conclusões se baseiam em informações dos próprios entrevistados. Ring se convenceu de que o que estava acontecendo a essas pessoas era real, pelo menos tão real quanto o mundo habitual. Na verdade, Ring acredita que o motivo pelo qual as pessoas veem paisagens e flores estonteantes é o fato de que a mente humana continua a processar padrões de interferência de energia nas esferas superiores exatamente como faz na Terra. Ele escreveu o seguinte:

> Acredito que essa seja uma esfera criada por estruturas de pensamento interagentes. Essas estruturas ou "formas-pensamento" se combinam para formar padrões, assim como as ondas de interferência formam padrões em uma placa holográfica. E exatamente como a imagem holográfica parece ser plenamente real quando iluminada por um raio laser, as imagens produzidas pelas formas-pensamento interagentes também parecem autênticas.[4]

Pessoas que tiveram uma EQM relatam algumas coisas estranhas. A sua aparência física é uma delas. Muitas dizem que depois que se separam do corpo físico, elas assumem a forma de uma nuvem de energia, de consciência ou de alguma outra configuração amorfa que ainda retém a essência "delas".

Em um exemplo engraçado, um homem deixou o corpo e se tornou "uma espécie de água-viva", uma energia semelhante a uma bolha que delicadamente desceu para o chão. Depois de um breve intervalo, ele de repente assumiu a forma espectral tridimensional de si próprio... nu. Havia duas mulheres na sala na ocasião, e embora não pudessem vê-lo (como descobriu mais tarde), ficou intensamente envergonhado por causa da sua nudez; desse modo, ele se transformou instantaneamente em uma imagem espectral *vestida*, tridimensional, de um homem! A roupa era tão completa que ele conseguiu ver a costura nas calças e nas mangas da camisa; foi a alfaiataria astral em sua melhor forma.

Várias pessoas relataram que, quando não estavam pensando a respeito de si mesmas, eram apenas uma nuvem de energia que se fundia com a grande nuvem ao seu redor. Quando começavam a pensar, os seus pensamentos voltavam a aglutiná-las para formar a sua nuvem de energia pessoal.

Certo homem esquadrinhou as suas mãos durante um momento de quase-morte e informou ter sido capaz de enxergar os detalhes espectrais de tudo, inclusive "as delicadas espiras dos dedos e os tubos de luz que subiam pelos braços" (talvez os meridianos da acupuntura).[5] Em uma surpreendente reviravolta, muitas pessoas idosas se viram em um corpo jovem durante o tempo que passaram na esfera superior. Ainda mais chocante é o fato de crianças frequentemente se virem no corpo de um adulto, confirmando a crença de que as nossas almas são muito mais velhas do que imaginamos. E existe ainda a questão da "revisão da vida" — mais conhecida como Dia do Juízo Final.

Dia do Juízo Final: tradicionalmente considerado como o dia de ajuste de contas, quando todos os nossos pecados, bem como as nossas boas ações, são explicados e medidas apropriadas são tomadas. Entretanto, aqueles que morreram e voltaram descrevem as coisas de uma maneira um pouco diferente daquela que é ensinada pela maioria das nossas religiões.

De acordo com praticamente todas as religiões, todos vamos experimentar uma revisão da vida pouco depois de chegar ao outro mundo, uma espécie de vídeo cósmico que enumera os pontos importantes da nossa existência. Aqueles que tiveram essa experiência a descrevem como uma revisão completa da vida inteira. Certa pessoa comentou: "É como entrar em um filme da nossa vida. Cada momento de cada ano da nossa vida é repetido com todos os detalhes sensoriais. É uma completa recordação. E acontece em um instante."[6]

De fato, há um julgamento, mas nessa narração, somos nós que fazemos o julgamento, e temos que fazê-lo corretamente. Em geral pessoas espiritualmente avançadas estão conosco, os chamados seres luminosos, mas somente de uma maneira amorosa e tolerante. Somos nós que ocasionamos o sentimento de culpa, não eles. Eles apenas intervêm para nos mostrar pontos importantes e nos proporcionar um panorama cósmico, mas o fazem de uma maneira afável e benigna. Além disso, é claro, tudo é uma experiência de aprendizado, o que, para começo de conversa, é o objetivo da existência física.

Nessa orientação, a primeira chave dos seres luminosos é amar. O amor é uma energia consciente própria, um método de aglutinação com a energia do universo, que emana do manancial divino. Você também deve tratar os outros com amor. Embora os seres luminosos admitam que o amor pode ser um empreendimento difícil, eles insinuam de vez em quando que a nossa existência espiritual e biológica fica comprometida sem ele.

A segunda chave é o conhecimento. A vida humana é uma *experiência de aprendizado,* uma época de desenvolvimento no mundo material, onde as emoções e o crescimento são mais concretos do que no mundo imaterial. Estamos aqui para cuidar uns dos outros e para aprender. Tudo é uma questão de amadurecimento espiritual.[7] Durante a EQM, o conhecimento recebe muita ênfase, particularmente durante a revisão da vida. Algumas pessoas recebem instruções para iniciar uma busca de conhecimento quando voltam para a Terra, especialmente em áreas nas quais alcançarão um autodesenvolvimento e um aprendizado que irão ajudar outras. E nós retemos o conhecimento que acumulamos durante a nossa vida quando passamos para o "outro lado". Disseram a uma pessoa: "O conhecimento é uma das poucas coisas que você será capaz de levar com você depois de morrer".

Esses dois princípios, o amor e o conhecimento, ajudam a explicar por que algumas pessoas têm uma experiência de *quase*-morte e não a morte propriamente dita: elas voltam da experiência por uma razão. Em um dos casos de Raymond Moody, um homem que estava programado para efetivamente morrer chegou ao outro mundo. Quando foi informado de que o seu tempo havia terminado, começou a chorar. Ele estava transtornado e preocupado com o sobrinho, que estava sendo criado por ele e pela esposa. Estava com receio de que sua mulher não conseguisse cuidar sozinha do menino. Quando o ser luminoso viu a reação do homem, tomou uma decisão instantânea e concedeu a ele a capacidade de voltar, mas somente porque o homem estava altruisticamente preocupado com o menino.[8]

Em outro caso, uma mulher comentou com o ser de luz que precisava voltar porque ainda não tinha dançado o bastante na vida! Aparentemente, o ser luminoso estava em uma disposição de ânimo generosa, porque permitiu que ela voltasse para o corpo.[9]

Embora todas as fontes espirituais e esotéricas afirmem que a nossa existência envolve o livre-arbítrio — que o nosso futuro não é predeterminado e que temos a capacidade de tomar algumas decisões a respeito dele — em alguns casos um futuro em potencial é revelado para aqueles que estão no estado de quase-morte. Kenneth Ring chama esse vislumbre do nosso futuro de "*flashforward* pessoal".

Há alguns anos, um menino teve uma EQM. Certos aspectos do seu futuro lhe foram mostrados numa visão. Ele foi informado que iria se casar aos 28 anos de idade e que teria dois filhos. Foi-lhe apresentada uma imagem virtual holográfica de cenas futuras da sua vida, entre elas uma que o mostrava sentado com a família na sala da casa que um dia seria sua. Quando ele contemplou a cena, reparou em algo estranho na parede, um dispositivo invulgar que ele não reconheceu. O menino voltou ao seu corpo, e os anos se passaram. Todas as predições que lhe haviam sido mostradas se realizaram. Finalmente, ele se viu na cena exata que lhe fora mostrada décadas antes. Havia na parede um aquecedor por ar forçado, algo que ele não conseguira reconhecer quando menino, pela simples razão que na ocasião o dispositivo ainda não tinha sido inventado![10]

Em outro caso, uma mulher teve uma EQM e lhe mostraram uma fotografia de Raymond Moody. Disseram-lhe até mesmo o nome dele. Os seres luminosos acrescentaram ainda que, no momento certo, ela iria conhecê-lo e contaria a ele a sua história. Isso aconteceu em 1971, e Moody só iria publicar o seu livro revolucionário em 1975. Quatro anos depois, no início de 1975, Moody e a sua família se mudaram exatamente para a rua onde morava essa mulher. Naquele Halloween, o filho de Moody foi, como de costume, à casa das pessoas pedir guloseimas. Quando ele estava na porta da casa da mulher em questão, esta perguntou o seu nome. Ao ouvir a resposta, ficou perplexa e pediu ao menino que dissesse ao pai que ela simplesmente *tinha* que falar com ele. A mulher relatou então para Moody as suas experiências de quase-morte, e a predição se realizou; a sua história se juntou a outras no primeiro livro de Moody, *Life After Life*.[11]

Seja qual for a verdadeira natureza de uma EQM, ela é uma das experiências mais impressionantes que um ser humano pode ter. Talvez a morte não seja má afinal de contas, se tivermos a chance de passar a eternidade em um lugar tão magnífico. Mas as coisas talvez não sejam tão simples. Talvez tenhamos que fazer por merecer o nosso lugar lá, tendo que regressar repetidamente à vida terrena, até fazer a coisa certa, em uma espécie de programa de aprendizagem espiritual. É claro que estou falando a respeito da *reencarnação*.

Como a maioria dos assuntos de natureza espiritual, a ideia da reencarnação antecede a história escrita. Os Vedas a descrevem detalhadamente, e ela se tornou uma pedra angular do pensamento hindu. Nas sociedades tradicionais do mundo inteiro, a reencarnação é considerada um fato, algo que é apenas um processo natural da vida humana.

Se as antigas crenças são verdadeiras, o propósito da reencarnação é nobre. Somos criaturas divinas e eternas, criadas à imagem de Deus. O nosso propósito é crescer e ter experiências, aprender e desenvolver a espiritualidade. Uma existência não é suficiente. O processo de experimentar múltiplas vidas ao longo de um grande número de anos e diversas situações e em ambos os sexos possibilita que tenhamos um desenvolvimento que ultrapassa em muito o que seria possível em uma única jornada. De repente, a dor e o desapontamento se tornam uma experiência de aprendizado, em vez de apenas má sorte e uma existência infeliz que não conduz a nada. Como disse Nietzsche, o que não nos mata nos fortalece. Talvez o que efetivamente *nos* mata nos fortaleça ainda mais.

De um modo geral, a reencarnação, caso seja autêntica, é mais ou menos assim: a entidade única que eu chamo de "eu" foi criada éons atrás. Nós somos — na realidade — o nosso corpo de energia superior, os aspectos eternos da nossa natureza.[12] O corpo físico é um veículo temporário para a consciência, veículo esse que nos permite vivenciar a vida no plano físico — no *simulador*, como William Tiller o chama.

Ao longo de muitas vidas, as experiências que nós temos estão armazenadas nos corpos superiores, onde resultam em crescimento e mudança. Quando morremos, revisamos e fazemos uma análise crítica da nossa vida mais recente com a ajuda de seres espirituais superiores e, com o tempo, planejamos a nossa vida seguinte, tendo em mente metas e propósitos específicos. Consta que essa crença é uma das poucas que explicam toda a angústia e o sofrimento da vida, conferindo significado a todas as doenças, distúrbios e desgostos que vivenciamos.

Essa seria a suprema ferramenta do desenvolvimento: uma vida aqui e uma vida lá, como raças diferentes, em épocas diferentes, como o sexo oposto — que viagem! Mas poder lembrar das nossas vidas passadas enquanto vivêssemos a atual não nos traria nenhum benefício. Ela não pareceria tão real, tão genuína.[13] Temos que passar uma esponja no passado e recomeçar do zero, tendo esquecido — temporariamente — as experiências das vidas anteriores. Temos que esquecer.

Uma pessoa que está desafiando essa amnésia é Joel Whitton, professor de psiquiatria da Escola de Medicina da University of Toronto. Ele é especialista em hipnose clínica e também tem um diploma em neurobiologia. Na condição de psiquiatra, Whitton tem uma ardente curiosidade a respeito da mente subconsciente. Muitos nessa área acreditam que o subconsciente é a chave para o entendimento de grande parte do que nos torna humanos bem como das emoções e da personalidade que tornam tudo isso uma realidade. Whitton descobriu algumas coisas estranhas enquanto trabalhava com pacientes hipnotizados. Muitos deles relembraram memórias de uma existência anterior na Terra. Na realidade, pesquisas demonstraram que mais de 90% das pessoas hipnotizáveis relembram vidas passadas.[14] Um dos mais importantes textos sobre hipnose, *Trauma, Trance and Transformation*, adverte ao hipnoterapeuta inexperiente que esteja preparado para as memórias de vidas passadas dos seus clientes.

Whitton ficou inicialmente impressionado com a enorme conformidade entre os seus pacientes. Todos tinham memórias de vidas passadas. Alguns chegavam a recordar 25 delas, embora a maioria chegasse a um ponto no qual as vidas passadas pareciam se fundir em uma só, no que Whitton chamou de *existências trogloditas*, nas quais uma vida parecia indistinguível das outras. Todos haviam experienciado pelo menos uma vida no sexo oposto, e todos declararam que o propósito de tudo é o crescimento e o desenvolvimento.[15]

Um dos sujeitos dos testes de Whitton afirmou que planejou a sua vida seguinte como "uma espécie de instrumento com funcionamento regular, como o mecanismo de um relógio, no qual era possível inserir certas partes para que consequências específicas se seguissem".[16] Essa perspectiva explica, em uma certa medida, o significado das EQMs. Toda a literatura espiritual e esotérica insiste em que temos livre-arbítrio. Suponhamos, no entanto, que um estranho acidente aparentemente o remova, e você dê consigo no céu um pouco antes do programado. Quem sabe? Talvez a própria EQM fosse parte do plano mestre, algo projetado para mudar o seu caminho e possivelmente, por seu intermédio, o caminho de outros que encontrasse.

Em alguns dos casos de Whitton, os sujeitos dos testes forneceram informações históricas extraordinariamente precisas. Alguns dos exemplos mais conhecidos envolvem línguas, especificamente algumas que a pessoa não deveria conhecer. Algumas dessas línguas eram tão raras que eram conhecidas apenas por um número reduzido de linguistas no mundo inteiro.

Certo homem, um cientista comportamental de 37 anos de idade, relembrou uma vida em que fora um viking. Enquanto vivia essa vida sob hipnose, ele gritou várias palavras que Whitton desconhecia. Entretanto, o seu fiel gravador captou as frases, e Whitton as encaminhou para especialistas em linguística que analisaram a fita e reconheceram as palavras. Elas haviam sido proferidas em nórdico, a antiga, e extinta, língua germânica falada pelos vikings.

Mais tarde, o mesmo homem se submeteu a outra regressão hipnótica e regressou a uma vida ainda mais remota na antiga Pérsia. Ele pediu um bloco e uma caneta, e começou a escrever em uma língua desconhecida. Mais tarde, Whitton pediu a especialistas que analisassem a amostra. Descobriram que se tratava de um exemplo da língua sassanid pahlavi, um antigo idioma da Mesopotâmia que existiu de 226 a 651 d.C. e que está extinto há muito tempo.[17]

Esses exemplos nos levam a crer que, decididamente, a encarnação encerra alguma coisa. É claro que eles não constituem uma prova científica, mas, tendo em vista as circunstâncias, como poderiam ser essas provas? Seria extremamente difícil demonstrar em um laboratório que uma pessoa viveu antes em outro corpo como uma pessoa diferente. Só podemos nos basear nas evidências dos depoimentos. Ainda assim, precisamos de evidências físicas para fazer com que a comunidade científica nos ouça.

Outro professor de psiquiatria, o dr. Ian Stevenson da University of Virginia, nos forneceu essas evidências. Ian Stevenson talvez tenha sido o principal pesquisador da reencarnação em todo o mundo até a sua morte em 2007. Ele decidiu escolher objetos de estudo que estivessem relativamente incontaminados pela vida e não precisassem de hipnose. Desse modo, escolheu crianças, especificamente aquelas que falavam sobre estranhas vidas em outro corpo. Seus estudos se estenderam por trinta anos e incluíram milhares de casos do mundo inteiro.[18]

Uma das primeiras coisas que Stevenson descobriu foi que as recordações espontâneas de vidas passadas são muito comuns. São extraordinariamente comuns nas crianças pequenas. Na realidade, o número de casos verossímeis excediam em muito o tempo e os recursos disponíveis para que fossem investigados. Em um caso típico, uma criança na faixa etária de 2 a 4 anos começa, de repente, a falar a respeito de lembranças da "outra vida", frequentemente permeadas por uma enorme quantidade de informações verificáveis, como nomes, descrições do local e a aparência da casa onde moravam, o que faziam na vida passada e até mesmo detalhes a respeito de como morreram. Em alguns casos que envolviam assassinatos, as crianças eram até capazes de identificar os assassinos.

Em muitos casos, as crianças conseguiram identificar corretamente os antigos pais, membros da família e amigos, sendo ainda capazes de percorrer com facilidade o antigo lar, identificando os vários cômodos da casa, especialmente os seus, bem como lugares próximos onde costumavam brincar. Tudo era positivamente sinistro. O fenômeno era tão estranho que se tornou difícil interpretá-lo de qualquer outra maneira a não ser da mais óbvia, ou seja, que a criança em questão estivera anteriormente no local.

Stevenson continuou a estudar o fenômeno durante anos, compilando milhares de casos reais. Muitas das suas constatações confirmaram as informações de Whitton. Ele também descobriu que muitos dos objetos de estudo renasciam na mesma época que outros que haviam conhecido em vidas passadas, como se os seus destinos estivessem entrelaçados. Em alguns casos, a motivação para o retorno parecia ser a afeição; em outros, um sentimento de culpa ou dever.[19]

Além disso, Stevenson descobriu uma correlação impressionante da personalidade fundamental dos objetos de estudo ao longo das vidas. Embora os aspectos materiais variassem enormemente de uma vida para outra, os atributos básicos que os tornavam únicos permaneciam inalterados de vida para vida. As pessoas compassivas e amorosas pareciam reter essas características em cada encarnação. Analogamente, os criminosos e os que apresentavam defeitos de caráter também apresentavam um comportamento semelhante nas encarnações posteriores. O fato de serem ricos ou pobres não parecia ser um fator de influência. A personalidade humana básica continuava mais ou menos a mesma, exigindo talvez muitas encarnações futuras para se modificar e se aprimorar.

Stevenson fez coisas magníficas, realizando pesquisas que derrubaram paradigmas, e as evidências mais convincentes da reencarnação foram as *evidências físicas* que ele encontrou. Os dados de Stevenson eram tão completos, e as suas pesquisas tão detalhadas, que frequentemente ele era capaz de associar evidências físicas da época com os encontros das vidas passadas.

Em um determinado exemplo, um menino que teve a infelicidade de ter a garganta cortada em uma vida anterior ainda conservava uma fina linha avermelhada no lugar exato do corte. Em outro exemplo, um menino que cometera suicídio atirando em si mesmo na cabeça tinha duas marcas de nascença que pareciam cicatrizes no local exato da entrada e da saída da bala! Outro tinha uma marca de nascença que parecia exatamente a cicatriz de uma cirurgia, inclusive com marcas de sutura, no local preciso de uma operação a que se submetera em uma vida anterior. Todos esses detalhes de vidas passadas foram confirmados por registros oficiais. Em muitos casos, Stevenson conseguiu obter registros de hospitais e da autópsia que demonstravam que a pessoa morta havia, de fato, sofrido um trauma na região exata indicada pelas marcas de nascença posteriores. Ele também encontrou evidências de que certas características e deformidades faciais eram transportadas de uma vida para outra. Com o tempo, Stevenson compilou um número tão grande de informações que completou uma coleção de quatro volumes sobre esse surpreendente fenômeno. Ele também compilou seis volumes sobre os seus casos de reencarnação em geral. Até mesmo a comunidade científica foi obrigada a prestar atenção a essa montanha de evidências.

As constatações de Stevenson foram publicadas em algumas revistas científicas de destaque, como a *American Journal of Psychiatry*, a *International Journal of Comparative Sociology* e a *Journal of Nervous and Mental Disease*. Até mesmo a American Medical Association, a famosa AMA, fez uma entusiástica análise crítica de Stevenson. Em um artigo da *JAMA*, a *Journal of the American Medical Association*, os editores declararam que ele havia "cuidadosa e desapaixonadamente recolhido uma série detalhada de casos nos quais era difícil interpretar as evidências da reencarnação com base em outros fundamentos... Ele registrou uma grande quantidade de informações que não podem ser desconsideradas".[20]

Os fatos contribuem para um argumento convincente de que sobrevivemos à morte física, conservando grande parte do nosso conhecimento e até mesmo da nossa personalidade individual. É até mesmo possível que vivamos novamente como outra pessoa no decorrer do nosso desenvolvimento espiritual. Entretanto, apesar de tudo isso, a esfera além da morte permanece sendo o grande mistério da vida.

Por que alguém, pelo menos uma vez, não volta para nos contar como são as coisas? Muitos casos foram relatados nos quais supostos fantasmas voltam e revelam o local de algo importante para a família, como o lugar onde estão escondidos documentos ou, ocasionalmente, a identidade de um assassino. É claro que, ao longo da história humana, tem havido aqueles que afirmam ser médiuns, ou seja, capazes de se comunicar com os mortos (e também com anjos, demônios e outras entidades imateriais). Muitos são impostores que extraem das pessoas atormentadas o dinheiro que ganharam com tanto esforço, mas alguns realmente fazem coisas genuínas. A mediunidade voltou a ficar na moda hoje em dia. Ela está sendo até mesmo discutida na televisão, o que, no mundo moderno, é uma prova decisiva de seu sucesso. A popularidade atraiu um certo interesse científico. Pesquisas da University of Arizona que focalizaram alguns dos mais conhecidos médiuns do mundo, entre eles George Anderson, considerado o médium mais exato em atividade hoje em dia, John Edward, do programa *Crossing Over** da televisão, e Allison DuBois, em quem se baseia o programa de grande sucesso da televisão *Medium*,** demonstraram extraordinárias evidências da vida após a morte. Os médiuns nos estudos foram capazes de apresentar detalhes com uma exatidão impressionante nas suas leituras psíquicas, sem conhecer a pessoa ou até mesmo sem estar no mesmo prédio que ela durante a leitura. Estatísticas demonstraram que a probabilidade de que os resultados fossem apenas obra do acaso eram literalmente de trilhões para um.[21]

Esses estudos foram conduzidos pelo dr. Gary Schwartz, de Harvard e ex-professor de psicologia de Yale. À medida que avançavam, Schwartz tornou os protocolos mais rígidos para evitar qualquer palpite ou fraude. A impressionante precisão continuou. Allison DuBois fez uma leitura para

---

* O programa foi exibido no Brasil no canal de TV a cabo People and Arts com o título *Fazendo Contato*. (N. da T.)

** A série exibida no Brasil no canal de TV a cabo Sony e também no canal aberto SBT, ou com o mesmo título, *Medium*, ou com o título *A Paranormal*. (N. da T.)

o famoso autor Deepak Chopra que envolvia o pai dele. A sua exatidão foi impressionante. Mas o que finalmente convenceu Schwartz da autenticidade das leituras foi uma bem simples feita por John Edward. Schwartz diz o seguinte:

> Se existe uma única informação de mediunidade que me levou a aceitar a hipótese da alma viva, essa informação é um incidente breve e aparentemente tolo que teve lugar em uma leitura de John Edward na televisão.
>
> Ele estava falando com uma mulher que parecia ter trinta e poucos anos e estava recebendo informações a respeito de uma parente dela mais velha, já falecida. John disse então algo como: "Ela está me mostrando um cachorrinho. A sua parente tinha um cachorrinho?"
>
> A mulher pareceu confusa. Ela não sabia se a sua parente tinha ou não um cachorrinho.
>
> John afirmou então uma coisa que realmente me surpreendeu. Ele disse: "Ela está me dizendo que o cachorro tinha o nome de uma comida. De uma comida".

Depois da leitura, a mulher telefonou para uma tia que confirmou que a falecida tinha um cachorrinho. O nome dele era "Picolé", por uma simples razão. O cachorro adorava picolé. Schwartz comentou o seguinte:

> Por eu ser um agnóstico entusiástico, assinalei as possibilidades céticas a respeito de detetives... ou de alguma fraude fora do alcance da câmera para dar a impressão de que John havia feito alguma coisa extraordinária quando na realidade estava trapaceando... ou lendo a mente de um membro da audiência... ou um palpite impressionante.

Depois de analisar todas as possibilidades que um cético poderia levar em consideração, o dr. Schwartz concluiu da seguinte maneira:

> Eis o que eu penso, como cientista: a probabilidade de que John seja autêntico — e de que Laurie [Campbell], Suzane [Northrop], Anne [Gehman], George [Anderson] e alguns outros médiuns estejam envolvidos com uma coisa honesta e verdadeiramente espiritual — é tão

grande quanto a probabilidade que a luz das estrelas distantes continue a existir de alguma forma, para sempre.[22]

Partindo do princípio que, como Schwartz sabe, a luz das estrelas distantes *de fato* continua para sempre, a declaração dele é um claro endosso da hipótese da alma viva.

A mediunidade, assim como vários dos outros temas que examinamos, é uma antiga prática. Durante séculos, os governos grego e romano empregaram paranormais em funções oficiais. No entanto, muito antes de os burocratas psíquicos estarem trabalhando em Roma, havia a Feiticeira — ou Médium — de En-Dor, que é discutida na Bíblia (1 Sam. 28:3-25). A sua história é um dos mais conhecidos exemplos de mediunidade nos antigos textos: depois da morte do grande profeta Samuel, o Rei Saul de Israel expulsou todos os adivinhos e necromantes (médiuns) do reino. Entretanto, houve problemas com os filisteus vizinhos, que estavam se reunindo para um ataque. Como Saul não conseguiu se comunicar com Deus a respeito de um plano de ação, ele se disfarçou e foi às escondidas se aconselhar com a Médium de En-Dor. Ela invocou o espírito de Samuel, que não ofereceu nenhum conselho mas previu a queda de Saul como rei. Ele foi morto em combate no dia seguinte, junto com os seus filhos.

Em outro famoso exemplo de mediunidade, Sócrates confessou abertamente que era guiado na vida por uma entidade desencarnada que ele chamava de o seu *daimon* (uma espécie de deus pessoal ou Eu superior), e no final da vida ele só tomou a abominável cicuta porque a entidade não protestou. Quando foi condenado à morte, Sócrates comentou: "O meu fim que se aproxima não está acontecendo por acaso. Consigo perceber claramente que morrer, e portanto ser liberado, será melhor para mim; e por conseguinte o oráculo não me deu nenhum sinal [de que não é para ser]."[23]

Platão, aluno de Sócrates, tinha convicções semelhantes. Com o tempo, a necromancia, a invocação dos mortos, tornou-se tão comum que tanto os gregos quanto os romanos a consideraram ilegal, tendo como punição a morte. Até mesmo a Bíblia adverte que não devemos nos comunicar com os mortos (consulte Deut. 18:10-11).

Ainda assim, a Igreja primitiva era bastante tolerante com relação aos fenômenos psíquicos. Vários dos primeiros papas eram místicos. Nos primeiros dias do cristianismo, era aceitável ser um agente de cura, mágico, paranormal ou xamã. No século XIII, a Igreja reconheceu oficialmente as Beguines, uma organização feminina mística. No mesmo período, contudo, à medida que a concorrência de vários pontos de vista "heréticos" aumentava, a Igreja mudou os seus critérios. Em meados do século XIII, o Papa Gregório IX iniciou a Inquisição, que mais tarde passaria a incluir a tortura, e as práticas espirituais começaram a ser perseguidas. Desse modo, tiveram início os séculos sombrios de caça às bruxas. No século XV, o Concílio de Viena proclamou as beguines heréticas, e elas foram queimadas na fogueira em grandes quantidades em toda a França.[24] Entre os séculos XV e XIX, aproximadamente 40 mil "bruxas" e "hereges" foram executados, em geral de uma maneira extremamente desagradável. Durante esse período, com a sanção da Igreja, quase todas as informações sobre os fenômenos psíquicos e a mediunidade de épocas anteriores foram destruídas. A única razão pela qual o conhecimento dos fenômenos psíquicos sobreviveu no Ocidente foi o fato de ele ser uma ocorrência extremamente comum e um aspecto da vida bastante conhecido.

Os tempos mudam. A mediunidade explodiu nos Estados Unidos e na Europa durante o século XIX, e no início do século XX havia um médium em cada esquina, esperando conseguir ganhar um dinheiro rápido se aproveitando das emoções daqueles que ansiavam por se comunicar com entes queridos falecidos. Havia até mesmo cursos de treinamento sobre como praticar a falsa mediunidade, que incluíam uma grande quantidade de acessórios destinados a enganar o público crédulo. As sessões espíritas tinham lugar no escuro, porque assim fios podiam ser usados para mover as coisas e era mais fácil esconder os assistentes. Todos os truques possíveis e imaginários eram utilizados, o que conferiu à mediunidade uma terrível reputação. Com toda essa obsessão pelos espíritos fermentando, entrou em cena o mágico mundialmente famoso, Harry Houdini, o maior artista de escape da história.

Houdini, o artista de escape, continua a ser um nome famoso até hoje. Menos lembrado, contudo, é o seu interesse pela mediunidade. Ele conhecia todos os truques, porque nos primeiros dias da sua carreira, quando estava quase passando fome, ele próprio foi um falso médium. Houdini também era muito próximo da mãe e tão apegado a ela, que nunca mais foi o mesmo depois que ela morreu, o que aconteceu quando ele estava no auge da fama. Nos nove anos seguintes à morte dela, Houdini recorreu intensamente a médiuns, não para desmascará-los como viria a fazer mais tarde, mas na esperança de receber uma mensagem da falecida mãe. Tornou-se amigo de Sir Arthur Conan Doyle, autor dos famosos mistérios de Sherlock Holmes. Conan Doyle havia perdido um filho em 1915 e um cunhado no ano seguinte. Tanto Conan Doyle quando Houdini achavam que a comunicação com os espíritos era possível, e ambos estavam obcecados para falar novamente com aqueles que amavam. Conan Doyle e a esposa, Jean, começaram a fazer sessões espíritas e a dar palestras.

Tudo terminou em 1922 quando a mulher de Conan Doyle afirmou ter recebido uma mensagem espiritual da mãe de Houdini por intermédio da técnica da escrita automática. A mensagem não foi do agrado de Houdini, e ele ficou furioso. No seu profundo desapontamento por não ter recebido uma mensagem da sua amada mãe que ele considerasse genuína, Houdini passou a se dedicar de corpo e alma à tarefa de desmascarar todos os médiuns.

O desentendimento entre o casal Conan Doyle e Houdini se alastrou durante anos, com Houdini correndo de um lado para o outro como uma pessoa possuída, desmascarando todos os médiuns em quem conseguia pôr os olhos. Hoje se acredita de um modo geral que o grande Houdini desmascarou todos os médiuns que investigou, o que não é verdade. Vários deles resistiram a todas as tentativas de Houdini de provar que a habilidade deles era um truque. E quando tudo o mais falhava, Houdini recorria aos truques que usava como artista de escape... ele trapaceava!

Houdini era um homem incrível. Conseguia efetivamente escapar de uma camisa de força clássica — as suas mãos e dedos eram tão fortes que ele era capaz de desatar a camisa fazendo força através da espessa lona — mas para proezas mais avançadas, ele rotineiramente trapaceava. As algemas eram ajustadas para se abrir quando sacudidas, chaves eram escondidas em baús e painéis de escape eram empregados. Por meio de anos de prática, Houdini era capaz de engolir uma chave ou outro objeto e regurgitá-lo a seu bel-prazer. Ele era incrivelmente musculoso e atlético, e capaz de tolerar níveis elevados de dor, mas também usava livremente os acessórios. E em 1924, enquanto investigava um médium para a revista *Scientific American*, ele trapaceou novamente.

A revista havia oferecido uma recompensa para qualquer pessoa que conseguisse demonstrar que tinha efetivamente a capacidade de se comunicar com os mortos. Uma paranormal bastante conhecida, Mina Crandon, conhecida profissionalmente como Margery, estava à beira de receber o dinheiro em decorrência da sua impressionante mediunidade física e espiritual. Houdini ficou furioso por ter sido excluído do grupo de jurados, e mais tarde empregou a sua perícia para demonstrar como Margery poderia ter conseguido fazer todas as ocorrências físicas utilizando vários acessórios. Entretanto, Houdini não conseguiu explicar as demonstrações espirituais de Margery, que envolviam a comunicação por voz direta com o seu falecido irmão Walter. Na realidade, em uma das leituras, Walter insultou Houdini verbalmente pelo seu zelo excessivo.

Na ocasião da leitura principal, Houdini mandou que um assistente escondesse uma régua flexível perto de Margery, algo que poderia ser usado para mover objetos. Em seguida, de bom grado, Houdini denunciou o fato aos jurados. Tanto Margery quanto Houdini negaram ter escondido a régua, mas a comissão confiava mais em Houdini, o famoso mágico, do que em uma humilde médium, embora alguns membros da comissão tenham dito publicamente que desconfiavam do zelo excessivo e da verdadeira motivação de Houdini. Anos mais tarde, o seu assistente admitiu ter escondido a régua, mas era tarde demais. A *Scientific American* negara o prêmio a Margery.

A morte de Houdini foi compatível com a sua vida. Ele era um homem pequeno, porém extremamente robusto. Era famoso pela sua capacidade de levar socos no estômago. Em 1926, quando estava se apresentando em Detroit, um jovem atleta universitário pediu a ele que demonstrasse essa sua habilidade. O atleta deu um soco em Houdini antes que este estivesse completamente preparado. O apêndice de Houdini se rompeu ocasionando uma peritonite (uma coisa que é perigosa até hoje). Talvez sincronicamente, ele faleceu — imaginem só — no dia de Halloween.

Em uma das supremas ironias da vida, o próprio Houdini a partir de então se tornou objeto de mediunidade. É importante entender que, apesar dos seus atos, Houdini nunca deixou de acreditar que a comunicação com os mortos era possível. Ele disse isso no livro que escreveu a respeito da mediunidade fraudulenta, *A Magician Among the Spirits*. Ele também deixou uma mensagem secreta com a sua mulher, Beatrice, pouco antes de morrer, mensagem essa que ele prometeu que encontraria uma maneira de entregar do além. Era um código de dez palavras para uma simples declaração: *Rosabelle Believe*. Somente Beatrice conhecia a mensagem.

Cerca de um ano depois da morte de Houdini, Arthur Ford, um dos médiuns mais conhecidos dos tempos modernos, fez a sua primeira apresentação em público durante uma palestra de Conan Doyle. Consta que as mensagens de Ford emanavam de um espírito chamado Fletcher, o pseudônimo de um conhecido seu que morrera na carnificina da Primeira Guerra Mundial. No dia 8 de fevereiro de 1928, Ford anunciou oficialmente que a mãe de Houdini havia se comunicado com ele a respeito de uma mensagem secreta que Beatrice entenderia. Beatrice ficou perplexa; ela confirmou que se tratava, de fato, da mensagem e marcou uma sessão espírita privada com Ford. Posteriormente, ela anunciou ao mundo que o espírito do seu marido lhe havia entregado a mensagem secreta! Houdini havia realizado na morte o que não conseguira fazer em vida: estabelecer uma comunicação genuína com o outro lado.

O público enlouqueceu! Restam poucas dúvidas de que o código foi fornecido. Somente as circunstâncias permanecem desconhecidas. Pouco se sabe a respeito da efetiva sessão com Ford. Entretanto, Beatrice afirmou publicamente que se tratava "da mensagem correta combinada de antemão entre o sr. Houdini e eu mesma".[25] Entretanto, este não é o fim da história.

Alguns anos depois, por razões que nunca foram totalmente explicadas, Beatrice retirou a declaração, negando que Houdini tivesse transmitido a mensagem. Não se sabe por que ela teria mentido se a história fosse falsa, assim como não se tem ideia de por que ela teria se arriscado a ser publicamente humilhada retirando a história se ela fosse correta. Tem sido aventada a pressão da família, da igreja e do governo, mas tudo isso não foi provado. O mistério permanece.

Assim sendo, nós vivemos depois da morte física, como os antigos afirmam há éons, ou a consciência termina com o nosso último suspiro? Certamente aqueles que experimentaram uma EQM acreditam que continuamos a viver. Muitos acreditam que a reencarnação oferece uma das melhores explicações para as doenças incapacitantes e outras formas de um enorme sofrimento humano neste planeta. De certa maneira, a reencarnação responde à questão milenar da *teodiceia:* por que um Deus amoroso e compassivo cria um tormento tão grande para os seus filhos? Uma vez que aceitamos a realidade da reencarnação, todo o tormento se torna apenas uma parte da realidade mais ampla, necessária para o crescimento que temos que alcançar a fim de avançar para o nível seguinte de consciência. E a partir de um ponto de vista um tanto prático, embora mórbido, precisamos experimentar a morte no plano físico para poder reiniciar, com o tempo, o ciclo da encarnação, para pôr novamente em movimento a Roda da Vida. Temos que morrer para finalmente *viver* plenamente.

Evidências emocionantes apontam para o fato que continuamos a viver, que cada um de nós é uma alma eterna. Talvez um dia, em breve, a comunidade científica se disponha a prestar atenção aos estudos feitos sobre o fenômeno da sobrevivência. Ironicamente, os espíritos informam através dos médiuns que, mesmo depois da sua própria morte, os cientistas céticos continuam céticos. Mesmo na outra vida, eles continuam a não acreditar na vida depois da morte. *Em vez disso, insistem em afirmar que a sua vida física foi apenas um sonho!*

De qualquer modo, é difícil examinar a literatura existente com a mente aberta e *não* concordar que alguma coisa extraordinária acontece.[26] Por outro lado, talvez tudo isso não tenha importância. Seja como for, em poucos anos cada um de nós descobrirá por si mesmo. Como costumava dizer Don Juan nas suas famosas conversas com Carlos Castañeda: não há sobreviventes nesta terra.

Capítulo 5

DESENVOLTURA PARANORMAL: CELEBRIDADES DA PSICOCINESE

Os milagres não estão em conflito com a natureza; estão apenas em conflito com o que sabemos a respeito da natureza.
— Santo Agostinho

Quando jovem, eu era um grande entusiasta da ciência. Ganhei até mesmo o primeiro prêmio em uma feira regional de ciência, quando cursava o primeiro ano do ensino médio, com um projeto sobre as teorias da relatividade de Einstein. No entanto, permaneci curioso a respeito dos antigos ensinamentos espirituais durante esse período. A ciência era extremamente antagônica a eles, mas eles pareciam representar uma parte muito importante da história humana. Ocorreu-me que os cientistas descartavam rápido demais os conceitos espirituais que haviam permanecido uma parte importante da experiência humana. Muitas dessas ideias eram bem mais antigas, e acentuadamente mais difundidas, do que os conceitos científicos modernos. Embora a popularidade não tornasse essas ideias corretas, sugeria, no entanto, que elas poderiam ter alguma importância.

Continuei a pensar repetidamente sobre os fenômenos psíquicos. Apesar de amplamente relatadas ao longo da história humana em todos os cantos do planeta, coisas como a clarividência e a PES pareciam muito distantes, mas o mesmo poderia se dizer a respeito da relatividade e dos buracos negros. Os líderes da ciência estavam absolutamente certos de que os fenômenos psíquicos eram um absurdo tão completo que não mereciam um exame sincero? Um número tão grande de seres humanos, do presente e do passado, é tão idiota assim? A comunidade científica ortodoxa responderia a esta pergunta com um inequívoco... sim!

Algumas décadas depois, quando comecei a examinar detalhadamente o mundo psíquico, tive uma surpresa. Quase todas as pessoas com quem eu conversava estavam abertas para algumas formas de fenômenos psíquicos, e a maioria havia vivenciado pessoalmente coisas que pareciam de certo modo... bem... *estranhas*. Sonhos a respeito de coisas que efetivamente aconteceram mais tarde, sentimentos quase imperceptíveis sobre coisas que se revelaram verdadeiras, irmãos que eram capazes de ler os pensamentos uns dos outros — a lista continuava. Quando comecei a examinar com seriedade a antiga crença na energia sutil, pareceu-me provável que essa estranha energia, a Força, fosse o mecanismo por trás dos fenômenos psíquicos.

Embora muitas pessoas estivessem abertas à possibilidade dos fenômenos psíquicos terem alguma validade, elas eram repelidas pelas besteiras que os cercavam e por aqueles que se intitulam paranormais e que aparecem com enorme frequência na televisão e nos anúncios das revistas. A maioria das pessoas inteligentes e instruídas com quem eu conversava incluíam essas personalidades na mesma categoria dos piores evangelistas da televisão, e com bons motivos. Tanto esses "paranormais" quanto os evangelistas estavam explorando crenças espirituais carregadas de emoção para despojar as pessoas crédulas do dinheiro que ganharam com dificuldade. Algumas pessoas achavam que os fenômenos psíquicos poderiam ser autênticos, mas se mostravam céticas porque a ciência ortodoxa se recusava a aceitar as pesquisas que os corroboravam. Como consequência, muitos tipos de fenômenos psíquicos continuam a operar silenciosamente nas sombras. Entretanto, existe um fenômeno que certamente parece vicejar quando está em evidência: a psicocinese. Vamos examinar primeiro três celebridades da psicocinese e depois visitar alguns laboratórios onde esse brilhante dom está sendo silenciosamente testado.

Mais ou menos de tantas em tantas centenas de anos, aparece uma pessoa realmente muito especial, um desses seres importantes que desafiam os paradigmas da época. Daniel David Home foi um homem desse tipo. Nascido na Escócia em 1833, D. D. Home se mudou para os Estados Unidos aos 9 anos de idade. Como acontece com bastante frequência com as pessoas que possuem dons psíquicos, Home tinha a saúde frágil na infância, o que persistiria na idade adulta. Dizia-se que a mãe de Home tinha o dom da vidência, e parece que o mesmo era verdade a respeito da sua prole.

Aos 13 anos, Home viu o fantasma de um amigo íntimo. A aparição rodopiou no ar e formou três grandes círculos. Home intuitivamente interpretou isso como querendo dizer que o menino estava morto havia três dias. As notícias viajavam lentamente naqueles dias, mas mais ou menos um dia depois a família soube do ocorrido. Quando Home informou ter visto o espírito, o menino estava morto havia três dias. A partir desse momento, D. D. Home passou a ser um espírito livre.

A carreira de Home abarcou décadas, e ele foi estudado por vários cientistas respeitados da época, particularmente por Sir William Crookes, físico britânico conhecido internacionalmente e que desenvolveu o equipamento de raios X. Home demonstrou os seus talentos para o imperador Napoleão III e para o Tzar Alexandre II nas suas respectivas cortes. Todos ficavam impressionados com as estranhas habilidades de Home, e apesar dos esforços de muitos, inclusive de Napoleão III e do poeta Robert Browning, nunca foi constatado que ele estivesse recorrendo a algum tipo de fraude. É claro que era natural supor que ele estivesse. Home era capaz de fazer coisas que deixavam as pessoas perplexas.

Para começar, as sessões de Home quase sempre tinham lugar à luz do dia. Com frequência, ele as realizava em uma casa ou escritório aonde tivesse acabado de chegar, sem a necessidade de preparar as coisas de antemão como faziam alguns colegas seus. É também muito importante o fato de que Home *não aceitava dinheiro pelo seu trabalho*. Apesar de ter ficado várias vezes sem dinheiro durante a vida e tivesse muitas vezes que fazer a leitura de obras literárias para poder se alimentar, Home nunca cobrou pelas demonstrações do que ele considerava um dom, apesar do fato de que poderia facilmente ter ficado rico, se levarmos em conta as suas extraordinárias habilidades e a sede de espiritualismo da época.

Um dos grandes talentos de Home era a levitação e a atividade poltergeist. Nas sessões, objetos levitavam e, com frequência, estranhas batidas e sons explodiam pela sala. Ao contrário da maioria dos seus colegas paranormais, Home era capaz de produzir esses efeitos em uma sala fortemente iluminada na qual ele tivesse acabado de entrar. Certa vez, durante uma sessão na corte de Napoleão III, em um recinto intensamente iluminado, Home fez levitar a toalha que estava sobre uma mesa a uma boa distância de onde ele se encontrava. Um dos seus maiores inimigos, o Príncipe Metternich, mergulhou debaixo da mesa para desmascarar o truque. Metternich ficou chocado ao constatar que os estranhos baques e pancadas estavam vindo de dentro da própria mesa. William Crookes esteve presente em uma sessão posterior na qual toda a casa estremeceu de tal maneira que ele receou que ela fosse cair sobre as testemunhas.[1]

Uma das demonstrações prediletas de Home era fazer o seu acordeão flutuar em volta da sala tocando a música "Home Sweet Home". Crookes ficou perplexo ao presenciar essa demonstração, mas tomou a decisão de investigar detalhadamente o fenômeno. Comprou o seu próprio acordeão, trancou-o em uma gaiola e mostrou-o a Home. Com um sorriso zombeteiro, Home fez o acordeão flutuar com gaiola e tudo e tocar várias músicas, enquanto Crookes, boquiaberto, observava dentro da sala bem-iluminada!

Mas eram as estranhas habilidades de levitação *humana* que realmente entusiasmavam as pessoas. Em dezenas de ocasiões, testemunhas confiáveis viram D. D. Home levitar a si mesmo e outras pessoas, frequentemente de uma maneira espetacular. Era comum Home levitar a si mesmo, tendo mais de uma vez subido ao teto elevado de um grande prédio no qual acabara de entrar poucos minutos antes.

Em uma ocasião memorável, Home foi visto se elevar mais de seis metros do chão e flutuar para fora, na posição horizontal, através de uma janela aberta. Passados alguns instantes, ele voltou flutuando através de outra janela, para espanto total do público presente, assumindo em seguida, delicadamente, a posição em pé no chão! Este evento particular foi testemunhado por mais de uma dezena de pessoas importantes. Em outras ocasiões, Home foi visto levitando outras pessoas, aparentemente ao acaso. Crookes viu Home levitar uma mulher que estava sentada em uma das suas sessões fortemente iluminadas, com cadeira e tudo! Crookes realizaria mais tarde um estudo profundo dos milagres de Home, e ele calculou que mais de cem testemunhas haviam presenciado as levitações de Home. Em algumas ocasiões, pessoas foram vistas saltar e agarrar as pernas de Home enquanto ele subia no ar à vista de todos. Os passageiros clandestinos subiram junto com ele![2]

Naturalmente, com exceção de Crookes e Lord Adare, que o investigaram amplamente, a postura do mundo científico da época era de um absoluto ceticismo com relação a Home, embora conste que os cientistas tinham medo de efetivamente colocá-lo à prova! A maioria das explicações sobre os feitos de Home incluía algo relacionado com "hipnose em massa", já que ele executava as suas proezas em plena luz do dia e, com frequência, diante de cidadãos de destaque. Caso ele realizasse as suas sessões no escuro, certamente teriam dito que ele trapaceava. Isso não impediu que um escritor usasse na prestigiosa revista *Nature* a hipnose de massa como uma explicação para as incríveis habilidades de Home. Isso pelo menos fez mais sentido do que a outra explicação do autor. Ele também sugeriu timidamente que Home era... *um lobisomem*!

Nina Kulagina era heroína de guerra. Quando adolescente, durante a Segunda Guerra Mundial, ela havia lutado no grande cerco de Leningrado e foi proclamada heroína nacional soviética. Ela também era uma das praticantes de psicocinese mais habilidosas e documentadas da história. Talvez nenhuma outra pessoa tenha sido tão amplamente testada. Em milhares de ocasiões, até a sua morte em 1990, Kulagina demonstrava a sua excepcional habilidade para qualquer pessoa que desejasse observá-la.

Todas ficavam completamente desconcertadas. Milhares de pessoas a viram mover objetos comuns como fósforos, pãezinhos, cigarros, frutas, jarros de água, louça e talheres com o poder da mente. Ela foi testada ao extremo, em dezenas de laboratórios, e nunca foi constatado que estivesse recorrendo a algum tipo de truque.

Os testes eram variados, engenhosos e, às vezes, bobos. Ela era capaz de separar a gema de um ovo cru enquanto ele flutuava em um recipiente de solução salina. Em algumas ocasiões, se realmente se concentrasse, ela conseguia fazer a gema voltar a se juntar à clara do ovo! Nina conseguia formar letras em um recipiente de vidro cheio de fumaça e podia até fazer com que letras específicas aparecessem em um papel fotográfico não revelado. Um cientista ficou estupefato quando Nina fez com que um pãozinho deslizasse na direção dela sobre a mesa, vibrasse um pouco e, em seguida, saltasse diretamente para a sua boca aberta! Entretanto, Nina Kulagina pagou um preço pessoal pela sua extraordinária habilidade.

O seu tipo de PK exigia uma intensa concentração, e ela frequentemente ficava doente depois de um teste importante. Em geral perdia de 1,5 a 2 quilos de água depois de uma sessão difícil. Chegavam a ser necessárias duas horas para que ela conseguisse realizar os seus feitos excepcionais em qualquer sessão, mesmo quando tudo corria bem. Na presença de profundos céticos, sete horas de intensa concentração poderiam ser necessárias, que incluíam momentos durante os quais o seu pulso se acelerava para 250 pulsações por minuto.

Por que as sessões com os céticos duravam mais? Porque a hostilidade e a negatividade exercem um profundo efeito nas funções psíquicas. Os sensitivos como Nina sentem intensamente essas atitudes, e estas podem interferir na *performance* das tarefas psíquicas, algo que os críticos nunca parecem levar em conta. Embora a intenção humana possa não ter um papel ativo em um experimento químico, ela pode causar um forte efeito na atividade psíquica. Entretanto, Nina combatera os nazistas durante três anos na adolescência, de modo que não estava a fim de desistir. Depois de uma sessão difícil, ficava completamente exausta e extenuada, com uma pulsação débil, quase ausente. A sua saúde sofreu por causa disso. Apesar de tudo, ela sempre se esforçou ao máximo para demonstrar o seu extraordinário dom. Ela achava que as possibilidades para o crescimento humano mereciam o preço que ela estava pagando.

Temos então o paranormal mais conhecido no mundo: Uri Geller. A controvérsia continua a cercar Geller até mesmo hoje em dia, porque, embora ele tenha deixado os cientistas perplexos em várias ocasiões, ele às vezes não consegue realizar as suas proezas, e o seu estilo é tão inconstante que põe em dúvida se ele é um praticante exímio de fenômenos psíquicos, um mestre da prestidigitação, ou as duas coisas. De qualquer modo, ele está situado em uma classe individual única.

Geller é um israelense com 1,92 de altura e a aparência de um astro do cinema, algo que ele aproveitou bem quando era jovem no seu país natal, tendo trabalhado como modelo na propaganda de um creme de barbear, entre outros produtos. Eis a sua história: aos 4 anos de idade, quando brincava no jardim da sua casa, Geller recebeu a visita de um ser luminoso. Pouco depois, Geller começou a exibir habilidades paranormais. Ele nunca teve uma EFC ou alguma coisa parecida. As suas habilidades tendiam mais para a telepatia, a clarividência e a PK, particularmente a capacidade de curvar metais. Esta última não é de jeito nenhum uma habilidade exclusiva dele, mas Geller continua a ser a pessoa capaz de entortar colheres mais famosa do mundo.

Os seus pais se separaram quando ele tinha 10 anos, e Uri foi morar com a mãe em Chipre, onde as suas habilidades psíquicas aparentemente continuaram a se desenvolver. Geller voltou para Israel em 1967, aos 17 anos de idade. Ele escolheu uma época fatídica: a Guerra dos Seis Dias assomava no horizonte. Corria o "verão do amor" nos Estados Unidos, mas o Oriente Médio estava tumultuado. Geller, como um bom israelense, alistou-se no exército e se apresentou como voluntário na unidade de paraquedistas bem a tempo de participar das batalhas. Lutou com bravura e foi ferido em combate.

Depois da sua recuperação, os amigos aconselharam Uri a exibir em público as suas habilidades psíquicas, e, sendo por natureza um apresentador, começou a fazer demonstrações em festas particulares. Ele devia ser muito bom, porque em pouco tempo deu consigo se apresentando para a grande

Golda Meir. Um pouco mais tarde, perguntaram à primeira-ministra o que pensava sobre o futuro de Israel. "Não sei", gracejou ela. "Perguntem a Uri Geller!" Apenas dois anos depois de ter voado com os paraquedistas, Geller ficou famoso no seu país natal. A fama mundial era iminente.

Geller atraiu a atenção do ex-astronauta Edgar Mitchell e do seu recém-criado Institute for Noetic Sciences, que estuda a consciência e o potencial humano. Corriam boatos que os soviéticos estavam muito interessados em Geller e o estariam espionando. A CIA precisava descobrir se a habilidade dele era genuína. Eles o levaram para... isso mesmo, você adivinhou... o SRI, onde Hal Puthoff e Russell Targ estavam destruindo o paradigma vigente. Geller estava prestes a deixar algumas pessoas perplexas.

Geller diz que na época ainda era controlado pelos seus agentes no Mossad (o serviço de inteligência israelense) e tinha recebido instruções para não executar determinadas tarefas no SRI, embora se recuse a ser mais específico. Por outro lado, a segurança do SRI exigia que ele se mantivesse afastado de algumas das coisas que Ingo Swann e Pat Price estavam fazendo lá. E havia também o problema do ego. Swann não estava muito feliz por esse jovem e bonito israelense estar roubando a cena, e Geller não era famoso pela sua modéstia.

Por conseguinte, Uri foi mantido em rédea curta, mas isso não foi importante. Ele estava prestes a demonstrar alguns aspectos dos fenômenos psíquicos que ainda não foram explicados pela ciência convencional. Em novembro de 1972, ele foi testado no SRI. Durante esse período, foi continuamente filmado e gravado em videoteipe enquanto cientistas e mágicos profissionais esmiuçavam as suas ações em busca de qualquer tipo de prestidigitação ou técnicas mágicas, e métodos duplamente cegos foram usados sempre que possível.

No primeiro experimento, um dado verificado (um de um par de dados) foi colocado em um recipiente lacrado, sacudido intensamente, e colocado sobre uma mesa. Geller tinha que adivinhar o número que estava virado para cima no dado, um teste de clarividência. Durante os dez testes a que foi submetido, não lhe foi permitido tocar o recipiente de nenhuma maneira. Em duas das tentativas, ele declarou que não estava obtendo uma impressão clara e se absteve de adivinhar. Isso é permitido. No entanto, nas outras oito, ele alcançou 100% de acertos. A probabilidade contra isso acontecer por mero acaso está na faixa de *um milhão para um*.

O teste seguinte foi uma versão diferente do mesmo conceito. Dez tubos de filme de alumínio foram usados para abrigar vários objetos comuns. Sem que nenhum contato físico fosse permitido, em doze de doze tentativas, Geller escolheu corretamente o único recipiente que continha um determinado objeto, e uma vez mais a probabilidade está na vizinhança de um milhão para um. Geller havia demonstrado com bastante êxito as suas habilidades com a PES.

O passo seguinte foi a PK. Foi utilizada uma balança de precisão eletrônica, com o resultado eletronicamente registrado por um equipamento sensível especializado. Um peso de 1 grama foi colocado num tubo de alumínio, o qual foi posto na balança. Todo o dispositivo foi então coberto por um pote de vidro. Depois que o peso inicial foi registrado, foi solicitado a Geller que modificasse psicocineticamente a leitura do equipamento. Ele conseguiu fazê-lo em duas tentativas. Cada uma durou cerca de um quinto de segundo. Em uma das vezes ele reduziu o peso em 1,5 gramas, e na segunda ele o aumentou em um grama. Em outras palavras, a primeira tentativa anulou completamente o peso, e a segunda o duplicou.[3] Tudo foi gravado em fita para a posteridade.

No experimento final realizado durante a série inicial de testes, pediram novamente a Geller que demonstrasse uma forma de PK, esta envolvendo um dispositivo sensível que mede campos magnéticos, um gaussímetro. Todas as precauções habituais foram tomadas para impedir a fraude, e tudo foi gravado em videoteipe. Geller se preparou e começou a passar as mãos sobre o instrumento, mas não teve permissão para tocá-lo de nenhuma maneira.

A agulha no gaussímetro começou a se mover cada vez que ele passava as mãos sobre ela. Em várias tentativas, Geller demonstrou um campo magnético, aparentemente proveniente das suas mãos, que era cerca de 50% mais forte do que o da Terra. Foi um fenômeno incrível, além de qualquer explicação racional. O campo magnético da Terra é relativamente fraco, considerando-se todos os fatos, mas é mesmo assim uma presença maciça quando comparada às minúsculas quantidades que têm sido medidas no corpo humano.

Os rapazes do SRI ficaram fortemente impressionados, se bem que, apesar de todas as evidências filmadas, alguns ainda desconfiavam de Geller por causa do seu comportamento excêntrico. Entretanto, permanece o fato que eles não encontraram nenhuma evidência de que Geller estivesse trapaceando ou fosse culpado de qualquer tipo de fraude. Gostemos ou não, Uri Geller era autêntico. O único problema com Uri era o seguinte: onde terminava a sua capacidade psíquica e começavam as suas habilidades mágicas, se é que existiam?

Antes de mais nada, o exame de alguns fatos vem a propósito. Quando se trata de telepatia e clarividência, não há nenhuma dúvida: Geller é um dos melhores que existem, e ele é genuíno. São os seus movimentos excêntricos quando ele entorta metais e outros exemplos de PK que suscitam dúvidas, não porque ele não consiga fazer o que se propõe, e sim porque ele fala sem parar de uma maneira que lembra o que os mágicos fazem para distrair a audiência.

A minha resposta é... *e daí*? É tudo uma questão de estilo. Ele está sendo julgado em função de padrões de gosto pessoal. Se ele foi gravado em videoteipe, o que, é claro, aconteceu muitas vezes, e o cuidadoso escrutínio de todas as fitas não revela nenhuma prestidigitação ou outros truques mágicos, que importância tem toda a sua teatralidade? Entretanto, um legítimo problema às vezes acontece de fato com Uri: quando ele está sob pressão, como estava durante a sua famosa apresentação com Johnny Carson no *The Tonight Show* em 1973, ele pode simplesmente não conseguir fazer nada.

Mas esse insucesso é simplesmente um exemplo do problema que tem atormentado a pesquisa da paranormalidade desde o início: os fenômenos nem sempre são suscetíveis de ser repetidos em um momento específico no tempo. Às vezes eles acontecem e às vezes não. Uma vez mais, o meu comentário é: e daí? Não estamos lidando aqui com uma experiência química. É sempre difícil estudar o comportamento humano; trata-se de uma ciência inexata, se é que já houve uma. É um novo território. Estamos aprendendo as regras à medida que avançamos. Não conhecemos os mecanismos por trás dos fenômenos psíquicos... *é precisamente isso que estamos tentando descobrir!* Não podemos tentar obter resultados repetíveis enquanto não descobrirmos, antes de mais nada, alguma coisa a respeito do que está acontecendo. Não conseguimos nem mesmo concordar quando se trata de psicologia, que dirá de fenômenos psíquicos; as principais teorias estão espalhadas por toda parte. Está na hora de parar de julgar os estudos da consciência e do comportamento humano em função dos padrões da química e da física. O tempo mostrará que os fenômenos psíquicos são muito mais profundos do que isso.

A trajetória de Geller não parou no SRI. John Taylor da Grã-Bretanha e os seus associados do King's College, em Londres, tiveram a chance de examiná-lo em 1974. Uma vez mais, fizeram todo o possível para usar todos os métodos disponíveis para descartar qualquer tipo de fraude ou trapaça. Taylor também tinha consciência de que estava investigando áreas que grande parte da ciência desaprovava. As coisas precisavam ser rigorosas. Taylor tinha até mesmo amostras metalúrgicas especiais preparadas pelos especialistas do King's College e lacradas em recipientes de vidro. Geller não teve permissão para tocar nas amostras de nenhuma maneira. Na presença de outros cientistas além de Taylor, Geller conseguiu entortá-las também, embora as amostras estivessem completamente lacradas e ele não as tivesse tocado em nenhum momento, nem antes nem depois do experimento. Acho que isso prova que a crença generalizada de que Geller precisa tocar um objeto para efetivamente vergá-lo é falsa.

No final dos testes, Taylor concebeu um experimento a respeito do qual estava entusiasmado. Poderia Geller usar a PK, energia mental ou o que quer que fosse para alterar a leitura de um contador Geiger profissional padrão? Taylor tinha conhecimento dos resultados dos testes com o gaussímetro no SRI, mas ele queria levar o experimento um passo à frente. O que se segue é a descrição do fenômeno feita pelo próprio dr. Taylor:

> Inicialmente nada aconteceu, mas por meio de uma extrema concentração e o aumento da tensão muscular associada à intensificação da frequência de pulso, a agulha se desviou para 50 marcações por dois segundos inteiros, e efeitos sonoros intensificaram a qualidade dramática da ocasião. Por meio de um pequeno alto-falante cada marcação

produzia um "bip", e antes de Geller afetar o aparelho, o som era um "bip... bip... bip" uniforme. Nas mãos dele, o som de repente aumentou e se tornou um lamento, o que geralmente indica a existência de um perigoso material radioativo nas imediações. Quando Geller parava de se concentrar, o lamento se interrompia e, com ele, o aparente perigo. Esse lamento se repetiu mais duas vezes, e depois, quando um desvio de cem marcações por segundo foi alcançado, o lamento se tornou quase um grito. Uma última tentativa fez com que a agulha se desviasse para uma leitura de mil marcações por segundo, novamente durante cerca de doze segundos. Isso equivalia a quinhentas vezes o padrão básico — o aparelho estava ao mesmo tempo emitindo um grito.[4]

Por mais incríveis que possam ser esses relatos, o próprio dr. Taylor fez algo igualmente desconcertante. Depois dos seus estudos sobre os fenômenos psíquicos, declarou publicamente que apoiava os fenômenos paranormais. O dr. Taylor até mesmo escreveu um livro a respeito do assunto chamado *Superminds*. Depois, passados alguns anos, ele deu uma reviravolta de 180 graus, sem dar nenhuma explicação, e negou tudo o que descobrira a respeito de Geller.

Geller tem a sua própria história de mudança radical. No auge da fama, anunciou que obtivera os seus poderes de um gigantesco computador de um OVNI, um controlador chamado *Spectra*. Ele disse que *Spectra* era por sua vez controlado por uma entidade superpotente chamada *Hoova*, que supostamente governa a Terra em nome de uma vasta federação galáctica. As pessoas ficaram muito desgostosas. Alguns anos depois, Geller retirou a história do *Spectra*, dizendo que tudo resultara de sessões de regressão hipnótica que recebera. Entretanto, a história encerra um pouco mais do que isso.

Em 1974, a notícia do trabalho de Geller no SRI transpirara para o mundo exterior. Ele era capaz de afetar com a mente dispositivos sensíveis. Os patrocinadores do governo do SRI encaravavam essa capacidade como um possível risco à segurança. E se os segredos dele pudessem ser descobertos? Os soviéticos talvez fossem capazes de perturbar o voo de um míssil balístico intercontinental, ou talvez fazê-lo explodir prematuramente! Cientistas do Lawrence Livermore National Laboratory decidiram testar

Geller nas suas horas vagas. Os testes prosseguiram até o início de 1975, e depois algumas coisas estranhas começaram a acontecer.

Certo dia, de acordo com o protocolo usual, as sessões de Geller estavam sendo gravadas em fita. Podia-se ouvir ao fundo uma estranha voz metálica. A maior parte do que ela dizia era ininteligível, a não ser por algumas estranhas palavras. Os cientistas ficaram assustados, especialmente quando coisas absurdas começaram a lhes acontecer.

Era assustador. Por exemplo, os cientistas estavam conversando no laboratório, apenas batendo um papo intelectual informal, quando, inesperadamente, surgia um disco voador quase que comicamente estereotípico, uma forma cinzenta com cerca de 20 centímetros de diâmetro que zunia ao redor da sala e desaparecia. Eles não conseguiam deixar de pensar no que Geller dissera a respeito do Spectra. Enormes animais apareciam de repente e deixavam os cientistas apavorados. Os incidentes não se limitavam ao laboratório de Livermore. Certa vez, um gigantesco corvo preto surgiu do nada e ficou olhando para o eminente cientista Mike Russo de Livermore e a sua horrorizada esposa enquanto relaxavam na cama. Mas as coisas ficariam ainda mais estranhas.

Don Curtis, outro físico de Livermore, e a sua mulher estavam sentados na sala de estar certa noite quando, sem nenhum aviso, um braço fantasma de repente apareceu flutuando na sala! O braço estava vestido com uma manga de terno cinza e, na sua extremidade, em vez de uma mão havia um grande gancho de metal. O gancho girou algumas vezes e depois desapareceu. Aquilo estava se tornando intolerável.

Entraram em contato com Rick Kennett da CIA, o mesmo homem envolvido em muitos dos projetos de visão remota. Quando Kennett ouviu as fitas, sentiu um calafrio subir pela sua coluna e o cabelo da nuca ficar em pé. As únicas palavras inteligíveis eram codinomes altamente secretos de projetos de segurança máxima do governo! Nenhum dos cientistas tinha conhecimento deles, e muito menos Geller. Kennett disse mais tarde que teve a sensação de que a mensagem fora deixada apenas para ele! Ele telefonou para Puthoff e exigiu se encontrar com ele e Targ da próxima vez que fossem a Washington.

Por coincidência, estava programado que Targ e Puthoff iriam a Washington para uma turnê de arrecadação de fundos poucos dias depois. Kennett se encontrou com eles no quarto do hotel onde estavam hospedados. Embora já fosse quase meia-noite, decidiu investigar mesmo assim as histórias, secretamente esperando que os cientistas esclarecessem, pelo menos em parte, toda aquela loucura. Em um excelente livro sobre visão remota, *Remote Viewers: The Secret History of America's Psychic Spies*, o autor Jim Schnabel conta a história:

> "E assim... o braço", disse Kennett, concluindo a história. "A coisa estava girando, vestindo o terno cinza, e ele tinha um gancho. Era um braço falso. O que você acha disso?"
>
> E quando Kennett pronunciou a palavra *disso*, ouviu-se uma violenta pancada na porta do quarto do hotel, como se alguém estivesse tentando derrubá-la. Kennett tinha um traço de caráter travesso e malicioso. Estaria ele pregando uma peça? Puthoff e Targ não eram dessa opinião. As batidas eram tão fortes que chegavam a ser assustadoras. Passados alguns instantes, Targ foi até a janela e se escondeu atrás das cortinas. Puthoff ficou dentro do banheiro. Kennett se encaminhou para a porta e abriu-a.
>
> Em pé, no vão da porta, estava um homem que, à primeira vista era extraordinário apenas pela sua falta de originalidade. Ele era desinteressante e nada ameaçador, em algum ponto da meia-idade. Entrou devagar, passou lentamente por Kennett, com um modo de andar rígido, e foi até o meio do quarto, parando entre as duas camas. Em seguida, deu meia-volta, e disse em uma voz estranhamente artificial: *"Oh! Eu acho... devo... estar... no... quarto... errado".*
>
> Dizendo isso, ele se encaminhou lenta e rigidamente para a porta, dando tempo para que todos vissem que uma das mangas do seu terno cinza, caído para o lado, estava vazia."[5]

Com o tempo, as coisas se acalmaram e a vida voltou ao normal em Livermore, mas somente depois de uma ocorrência insólita. Mike Russo recebeu certo dia um estranho telefonema de uma voz metálica incomum, mas ao mesmo tempo familiar. A voz os advertiu de que deveriam interromper as pesquisas sobre Uri Geller. Eles pararam. Daí a um mês, todos os fenômenos invulgares cessaram.[6]

Talvez o mundo científico duvide dos poderes de Geller, mas o mundo dos negócios é mais pragmático. Tudo o que querem são resultados. E Geller os proporcionou. Trabalhando com companhias de mineração para encontrar minérios valiosos, ele ganhou uma fortuna tanto para si mesmo quanto para as empresas que contrataram os seus serviços. Hoje, ele viaja pelo mundo, continuando a empolgar audiências e chefes de estado com as suas habilidades. De vez em quando, as pessoas lhe perguntam: "Se você é tão competente com os poderes psíquicos, por que não é rico?" Geller sempre dá a mesma resposta: "Eu sou!"

Embora as façanhas exuberantes de vergar metais de Geller tenham gerado controvérsias, o fenômeno de entortar metais adquiriu uma certa credibilidade nos anos mais recentes. John Hasted do Birkbeck College em Londres, bem como dois professores franceses, Charles Crussard e Jean Bouvaist, conduziram esse tipo de teste a um nível inteiramente novo, documentando casos da suposta "PK impossível".[7]

Um caso investigado por Hasted foi particularmente interessante. Certas ligas metálicas só são capazes de ser vergadas se forem gradual e cuidadosamente curvadas ao longo de um intervalo de tempo. Se a ação for mais rápida, a barra simplesmente se parte. Essa característica é uma qualidade física do metal, inerente à estrutura cristalina do próprio metal. A barra só pode ser vergada por um processo conhecido como fluência,* uma força lenta concentrada sobre a barra durante um intervalo de tempo. Hasted testou e documentou com êxito pessoas capazes de vergar a barra em muito menos tempo do que normalmente é necessário, algo que, a partir de um ponto de vista convencional, é simplesmente impossível.

Os pesquisadores franceses Crussard e Bouvaist documentaram numerosas ocasiões em que o entortador de metais francês Jean-Paul Girard pôde, de fato, vergar uma tira de metal contida em um tubo de vidro lacrado. A sua habilidade foi total e inclusivamente documentada. Girard também foi capaz de curvar barras enormes que estão além do alcance

---

* Também muito conhecido no Brasil pelo nome em inglês, "creep". (N. da T.)

até mesmo do mais forte ser humano — proezas que foram gravadas em videoteipe. Em um dos vídeos de laboratório de Crussard, Girard é visto acariciando de leve uma dessas barras, a qual pouco depois se curva de uma maneira significativa. Os testes demonstraram que uma força equivalente a três vezes o limite da força humana teria sido necessária para causar essa deformação.

Os cientistas franceses fizeram um esforço excepcional para documentar as suas pesquisas. As amostras de metal foram processadas por meio de uma bateria de testes que incluíam uma medição cuidadosa. Os testes incluíam a micromedição da dureza da amostra, perfis da tensão residual, a análise pela elétron-micrografia ou micrografia eletrônica e a análise química de áreas em toda a amostra, bem como o emprego de marcas que eram gravadas em relevo, de forma permanente, na superfície do metal para evitar a substituição por meio de algum truque. Ainda assim, a incrível PK continuava.

Em alguns dos testes de Girard, amostras das tiras de alumínio usadas davam a impressão de ter sido submetidas a temperaturas de mais de 600ºC, algo que só poderia ser detectado por meio de uma análise especial. Os cientistas também documentaram um caso no qual uma amostra de metal foi bombardeada com átomos de césio radioativo antes dos testes, fazendo com que o césio se tornasse parte da amostra. A análise posterior revelou uma mudança na distribuição dos átomos de césio de uma maneira tal que o próprio padrão molecular do metal parecia ter mudado de um modo estranho.

J. B. Rhine e a sua equipe também conduziram muitas pesquisas sobre a PK. Tudo começou quando Rhine conheceu, por acaso, um jogador entusiasta. Muitos jogadores de dados têm a sensação de que são capazes, pelo meno algumas vezes, de influenciar mentalmente o rolar dos dados. Rhine conheceu um homem desse tipo, e as histórias que ele contava levaram Rhine a refletir. Teria sido fácil para Rhine descartar as histórias como bazófia de alguém que queria se mostrar, mas alguma coisa disse a Rhine que este não era o caso. Ele passaria os nove anos seguintes investigando a possibilidade da PK e dos dados antes de se sentir confiante o bastante para publicar os seus resultados. O seu trabalho monumental com a PES incitara muita negatividade, de modo que dessa vez Rhine queria estar seguro.

Uma vez mais ele foi engenhoso com os seus testes. Os dados comerciais não são "exatos". Os números mais altos são mais leves, de modo que tendem a aparecer com mais frequência na face superior do dado quando este é lançado. Rhine corrigiu essa diferença especificando que o sujeito do teste deveria "visar alto" ou "visar baixo" para o número no dado ou dando instruções aos sujeitos para que tentassem obter um "sete", exatamente como fariam em um jogo de verdade. Mais tarde, Rhine até mesmo usou uma máquina para lançar os dados, em vez da cumbuca convencional, para obter mais controle.

Os resultados de fato revelaram uma contagem acima do mero acaso, mas o que realmente chamou a sua atenção foi outra coisa. Muito sistematicamente, o desempenho declinava à medida que os testes prosseguiam ao longo dos intervalos de tempo, ou quarto de hora. Esse suposto *declínio quartil* era extremamente importante. *A probabilidade não fica cansada no curso de um experimento, mas os seres humanos ficam.* Foi esse declínio, mais do que qualquer outra coisa, que demonstrou para Rhine que os sujeitos estavam, de fato, influenciando os testes. Como nada além da PK era uma explicação razoável, a evidência de que a PK estava sendo utilizada era muito forte. É claro que havia também o fato de que a probabilidade de esse declínio quartil ocorrer por acaso era de *mais de 100 milhões para um!*[8]

Entretanto, quando se trata do mero volume e qualidade de trabalho sobre a PK, ninguém consegue igualar o trabalho executado pelo dr. Robert G. Jahn do fabuloso programa Princeton Engineering Anomalies Research (PEAR) da Princeton University.[9]

Tudo começou de uma maneira inocente. Jahn era um eminente cientista, famoso no seu país, os Estados Unidos, um homem no auge da sua carreira. Ex-consultor da National Aeronautics and Space Administration (NASA) e do Departamento da Defesa, a especialidade original de Jahn era a propulsão espacial. Ele é até mesmo autor de um texto definitivo sobre o assunto, *Physics of Electronic Propulsion*. Com o tempo, Jahn tornou-se catedrático de ciência aeroespacial em Princeton e, mais tarde, reitor da

Faculdade de Engenharia e Ciências Aplicadas dessa universidade muito respeitada.

Na condição de engenheiro, Jahn tinha aversão às histórias sobre paranormalidade, como seria de esperar de qualquer cientista ortodoxo, até que aconteceu uma coisa que mudou o rumo da sua vida. Como acontece com tanta frequência no curso dos eventos, ele não percebeu que algo diferente iria acontecer.

Uma aluna da graduação o procurou certo dia para pedir conselhos a respeito de um projeto de pesquisa relacionado, por incrível que pareça, com a psicocinese. Jahn se sentiu levemente repelido pelo tema, mas a jovem era uma aluna de engenharia elétrica tão brilhante que ele se deixou vencer pela curiosidade. O projeto envolvia testar se os geradores eletrônicos de números aleatórios poderiam ser influenciados mentalmente. Jahn disse à aluna que desde que os seus controles científicos e a tecnologia fossem de primeira qualidade, ele a ajudaria. Ele ficou fascinado com os resultados da aluna, que pareciam indicar que, afinal de contas, a PK poderia encerrar alguma coisa, alguma coisa que todos os seus estudos e pesquisas cuidadosos indicariam que simplesmente não era possível. No entanto, os fatos eram claros como água. O estudo era tão surpreendente que, no segundo ano do projeto, Jahn estava tão envolvido com ele quanto a sua aluna. Em 1979, ele havia fundado a PEAR, junto com a psicóloga clínica Brenda Dunne, e eles logo mergulharam em um intenso estudo dos fenômenos psíquicos.

A essa altura, a tecnologia havia melhorado um pouco depois dos dias de J. B. Rhine. O gerador de eventos aleatórios usado pelo pessoal da PEAR era um dispositivo eletrônico que gera números binários aleatórios baseados nos fenômenos da desintegração radioativa, um processo aleatório natural. Como em outros testes de PK, foi pedido aos sujeitos que influenciassem remotamente a máquina. Os operadores não recebiam instruções específicas sobre qualquer método; era-lhes apenas dito que relaxassem e tentassem fazer com que a máquina se deslocasse na direção solicitada. Rapidamente a equipe descobriu que quanto mais arduamente os operadores tentavam, piores eram os seus resultados. Brenda Dunne, membro da equipe, declarou que no início quase todos alcançaram algum sucesso, mas quando ficavam mais confiantes e começavam a "tentar", o sucesso em geral tinha vida curta. No entanto, mais tarde ainda, quase todos os operadores conseguiram novamente ter um desempenho compatível com as instruções que haviam recebido, influenciando o gerador de eventos aleatórios ou outros dispositivos de uma maneira estatisticamente significativa.

Os números não eram de modo nenhum grandes. Nas séries iniciais, com um nível de probabilidade de 50%, os operadores marcaram acima da base 61% das vezes, e abaixo da base 64% das vezes. Eram efeitos pequenos, porém significativos. Entretanto, a coisa realmente importante era que esses testes eram realizados com pessoas comuns e não com celebridades psíquicas como era o caso de um grande número dos primeiros experimentos em parapsicologia.

Com o tempo, Jahn e Dunne conduziram muitos milhares de séries de testes, e os resultados eram quase sempre os mesmos: as pessoas eram capazes de influenciar a máquina! Pesquisas posteriores constataram que era possível fazer isso de milhões de quilômetros de distância, o que fazia com que os críticos parecessem tolos quando insistiam em que os operadores tinham sacudido, tocado ou soprado a máquina, distorcendo assim os resultados. Finalmente, Jahn e Dunne acumularam uma vasta quantidade de informações, suficientes para encher várias listas telefônicas, e demonstraram o fato impressionante que, de fato, as pessoas têm uma capacidade psicocinética.

Com o tempo, os pesquisadores da PEAR compreenderam que os operadores até mesmo exibiam padrões sistemáticos que eles chamaram de *assinaturas*. Certos operadores, por exemplo, marcavam sistematicamente acima ou abaixo da linha de referência. O desempenho desses mesmos operadores apresentava padrões semelhantes em diferentes máquinas e em testes distintos. Alguns eram simplesmente incríveis. O hoje famoso "Operador 10" deixou todo mundo simplesmente boquiaberto. Ele (ou ela) era capaz de marcar acima do mero acaso a uma taxa de 300 para um e abaixo da mera chance a uma razão de 100.000 para um. Quando essas marcações são reunidas, elas produzem uma probabilidade contra a mera chance de mais de *três milhões para um*.

Estudos posteriores demonstraram que os pares de operadores que tinham uma ligação um com o outro (que estavam romanticamente envolvidos) obtinham resultados ainda melhores do que os operadores isolados. Com o tempo, a equipe se envolveu com uma atividade semelhante à visão remota, com sucesso é claro. Até mesmo projetaram um robô mecânico com a forma de uma rã que podia ser comandada por sinais psíquicos dos operadores, e também um tambor eletrônico que podia tocar mediante um comando psíquico.

Jahn e Duane encontraram a mesma resposta básica com outro famoso projeto de estudo para testar a macro-PK. Ele usava um grande dispositivo com 9.000 "bolas de gude" que eram liberadas para cair sobre uma espécie de fliperama, passavam por 330 pinos de náilon e eram recolhidas em uma série de 19 compartimentos. Em geral, o resultado tinha uma configuração semelhante a uma curva em sino, com a maioria das bolas aterrissando nos compartimentos do meio e um número menor nas extremidades. Os operadores recebiam instruções para tentar modificar esse padrão. Os resultados eram mais uma vez pequenos, mas ao mesmo tempo espetaculares. As pessoas eram capazes, de fato, de influenciar a queda das bolas de gude. Os estudos na PEAR prosseguiram durante anos e, recentemente, depois de um quarto de século, chegaram ao seu término. Para compreender completamente os resultados, temos que retroceder por um momento e conversar um pouco sobre estatística.

A maioria das constatações em fenômenos psíquicos são muito pequenas, com frequência pouco mais do que o mero acaso. No entanto, quando muitos milhares de testes são realizados envolvendo um grande número de pessoas, essas pequenas quantidades se tornam extremamente importantes. A questão da estatística nas pesquisas dos fenômenos psíquicos mudou completamente na década de 1970 quando um psicólogo da Colorado University chamado Gene Glass desenvolveu um novo método estatístico chamado *meta-análise*.[10] A meta-análise é uma técnica que leva em consideração coletiva os vastos números de estudos que lidam com o mesmo fenômeno básico, embora os testes efetivos possam variar acentuadamente. O dr. Glass compreendeu que esse novo método poderia fazer uma enorme diferença na aceitação da parapsicologia. Os inúmeros estudos, quando tomados individualmente, mostram a probabilidade de um fenômeno psíquico, mas não de uma maneira espetacular. *Mas o que aconteceria,* perguntou Glass aos seus botões, *se realizássemos um estudo cumulativo dos estudos individuais?*

As constatações mudaram tudo. Como os estudos da PEAR eram extremamente abrangentes, tanto no que diz respeito ao tempo quanto ao número de sujeitos, elas são extraordinariamente adequadas à meta-análise. A importância do método era tão revolucionária que é hoje um procedimento estatístico padrão na ciência.

Dois pesquisadores de Princeton logo perceberam as possibilidades. Em dezembro de 1989, Dean Radin, psicólogo de Princeton e autoridade em parapsicologia, junto com Roger Nelson, um dos assistentes de Jahn, publicou um artigo sobre a meta-análise das constatações da micro-PK. O trabalho teve mérito suficiente para ser publicado, não em uma das muitas revistas de parapsicologia, mas na publicação de grande sucesso *Foundations of Physics*.

O artigo era intitulado "Consciousness-related Effects in Random Physical Systems" e, no mínimo, abalou algumas pessoas. Radin e Nelson investigaram 152 relatórios descrevendo 597 estudos experimentais e 235 estudos de controle realizados por 68 diferentes pesquisadores; todos os estudos envolveram a influência da consciência em sistemas microelétricos, como o gerador de eventos aleatórios. Quando a névoa se dissipou, eles constataram que a probabilidade de esses resultados coletivos ocorrerem por mero acaso era de um em 10^{35} — o que equivale ao número um com 35 zeros depois dele![11] Nas palavras do investigador científico Richard Milton: "Isso é o mais perto que qualquer pessoa no mundo científico jamais chega de uma 'certeza absoluta'".

Outro importante método estatístico desenvolvido apenas recentemente lida com o chamado problema do *file-drawer*. Robert Rosenthal de Harvard concebeu-o como um método para investigar mais detalhadamente as informações dos fenômenos psíquicos. Durante anos, os críticos dos fenômenos psíquicos (basicamente a totalidade da comunidade científica ortodoxa) partiram do princípio que qualquer pesquisa sobre fenômenos psíquicos que não produzisse resultados positivos seria arquivada na gaveta de um arquivo para evitar qualquer constrangimento. É claro que isso não é de modo algum verdadeiro; muitos estudos que não ficaram claros ou que obtiveram resultados negativos no que diz respeito aos fenômenos psíquicos foram publicados, mas a desconfiança permanece. A diversão começa quando compreendemos que utilizando a meta-análise, a razão exata dessas pesquisas "file-drawer" para as pesquisas bem-sucedidas e publicadas pode ser calculada com precisão.

Em outras palavras, a meta-análise revela que no estudo sobre o arremesso dos dados controlado por PK, por exemplo, teria que haver quase 18.000 estudos "file-drawer" para que os bem-sucedidos fossem apenas ocorrências acidentais. Como esse número excede em muitos milhares a quantidade de estudos já realizados, é uma evidência clara, ao lado dos resultados dos estudos em si, da existência da PK.

Radin e Nelson calcularam que com a evidência da micro-PK disponível, teria que haver 54.000 testes malsucedidos, não publicados para que os resultados da micro-PK fossem uma ocorrência acidental. Esse número excede em muito o de estudos já realizados em qualquer aspecto dos fenômenos psíquicos, levando-se em conta a falta de recursos financeiros da parapsicologia. As evidências são absolutamente claras. Os fenômenos psíquicos são genuínos.

Capítulo 6

MAGNETICAMENTE MAGNÍFICOS: EXPLORANDO O CAMPO DE ENERGIA HUMANO

Mais segredos de conhecimento foram descobertos por homens simples e desprezados do que por homens famosos e populares. E isso é assim com boa razão, porque os homens famosos e populares estão ocupados com assuntos populares.
— Roger Bacon, filósofo e cientista inglês (1220-1292)

O nome do dr. Franz Anton Mesmer é uma palavra familiar, mas por motivos totalmente errados. Hoje a palavra *mesmerizar* é sinônimo de *hipnotizar*, mas Mesmer não era um hipnotizador; longe disso. Era um médico bem-sucedido do século XVIII que usava a força vital da vida para o tratamento da doença, uma prática que ele chamava de *magnetismo animal*. Ele recorria a vários métodos para carregar os pacientes com energia vital, mas até onde eu sei, ele nunca praticou nada que se parecesse com hipnose. Entretanto, esta última foi, de fato, desenvolvida por um dos seus alunos, o que talvez explique por que o equívoco com relação ao seu nome persiste amplamente, mesmo entre parapsicólogos que deveriam estar mais bem informados.

Nascido na Alemanha em 1734, Mesmer formou-se em medicina na Universidade de Viena. A sua tese, redigida em 1766, foi intitulada *De planetarium influxu*, que foi traduzida para o inglês como *On the Influence of the Planets on the Human Body*. Naqueles dias, como mostra o título da sua tese, Mesmer era um ávido estudioso dos trabalhos dos antigos e do grande médico medieval Paracelso.

No entanto, durante o início da sua atividade profissional em Viena, Mesmer descobriu que ímãs estrategicamente colocados pareciam ter poderes de cura. Começou então a reconsiderar a sua crença original relacionada com os efeitos da Lua e dos planetas no corpo e, em vez disso, passou a pensar em função das forças envolvidas, convencido de que a natureza delas era magnética.

Sem dúvida devido à influência inicial de Paracelso, o primeiro médico no Ocidente a discutir seriamente a energia vital, Mesmer chegou à conclusão de que força vital tinha uma natureza magnética, semelhante ao magnetismo mineral presente na magnetita e associado aos metais ferrosos, mas ele sentia que ela era de uma ordem diferente da dessas formas comuns de magnetismo. Como ela parecia causar um importante efeito nos tecidos vivos, especialmente nos humanos, ele a chamou de *magnetismo animal*.

Mesmer chamou a força efetiva de *fluidum*. Ele sentia que estava tocando as raias de uma coisa importante, o elo entre as coisas vivas e o cosmos, a correspondência entre a eletricidade, o magnetismo e as coisas vivas. Ele declarou que a matéria viva tinha uma propriedade que podia ser afetada por "forças magnéticas terrestres e celestes".[1] Depois de aprender as técnicas do toque terapêutico com um padre suíço, J. J. Gassner, Mesmer estava pronto para experimentar um pouco mais.

Em 1776, Mesmer parou completamente de usar ímãs, preferindo, em vez disso, transmitir a energia de cura para o paciente diretamente através das palmas das mãos ou, indiretamente, através de um *bacquet* ou tina das convulsões. Esse dispositivo era um recipiente com água "energizada" com *fluidum* do qual se projetavam hastes de ferro ou fios de seda para que os pacientes pudessem agarrá-los. Mesmer estava pronto para revelar ao mundo a sua descoberta. Ele começou pela Sociedade Médica Vienense.[2]

Lamentavelmente, a sociedade não ficou impressionada; a essa altura, as novas convicções do materialismo estavam começando a se infiltrar no pensamento médico e científico de uma maneira substancial. Mesmer foi imediatamente expulso da faculdade de medicina e obrigado a fechar o seu consultório. Em 1778, ele decidiu se mudar para Paris, um lugar onde os cidadãos eram "pessoas mais esclarecidas e menos indiferentes a novas descobertas".[3] Lá, teve a sorte de conhecer Charles Deslon, professor da Faculdade de Medicina de Paris (parte da Universidade de Paris) e médico pessoal do Conde d'Artois.

Deslon ficou encantado com o que Mesmer tinha para demonstrar, tornou-se seu aluno e, com o tempo, seu parceiro médico. Posteriormente, Deslon declarou que "a contribuição de Mesmer é uma das mais importantes da nossa época" em uma reunião da faculdade de medicina da Universidade de Paris. As coisas começaram a esquentar a partir daí, e em pouco tempo Mesmer e Deslon estavam tratando da nata da sociedade parisiense, aparentemente com muito sucesso. Mesmer, entusiasmado, preparou um texto e enviou cópias para a Royal Society of London, a Académie des Sciences de Paris e a Academia de Berlim. Das três, somente Berlim se deu ao trabalho de responder, e mesmo assim apenas com a declaração de que tudo era apenas uma ilusão.[4] Mesmer ficou arrasado.

Entretanto, Mesmer e Deslon continuaram a trabalhar. Em 1784, de acordo com as anotações de Deslon, eles trataram de 80 mil pacientes. Foi quando começaram os verdadeiros problemas. Eles estavam crescendo demais, e a comunidade médica de Paris não estava feliz. Estavam perdendo muitos pacientes para a dupla. Alguma coisa tinha que ser feita.

Os médicos tinham poder suficiente para influenciar o Rei Luis XVI e levá-lo a formar uma comissão para investigar Mesmer; entre os membros do grupo estavam Benjamin Franklin, que se encontrava em Paris na ocasião para arrecadar fundos para a Guerra da Independência dos Estados Unidos, e Antoine Lavoisier, o famoso químico francês. A comissão rapidamente condenou Mesmer, declarando que como essa nova "força" não podia ser detectada com os sentidos ou com os instrumentos da época, qualquer sucesso alcançado pelos médicos teria que ser atribuível somente à imaginação dos seus pacientes, no que hoje chamaríamos de *efeito placebo*.

Depois do fiasco de 1784, as coisas começaram a degringolar para Mesmer. A sua atividade profissional começou a piorar, e ele acabou se tornando objeto de zombaria do público. Finalmente, desistiu, aposentando-se e indo para a Suíça desfrutar os seus últimos anos e colocar as suas ideias no papel.

Em 1815, um ano antes da sua morte, Mesmer concluiu a sua maior obra, *Mesmerism, or the System of Reciprocal Influences; of The Theory and Practice of Animal Magnetism*.[5] Ele teria provavelmente permanecido em segundo plano na história se o seu nome não tivesse se tornado um termo tão comum — como em *mesmerizar* — apesar do fato de a palavra ser usada incorretamente, considerando-se que Mesmer era um agente de cura pela energia e não um hipnotizador. (Entretanto, a conexão não está totalmente errada, pois um dos discípulos de Mesmer, o Marquês de Puységur, de fato desenvolveu a hipnose.) Lamentavelmente, o nome de Mesmer também sugere o charlatanismo.

É interessante observar as constatações de uma comissão posterior sobre Mesmer. Vários anos depois da sua morte, uma comissão da Seção Médica da Académie des Sciences examinou o magnetismo animal. O ano era 1831. Depois de uma substancial quantidade de estudo, a prestigiosa comissão concluiu que... *Mesmer estava de fato correto!* É uma pena que o homem não tenha vivido o bastante para ver a sua descoberta reconhecida.

Mais ou menos cinquenta anos depois do sucesso e da ruína de Anton Mesmer, outro cientista alemão estava bem avançado no caminho de se tornar o maior químico de toda a Europa. O Barão Karl von Reichenbach era a primeira pessoa a investigar as propriedades químicas dos derivados do alcatrão de hulha, descobrindo, entre outras coisas, o óleo de parafina e o creosoto.

A descoberta da parafina, em 1834, foi uma importante realização. Naqueles dias, a luz elétrica não tinha nem mesmo sido imaginada, e a parafina servia como uma fonte barata e confiável de matéria básica para velas. O tipo moderno de vela tornou a vida melhor para muitas pessoas nos dois lados do Atlântico. Reichenbach estava bem avançado no que parecia ser uma excelente carreira digna de prêmios. Então, em 1844, ele conheceu Maria Novotny.

Reichenbach foi apresentado à jovem por um cirurgião vienense que a estava tratando de neurastenia, um distúrbio emocional que envolve a fadiga e outros sintomas psicossomáticos. O cirurgião declarou que a paciente de 25 anos era hipersensível e um pouco estranha. Especialmente, Maria afirmava que conseguia perceber uma força emanando dos ímãs e, às vezes, das pessoas. Reichenbach era químico, um cientista sério, de modo que ficou naturalmente cético a respeito do que a jovem afirmava perceber. Ele sugeriu então um teste.

Enquanto Maria repousava na cama, Reichenbach determinou que um assistente fosse a um aposento contíguo e descobrisse um grande ímã colocado do outro lado da parede exatamente na direção da cama de Maria. O assistente fez o que lhe fora pedido e anotou a hora exata. Foi constatado mais tarde que, no momento exato em que o assistente expôs o ímã, a jovem sentiu um mal-estar, declarando rispidamente que havia um ímã por perto em algum lugar.[6] Reichenbach ficou mais curioso do que nunca.

Testes adicionais demonstraram que Maria era capaz de determinar quando a blindagem era removida de um ímã enquanto ela estava com os olhos vendados. Em outra ocasião, quando ela estava inconsciente durante uma crise de neurastenia, Reichenbach aproximou-se dela com um ímã. Ao que consta, ele aderiu ao corpo dela como se este fosse de metal. Mais tarde, quando respondeu ao tratamento, Maria pareceu perder a sua estranha capacidade. Reichenbach conheceu outras quatro jovens neurastênicas e descobriu que elas também tinham, em uma certa medida, a mesma capacidade.[7] Reichenbach foi seduzido pelas circunstâncias. Ele se deparara com uma coisa que merecia ser mais bem investigada e que poderia conduzir a uma descoberta de imensa importância.

No início, à semelhança de Mesmer, Reichenbach achou que estava lidando com o magnetismo comum, de modo que iniciou uma série de investigações sobre os fenômenos magnéticos. No entanto, por mais que tentasse, foi incapaz de descobrir uma ligação, a não ser o fato de que algumas pessoas afirmavam ver estranhos vapores e energias associados a ímãs.

Recorrendo ao seu treinamento e experiência como químico, Reichenbach decidiu experimentar substâncias não metálicas, como o enxofre cristalino e a pedra-ume, e metais não magnéticos, como o cobre e o zinco. Ficou surpreso ao descobrir que as pessoas neurastênicas afirmavam ver cores específicas associadas a essas substâncias e experimentar diferentes sentimentos subjetivos com cada substância, particularmente quando tocadas por elas.

Quando Reichenbach começou a examinar as suas constatações, chegou à mesma conclusão de Mesmer, ou seja, que não estava lidando com a eletricidade ou o magnetismo, e sim com uma nova forma específica de energia que parecia permear as estruturas cristalinas e influenciar os tecidos biológicos. Decidiu chamar esse energia de *força ódica*.[8]

Reichenbach descobriu que no caso dos campos ódicos, os polos semelhantes se atraem, comportamento que é oposto ao dos ímãs comuns. A energia podia ser conduzida através de um fio, como a eletricidade, mas a uma velocidade muito mais lenta, de cerca de 4 metros por segundo. Ao contrário do fluxo elétrico, que é determinado pela condutividade do material envolvido, a força ódica dependia da *densidade* do material. Assim como muitas outras pessoas, ele também descobriu que a força poderia ser usada para carregar o objeto, no sentido de armazenar a energia para ser usada mais tarde.[9]

Reichenbach prosseguiu com a sua pesquisa, constatando que, como no caso da luz, era possível focalizar alguns aspectos da força através de uma lente. Outros aspectos da força pareciam circular ao redor de objetos, de uma maneira semelhante à chama de uma vela, podendo até mesmo ser afetados por correntes de ar, comportando-se como um estranho gás etéreo. (Os pesquisadores modernos tendem a achar que esse comportamento é evidência de que a força ódica, à semelhança de outras forças mais conhecidas, obedece à dualidade onda/partícula prevista pela teoria quântica.) Reichenbach também descobriu associações entre a força ódica e a luz solar. A maior concentração da força parecia residir nas amplitudes vermelha e azul-violeta do espectro eletromagnético.[10]

Em 1845, Reichenbach publicou um livro sobre as suas descobertas. A obra causou grande impressão nas partes do mundo de língua alemã e novamente, mais tarde, entre os falantes do inglês quando foi traduzido para este idioma. *Researches on Magnetism, Electricity, Heat and Light in Relation to the Vital Forces* tornou-se um *best-seller* entre os cidadãos comuns, mas foi marginalizado pelo mundo científico.[11] O principal adversário de Reichenbach na Inglaterra, o dr. James Braid, que criou o termo *hipnotismo*, afirmou que tudo não passava de um fenômeno de sugestão, ao estilo de Mesmer. Desapontado pela reação da comunidade científica à sua descoberta, Reichenbach decidiu voltar ao seu trabalho em química e na ciência física. Entretanto, o dano já tinha sido feito. Em vez de ser considerado um dos maiores cientistas do século XVIII, Reichenbach tornou-se apenas uma esquisitice histórica, outro excêntrico interessado na "força vital" inexistente.

Na virada do século XX, outro cientista começou a afirmar a existência de um campo de energia incomum nos seres humanos. Dessa vez, tratava-se de um médico inglês chamado Walter Kilner. O bom médico foi bem-sucedido desde cedo na carreira, aceitando um cargo docente no prestigioso St. Thomas's Hospital em Londres em 1869. Ele também inventou um pote estéril para conservação que tem o seu nome, e os potes Kilner ainda hoje são comuns nas cozinhas inglesas. Quando os raios X foram descobertos em 1895, o St. Thomas's Hospital começou logo a utilizá-los. Como Kilner era um profissional altamente respeitado, foi nomeado chefe do novo departamento de raios X.

Os raios X ocupam apenas uma minúscula parte do espectro eletromagnético, embora o seu nível de energia seja muito mais elevado do que o da luz comum. Kilner ficou curioso a respeito de qual seria a aparência de outras partes do espectro se pudessem se tornar visíveis para o olho humano. Começou então a fazer experimentos com a substância cianina azul, um composto químico que ocorre naturalmente nas plantas e é responsável pela cor roxa e azul de muitas flores. A cianina azul já era usada na indústria fotográfica porque tornava as chapas fotográficas sensíveis a todas as partes do espectro visível. Kilner revestiu lâminas de vidro com a substância e começou a observar as coisas ao seu redor.[12] Ele teve um choque.

Kilner descobriu que quando olhava para os seres humanos através do filtro especial, ele via o que parecia ser um campo de energia ao redor deles, muito parecido com a aura descrita na antiga literatura metafísica. O campo de energia era um contorno do organismo fino, azul-acinzentado, embora a sua aparência dependesse, entre outras coisas, da saúde física e emocional da pessoa que estava sendo observada. Ele continuou com a pesquisa, descobrindo que poderia, com o tempo, prever o estado de saúde e de doença das pessoas pela aparência da sua aura.

Kilner ficou fascinado com a descoberta, mas ao mesmo tempo cauteloso com o que ela poderia significar. Ele estava certo de que estava vendo a aura humana, que era visível através do filtro especial de cianina azul, mas ele era um médico, não um cientista, e conhecia os perigos de ser associado à paranormalidade. Por esse motivo, decidiu chamar o campo de energia de *atmosfera humana*, nome que ele esperava que o distanciasse das ciências ocultas e, desse modo, fizesse com que a ciência o levasse a sério. Em 1912, ele publicou um livro com esse mesmo nome, resumindo os resultados da sua pesquisa.[13] Na sua cabeça, ele tropeçara em uma descoberta de enorme importância para a humanidade, abrindo um novo horizonte no potencial humano. Em vez disso, nas palavras do investigador científico Richard Milton, "publicar o livro revelou-se um ato de suicídio profissional".[14]

Ainda hoje, o livro pode ser encontrado nas livrarias, e conquistou para Kilner um lugar na história na esfera da paranormalidade, mas arruinou tanto a sua carreira médica quanto a científica. O *British Medical Journal* publicou uma análise da obra na sua edição de 6 de janeiro de 1912. As palavras não foram nada amáveis, declarando, entre outras coisas, que "o dr. Kilner não conseguiu nos convencer de que a sua aura é mais real do que o punhal visionário de MacBeth".

Poucos cientistas conceituados realizaram mais trabalhos sobre a energia sutil nos últimos anos do que o dr. William Tiller, cujo trabalho introduzi no Capítulo 2. Depois de analisar um grande número de informações a respeito de temas paranormais, Tiller se envolveu diretamente com a pesquisa. Uma das coisas que ele desenvolveu foi um instrumento capaz de detectar radiações de energia dos seres humanos.

Recorrendo a algumas pesquisas soviéticas correlatas, Tiller e dois dos seus alunos de Stanford construíram o que ele chamou de "detector de radiação biológica". O dispositivo consistia em duas placas de vidro de chumbo, lacradas na forma de uma caixa, a qual era preenchida por uma combinação de xenônio e dióxido de carbono. O dispositivo era alimentado por um transformador e ligado a um osciloscópio e a um contador de pulsação.

Depois de calibrado, o detector era colocado em uma linha de base zero, e um sujeito se sentava diante dele, em silêncio, durante cinco minutos. Depois disso, o sujeito colocava as mãos em cada um dos lados da caixa, a cerca de cinco centímetros de distância das placas de vidro. Ele recebia instruções para focalizar a intenção no aparelho, e as informações eram registradas. Seguia-se um período de relaxamento, durante o qual o sujeito apenas ficava sentado ao lado do dispositivo.

Tiller realizou milhares de testes com o dispositivo entre 1977 e 1979 e descobriu algumas coisas interessantes. Em alguns dias, todas as pessoas testadas conseguiam alcançar um resultado positivo, significativo. Em outros, quase ninguém tinha sucesso, embora a maioria melhorasse com a prática. Nenhuma correlação foi encontrada com eventos lunares ou solares, e tampouco com a chuva. Amplos testes foram realizados para verificar se a máquina poderia ser protegida contra a energia das pessoas. Tiller constatou que isso era impossível. Tampouco ele conseguiu determinar que o agente causal fosse alguma forma de energia convencional. Embora os pesquisadores tenham obtido os melhores resultados quando os sujeitos colocavam as mãos perto das placas de vidro, também obtiveram resultados muito bons quando os sujeitos simplesmente concentravam a sua intenção no detector.

Em outra sessão, Tiller colocou o sujeito dentro de uma pequena gaiola de Faraday, situada a 3 metros de distância do dispositivo, que também estava dentro de uma gaiola de Faraday. Mesmo assim, ele funcionou! A partir desse estudo e de outros semelhantes, Tiller concluiu que, além dos efeitos PK da mente humana, outras energias estavam em ação fora da esfera do eletromagnetismo.[15] Tiller também fez comentários a respeito do relacionamento entre o magnetismo e a paranormalidade. Quando uma gaiola de Faraday é utilizada para remover a interferência eletromagnética, os fenômenos psíquicos são ainda mais fortes, mas quando um sujeito é *magneticamente* protegido, os efeitos dos fenômenos psíquicos são quase anulados.[16]

Para obter palpites sobre uma possível explicação, podemos examinar outra descoberta incomum relacionada com o magnetismo: não existem monopolos magnéticos, isto é, nunca há um norte sem um sul na mesma entidade. No caso da eletricidade, contudo, *existem* monopolos. A existência de cargas positivas e negativas separadas é um aspecto fundamental da natureza, uma das coisas que fazem o mundo funcionar. A natureza, de um modo geral, é magnificamente simétrica, exibindo um maravilhoso equilíbrio, o qual, na opinião de muitas pessoas, demonstra uma conexão com uma energia e consciência superior. No entanto, embora o magnetismo esteja estreitamente associado à eletricidade, monopolos magnéticos equivalentes às cargas elétricas positivas e negativas nunca foram encontrados na natureza. As famosas equações de James Clerk Maxwell *predizem* a existência de cargas e correntes magnéticas na natureza, e o fato de que nenhuma foi efetivamente descoberta é uma assimetria que perturba muitos cientistas. Tiller acha que esses aspectos ausentes do magnetismo, tão importantes para a energia sutil e os fenômenos paranormais, são encontrados nas esferas superiores de consciência e outras dimensões de frequências mais elevadas.[17]

Tiller também nos faz lembrar de outra lacuna no nosso modo de pensar: embora uma grande atenção tenha sido dedicada aos aspectos químicos das coisas vivas, muito pouca tem sido devotada ao fato que também somos criaturas de *luz*. O corpo humano, por exemplo, é uma rede de reações químicas extraordinariamente complexa governada por enzimas, os catalisadores químicos que criam as funções vivas que conhecemos. De fato, esses são processos químicos, mas que são ativados por fótons — pela luz.

Tiller também comenta que o fotorreceptor encontrado no olho humano, a substância química flavina, é encontrado praticamente em todas as células do corpo, assim como o caroteno, a melanina e as moléculas heme, todas as quais demonstram a fotoatividade. A luz parece ser essencial à vida de maneiras que vão muito além de estimular a síntese de carboidratos nas plantas verdes, o que é a fonte de todo alimento na Terra.

As coisas vivas não apenas absorvem a luz; elas também a *irradiam*. Estudos demonstram que os tecidos mamíferos emitem um fóton por célula mais ou menos a cada 30 minutos. O fato de que a fonte de radiação parece ser as mitocôndrias, as fábricas de energia da célula dentro de uma célula que contêm o seu próprio DNA distinto e independente, não deveria causar nenhuma surpresa. Estudos realizados na China demonstraram que os seres humanos também são, literalmente, radiantes. De 1975 a 1985, a dra. Zheng, pesquisadora chinesa, estudou a emissão de fótons da ponta de dedos humanos. Ela descobriu algumas coisas muito interessantes. A luz se irradiava em momentos diferentes durante as estações e era especialmente intensa por algum tempo durante uma doença ou lesão. De um modo geral, os seus dados demonstraram que um aumento de fótons na extremidade azul do espectro indicava uma perda de vitalidade ou o desenvolvimento de uma patologia nos sujeitos do estudo.

A própria Zheng é mestre de ch'i kung, e, depois de se mudar para San Francisco, participou de um estudo que media a emissão de energia das suas mãos. No estudo, foram utilizados rígidos controles para eliminar a luz de fundo. Foi constatado que Zheng irradiava quantidades substanciais de fótons azuis e vermelhos da ponta dos dedos, e estudos posteriores revelaram que as pessoas comuns irradiavam fótons no mesmo espectro, porém em menor quantidade. Tiller estava envolvido no estudo, e é de opinião que o treinamento de ch'i kung de Zheng era responsável pelo aumento de intensidade das emissões.[18]

Há muito se acredita que a energia vital esteja associada à radiação eletromagnética. Tiller crê que as evidências são suficientemente poderosas para que possamos concluir que somos tanto máquinas químicas quanto de luz. Estudos realizados pelo cientista alemão Fritz-Albert Popp confirmaram grande parte do trabalho de Tiller.[19] Como se sabe, os antigos sempre disseram o tempo todo que somos seres de luz.

Capítulo 7

PÁRIA ORGÁSTICO: WILHELM REICH ESTAVA CERTO?

A física perfeitamente exata não é tão exata,
assim como os homens santos não são tão santos.
— Wilhelm Reich, médico

Como vimos em vários casos, o cientista que opta por participar da busca da Força corre um enorme risco. Um médico e cientista do século XX dedicou a sua vida inteira e a carreira a essa busca, o que lhe custou muito caro. Wilhelm Reich, herdeiro do trabalho do grande Sigmund Freud e diretor da famosa clínica em Viena deste último, passou décadas procurando a força vital. O que ele encontrou foi espantoso e continua sendo fonte de uma grande controvérsia. Este capítulo narra a sua história.

Imagine a seguinte cena macabra. Corre o ano de 1956. Os papéis de Reich estão sendo confiscados — pela terceira vez na sua vida. Os seus livros e outros textos são recolhidos por oficiais de justiça no cumprimento de uma determinação judicial. As atrocidades do autor ficaram completamente fora de controle. Wilhelm Reich, um homem orgulhoso e obstinado, fiel às suas convicções até o fim, recusou-se a ceder às ordens do governo. Em decorrência disso, ele definha na cela de uma prisão, um homem no fim da meia-idade, enquanto o trabalho de uma vida inteira é recolhido e queimado.

Em meados do século XX, esse governo tornou-se particularmente competente na rigorosa aplicação das leis e de uma rápida punição para aqueles que caíram em desgraça. Mas queimar livros? O trabalho acumulado de uma vida inteira por um pesquisador internacionalmente conhecido? Até mesmo textos sobre assuntos não relacionados com a determinação judicial foram jogados nos incineradores. Os oficiais de justiça executaram a sua incumbência com grande entusiasmo; era óbvio que o cumprimento da ordem lhes conferia um enorme prazer. Poderíamos facilmente imaginar esses oficiais vestindo uniformes pretos e braçadeiras.

Mas estaríamos errados. Não estamos falando da Alemanha nazista. Esta era anterior: Reich sofrera a mesma sorte quando os nazistas estavam no poder em 1935 e os seus livros e textos científicos foram queimados em grande escala. Reich mal conseguira escapar da sua pátria com vida. Tampouco estamos falando dos russos, embora os oficiais russos tivessem feito a mesma coisa em 1933.

Não, em 1956 o confisco do trabalho de Reich estava tendo lugar, não nas mãos de um Hitler ou de um Stalin, mas sim no último país do mundo no qual esperaríamos que algo assim acontecesse. Exatamente: na terra das pessoas livres e no lar dos intrépidos, no lugar onde tremula a bandeira da liberdade, o lar do bastião da liberdade de expressão onde todos comem torta de maçã, a terra do modelo vermelho, branco e azul da democracia. Os livros de Reich estavam sendo queimados nos Estados Unidos.

Assim sendo, o dr. Wilhelm Reich conquistou a honra questionável de ser a única pessoa na história a ter os seus livros igualmente queimados pelos nazistas, russos e americanos. Era uma honra que ele poderia ter dispensado.

Wilhelm Reich nasceu no dia 24 de março de 1897, na região alemã-ucraniana da Áustria, filho de um rico fazendeiro. Depois de receber aulas particulares nos primeiros anos de vida, ele se destacou no ensino médio e se formou com distinção. Depois da morte do pai, quando Wilhelm tinha apenas 17 anos de idade, ele administrou os bens da família até a Primeira Guerra Mundial despontar no horizonte. Como quase todos os rapazes fisicamente aptos da época, Reich ingressou nas forças armadas, acabando por servir como tenente no exército austríaco até 1918. Participou três vezes de batalhas no *front* italiano durante a Primeira Guerra, servindo ao seu país com distinção.

Pouco depois de ser liberado do serviço ativo, Reich decidiu seguir a carreira de medicina e ingressou na escola de medicina da Universidade de Viena, concluindo o rigoroso curso de seis anos em apenas quatro. Ele era um aluno extraordinário, formando-se com uma classificação "excelente" e provendo o próprio sustento como professor particular de alunos de graduação. Reich se formou em medicina em 1922, aos 25 anos de idade.

Quando era estudante de medicina, Reich demonstrou um interesse por psiquiatria e ingressou na Sociedade Psicanalítica de Viena sob a orientação do grande Sigmund Freud em 1920. Depois de se formar, mergulhou imediatamente, entusiasmado, na psicanálise, fazendo cursos de pós-graduação em hipnose e psicoterapia avançada. Posteriormente, concluiu uma residência de dois anos em neuropsiquiatria na universidade.

Reich era aparentemente muito competente na área que escolheu e avançou rapidamente na carreira sob a supervisão de Freud. Em 1928, apenas seis anos depois de ter concluído a escola de medicina, Reich era o diretor da Policlínica Psicanalítica de Freud. O seu sucesso era enorme, e ele estava a caminho de se tornar uma celebridade, algo que ele iria alcançar, mas não da maneira como imaginava.[1]

Reich se interessava profundamente pela neurose humana e acreditava que grande parte do problema se originava de vários males sociais. Impressionado pelas ideias de Karl Marx, tornou-se socialista em 1924 e comunista em 1928, esperando combinar a análise social de Marx com a psicologia profunda de Freud. O seu objetivo era nobre, vencer a doença mental que era uma praga da humanidade. No entanto, uma viagem à Rússia em 1929 pôs um fim a esses sonhos. Reich rapidamente se decepcionou com a burocracia soviética e a sua atitude moralista diante do sexo. Ele acabaria sendo expulso do Partido Comunista em 1933, embora o estigma do comunismo fosse acompanhá-lo pelo resto da vida.

Basicamente, o que Reich observara na sua atividade profissional era que a energia emocional ou sexual não liberada parecia ficar acoplada ao corpo do paciente como tensão, contrações musculares, expressões faciais tensas e inibição da respiração. Ele chamou isso de *armadura muscular* e inventou a sua própria técnica psicanalítica para lidar com ela, algo que chamou de *análise do caráter*. Posteriormente, ele publicou o texto definitivo sobre o assunto com esse último nome.

Em 1930, as teorias invulgares de Reich resultaram em uma desavença com Freud, mas que não teve consequências importantes, pois Reich estava se tornando uma estrela por legítimo direito. Mudou-se então para Berlim. Lamentavelmente, o seu compatriota austríaco, Adolf Hitler, estava ascendendo rapidamente ao poder na Alemanha.

No inverno de 1933, Hitler controlava a Alemanha, e Reich sabiamente decidiu se mudar novamente, primeiro para a Noruega e depois para os Estados Unidos, como o fariam também Freud e Einstein (Reich era judeu, como eles). Entretanto, nesse meio-tempo, Reich fez uma monumental descoberta, ou assim ele afirmou. O seu trabalho com pacientes neuróticos, com armadura, levou-o com o tempo a especular a respeito da natureza da energia sexual que era inibida pela tensão muscular. Reich descobriu que, se o fluxo de energia pudesse ser liberado por intermédio da massagem ou do exercício corporal, ou por meio da atividade sexual satisfatória, a neurose do paciente também se dissipava.

Reich chegou à conclusão que essa energia era algo mais do que apenas o desejo sexual reprimido. Era uma força energética própria, e, como era sentida percorrendo o corpo no momento do orgasmo e parecia estar intensamente associada à função sexual, ele decidiu chamá-la de *energia orgônica*.[2]

Reich ficou convencido que as neuroses das pessoas sexualmente disfuncionais eram um resultado direto de um bloqueio no fluxo da energia psíquica, em grande medida devido à armadura muscular, as faixas grossas de músculo contraído e tecidos musculares que Reich via repetidamente durante o exercício da sua atividade profissional. Em outras palavras, *a tensão muscular crônica é o que estava inibindo o fluxo de energia psíquica.* O corpo e a mente estavam interligados. Freud chamava essa energia de *libido*, o grande psicólogo C. G. Jung disse que essa energia era a própria força vital. O sexo realmente de qualidade, do tipo que resulta em orgasmos empolgantes e eletrizantes, liberava a tensão junto com a neurose. A neurose humana era causada pela repressão da energia psíquica.

A pesquisa estava em andamento. Reich começou a investigar a natureza dessa energia, o orgônio. Ele estava cruzando uma linha interdisciplinar, da psicologia para a biofísica. A sua vida nunca mais voltaria a ser a mesma.

De 1934 a 1939, Reich desenvolveu grande parte da sua teoria do orgônio enquanto dava palestras no Instituto Psicológico da Universidade de Oslo. As coisas estavam esquentando em Berlim, e, pelo menos durante algum tempo, a Noruega era um refúgio bem-vindo da loucura dos nazistas. No entanto, pouco antes de deixar a Alemanha em 1933, Reich realizou o que considerou o ponto crucial no seu trabalho: fez a descoberta da função biológica da tensão e da carga.[3]

O nome que ele deu a esse processo, que consistia de tensão e relaxamento, carga e descarga, foi *pulsação biológica*. Reich o considerava o aspecto mais fundamental das coisas vivas. Para Reich, ele demonstrava um princípio básico dos seres vivos: a necessidade de gratificação, ou, em termos biofísicos, "a descarga da energia excedente no organismo por meio da fusão com outro organismo".[4] Reich constatou que esse processo tinha quatro componentes: tensão mecânica, carga bioelétrica, descarga bioelétrica e, finalmente, relaxamento mecânico. A pergunta que lhe ocorria era a seguinte: qual era a natureza dessa energia? Era de fato eletricidade, ou era algo inteiramente diferente e único?

Reich entrou na fase seguinte da sua pesquisa examinando a matéria comum debaixo de uma elevada magnitude. Usando os melhores microscópios e outros equipamentos que conseguiu obter, começou a examinar a fronteira ente as coisas vivas e as não vivas, algo que poderia lhe dar uma pista sobre a natureza do orgônio. Inicialmente, ele não viu nada fora do comum quando examinou substâncias inorgânicas como o solo, húmus, carvão em pó ou matéria orgânica como pedaços de comida comum. Depois, Reich acrescentou algumas substâncias químicas, como hidróxido de potássio ou água, deixou que as amostras se impregnassem durante alguns dias, e tentou novamente. Tudo parecia encharcado, porém normal. Depois, ele substituiu por uma ampliação mais elevada, ajustando a lente objetiva da ocular até alcançar uma ampliação de duas mil vezes.

No início, não viu nada, mas à medida que continuava a olhar, começou a ver lampejos azuis no campo de visão. Ao examinar mais de perto, notou pequenas vesículas, minúsculos objetos que brilhavam com uma luz azul. Elas pareciam assumir diferentes formas e tamanhos, moviam-se continuamente e se fundiam umas com as outras, quase como se estivessem... *vivas*. Reich ficou intrigado, mas não excessivamente impressionado.

No entanto, notou que diferentes substâncias pareciam estar associadas a formas distintas das estranhas vesículas azuis. Reich ficou intrigado, é claro, e a sua primeira ideia foi que as amostras tinham sido contaminadas por alguma coisa no ar ou por uma mistura das soluções. A resposta para isso era simples. Reich aqueceu agressivamente as amostras seguintes em uma autoclave para assegurar que não restaria nenhum resíduo de contaminadores biológicos na mistura resultante. Em seguida, aumentou a potência da visualização.

Imagine o choque de Reich ao constatar que o campo de visão estava apinhado com as vesículas azuis, que se deslocavam de um lado para o outro como se tivessem vontade própria! Em vez de destruir os estranhos objetos, o calor elevado da autoclave pareceu ter produzido um número maior delas; e se elas estavam vivas como pareciam estar, então alguns dos conceitos básicos da biologia precisavam desesperadamente ser corrigidos. Reich tinha acabado de descobrir o que ele iria chamar de *bion*, que ele considerava como sendo o elo entre as coisas vivas e as não vivas.

Reich descobriu que além de conter fluido, as vesículas encerravam um tipo estranho de radiação azul. Elas pareciam perder a atividade biológica com o tempo, e quando essa perda ocorria, a cor azul brilhante se dissipava. Reich também reparou em outra coisa: os seus olhos começaram a incomodá-lo. Ele contraiu conjuntivite, uma irritação no olho, por observar os bions. Quando ele substitui por uma lente ocular simples, somente o olho através do qual estava observando foi afetado.

Com o tempo, o problema no olho passou a incomodá-lo tanto que Reich teve que procurar um oftalmologista. O médico ficou intrigado com o que descobriu, mas disse a Reich que os seus olhos tinham ficado irritados por uma forma de radiação. Reich ficou perplexo. Os bions estavam irradiando uma forma desconhecida de energia, algo poderoso o bastante para causar uma irritação substancial nos seus olhos. O que poderia ser responsável por esse fenômeno?

Reich também reparou em outras coisas estranhas. Embora estivesse observando os espécimes durante o inverno em uma sala escurecida, a sua pele começou a adquirir um belo e esplêndido bronzeado. Também começou a notar que um vapor cinza-azulado rodeava o seu jaleco de laboratório, as mangas da sua camisa e, quando olhava por acaso no espelho, até mesmo no seu cabelo claro. Além disso, os seus níveis de energia ficaram altíssimos: Reich deu consigo energizado com uma vitalidade estranha e ilimitada, que lhe permitia continuar com a sua pesquisa horas a fio sem se cansar.

Depois de muitas experiências, Reich descobriu que os bions de energia azul se desenvolviam a partir da maior parte dos tipos de matéria, tanto orgânica quanto inorgânica, quando as amostras eram aquecidas e deixadas que ficassem intumescidas em uma solução. Reich ficou convencido de que estava presenciando a geração espontânea do vínculo entre a matéria viva e a não viva. Os bions se deslocavam de um lado para o outro, fundindo-se e pulsando enquanto se moviam, com um movimento vibratório muito sutil da substância azul dentro das vesículas. Reich observou a sua premissa básica de carga e descarga em ação dentro dos bions.

Entretanto, mais surpresas lhe estavam reservadas. Reich iniciou uma série agressiva de experimentos. Descobriu que a presença de bions destruía as bactérias e pequenos protozoários adicionados às amostras. Ele obteve células cancerosas de camundongos de laboratório procriados para essa finalidade. *As células cancerosas também foram destruídas pela energia azul dos bions!* O que é ainda mais estranho é que Reich descobriu que os protozoários e as células cancerosas se desenvolviam espontaneamente a partir da "matéria desintegrada de modo vesicular", a fonte dos bions. Esse crescimento estava obviamente em oposição a tudo que era conhecido na biologia. Reich reexaminou os seus experimentos, assegurando-se de que tudo estava estéril e adequadamente submetido à autoclave.

Os bions sempre acabavam aparecendo, especialmente quando uma substância química como o hidróxido de potássio era adicionado para acelerar o intumescimento da amostra junto com o calor da autoclave. Sem o calor adicional, os bions ainda assim se formavam, embora o processo levasse mais tempo, em alguns casos vários dias. Níveis elevados de calor faziam com que eles se formassem quase que de imediato. Os glóbulos vermelhos do sangue humano, os eritrócitos, exibiam níveis especialmente elevados de energia orgônica, particularmente se a pessoa que fornecera a amostra estava saudável. Reich ficou convencido que havia encontrado a lendária energia vital, a energia biológica postulada por tanto tempo pela ala não ortodoxa da ciência ocidental e a energia em ação no orgasmo.

Desse modo, Reich chegou a um obstáculo que já veio à tona antes na busca da energia vital: o antigo problema da floresta e da árvore.* Se tudo no mundo é composto por algum tipo de energia fundamental, então como *poderemos* isolar e estudar uma coisa que tudo permeia, que pode não estar imediatamente clara para os nossos sentidos normais? Como poderemos separar os campos de energia sutil que constituem nosso mundo daqueles que nos compõem? E que dizer das energias conhecidas no nosso mundo? Como poderemos saber se a energia sutil que Reich procurava não é apenas uma propriedade eletromagnética?

Reich fez o melhor que pôde na sua pesquisa, construindo uma gaiola de Faraday no porão com uma pequena abertura suficiente apenas para permitir ar para respirar. Ele apagou as luzes, fechou a gaiola e se sentou para esperar. Mais ou menos meia hora depois, começou a perceber um vago brilho de vapores cinza-azulados dentro da gaiola. Quando fixou os olhos em um ponto específico, viu novamente as partículas de luz em movimento, que agora lhe eram familiares. Um enigma então se apresentou. Quando Reich fechava os olhos, as partículas continuavam visíveis. Afinal

---

* Menção a uma conhecida expressão em inglês *can't see the forest for the trees*, tradução literal *não é possível enxergar a floresta examinando as árvores*. A ideia é que as pessoas ficam excessivamente envolvidas examinando os detalhes e não conseguem enxergar a situação como um todo. (N. da T.)

de contas era apenas uma pós-imagem da retina. Mas espere! A gaiola estava completamente escura. O que poderia irritar a retina o suficiente para causar uma pós-imagem?

Enquanto Reich estava sentado na gaiola, uma ideia de repente lhe ocorreu. Ele pegou o seu conveniente telescópio e perscrutou a escuridão. As partículas cinza-azuladas ou violetas foram ampliadas — em uma sala totalmente escurecida!

Reich reparou em outras coisas. Alguns dos pontos pareciam pulsar quando avançavam na sua direção. Os pontos violeta pareciam se irradiar das paredes em uma sequência rítmica. Eles formavam espirais móveis no ar. Uma vez mais, o tubo ótico ampliou os efeitos. Depois de algumas horas na gaiola, Reich reparou em um brilho cinza-azulado vindo do tecido do seu jaleco branco de laboratório, a mesma coisa que vira antes na presença das culturas de bion. Ele declarou: "a radiação parece aderir às substâncias, como o pano ou o cabelo".

Com o tempo, à medida que realizava seus experimentos, Reich notou uma vez mais os efeitos da umidade. A energia parecia mais intensa ou brilhante nos dias luminosos e ensolarados, e mais fraca nos dias chuvosos ou úmidos. Reich estava convencido de que tinha chegado a algo muito importante. Descobrira um fluxo de energia nas coisas vivas que era obtido a partir de matéria inanimada. Os bions eram um elo entre as duas. Agora, a próxima pergunta era como esse fluxo de energia poderia ser aproveitado e usado em benefício da humanidade? Ele pôs então mãos à obra no seu instituto no Maine. O orgônio talvez fosse o segredo do tratamento eficaz para o câncer. Reich era médico. A cura do câncer era importante para ele, e estava determinado a descobrir uma maneira de usar a energia orgônica para fazer isso. Corria o ano de 1942. Wilhelm Reich estava com 45 anos de idade.

Reich começou os seus experimentos construindo uma caixa grande o bastante para que o paciente se sentasse com conforto. Usou camadas alternadas de materiais orgânicos e inorgânicos para a estrutura, que ele chamou de *acumulador*. Incluiu um assento e uma vigia, e iniciou os experimentos.

Os pacientes recebiam instruções para se sentar em silêncio no acumulador, relaxar e tentar respirar completa e profundamente. O paciente era monitorado por meio de exames de sangue convencionais e raios X, e também por intermédio de testes especiais exclusivos de Reich, os quais rastreavam a quantidade de orgônio nos glóbulos vermelhos do sangue, por exemplo. Reich começou a sua primeira pesquisa com casos terminais, de pessoas que lhe tinham sido encaminhadas e para quem a medicina convencional nada mais tinha a oferecer. O tempo passado no acumulador variava dependendo da deficiência de orgônio no paciente, mas o intervalo típico era de meia hora. Os pacientes ficavam sentados e relaxavam. Reich observava. Foi então que aconteceu. Eles começaram a melhorar.

Reich não curava todo mundo, e alguns pacientes melhoravam durante algum tempo e depois tinham uma recaída, mas ele estava envolvido com alguma coisa de grande valor potencial. À medida que o seu sucesso com o tratamento do câncer aumentava e os seus acumuladores de orgônio começaram a ser utilizados no mundo inteiro, o desprezo por ele também crescia na faceta política da medicina, de organizações como a AMA a órgãos do governo como a Food and Drug Administration (FDA).

Reich foi logo estigmatizado de impostor, um charlatão interessado apenas em dinheiro. É claro que aqueles que o criticavam nunca faziam perguntas a Reich a respeito dos seus métodos ou teorias, e tampouco estavam interessados nos seus resultados. No entanto, eles *estavam* interessados no fato de Reich estar oferecendo a venda de Acumuladores de Orgônio pelo correio no seu complexo no Maine. Isso era um comércio interestadual fraudulento, e as coisas estavam ficando fora de controle. Estava na hora de pôr um fim nas atividades desse dr. Reich, que falava o tempo todo a respeito de orgasmos. Estava na hora de trazer os agentes federais. Corria o ano de 1954. Wilhelm Reich estava com 57 anos de idade.

Reich estava no retículo e ajudou os agentes federais a puxar o gatilho. Recusou-se a acatar a ordem para que interrompesse as suas atividades com o Acumulador de Orgônio, assumindo a postura de que as descobertas científicas monumentais estavam acima da lei.

Com o respaldo dos tribunais, a FDA entrou em ação. No dia 22 de fevereiro de 1954, um decreto de injunção foi proposto em juízo. Foi expedida a ordem para que os seus dispositivos fossem apreendidos e destruídos, bem como todos os seus textos — inclusive o seu monumental trabalho em psicoterapia, algo inteiramente independente do orgônio. Reich recusou-se a obedecer, e o caso acabou se tornando um processo de júri em maio de 1956.

Reich se declarou inocente, por acreditar, como insistia havia muito tempo, que as constatações da ciência natural estavam acima da legislação. O júri não era da mesma opinião. Reich foi condenado a dois anos de prisão, a Wilhelm Reich Foundation foi multada em 10 mil dólares e um dos seus colegas médicos orgonômicos foi condenado a um ano e um dia de prisão. Reich não chegou ao fim da sua punição, vindo a falecer no dia 3 de novembro de 1957, na penitenciária Federal em Lewisburg, na Pensilvânia. Ele contava 60 anos de idade. A FDA continuou a queimar os livros de Reich, tendo o evento ocorrido em 17 de março de 1960.[5]

A história de Wilhelm Reich é ainda muito mais rica. A vida inteira, Reich escreveu amplamente sobre psicoterapia, psicologia social, religião e outros assuntos importantes para a humanidade. A sua fundação ainda existe em Rangeley, Maine, e a orgonomia ainda é praticada por um número reduzido de médicos no mundo inteiro, com uma sede principal em Nova York. O seu conceito de análise de caráter permanece um importante elemento hoje em dia na psicologia, e o próprio Reich desfruta um certo *status* de culto entre os livre-pensadores, os seguidores da Nova Era e assemelhados.

No entanto, é a descoberta do orgônio que continua sendo a obra mais magnífica — e mais infame — de Reich. Ele fez um número muito maior de pesquisas do que as que relatei aqui. No início da década de 1950, ele fez experimentos com o orgônio como um método de neutralizar o envenenamento por radiação, algo que encerrava um grande interesse na época, durante o auge da Guerra Fria.

Ele obteve um pouco de rádio e o expôs à radiação orgônica, com resultados desastrosos, no chamado experimento "Oranur" de 1951. Os níveis de radiação atingiram níveis elevadíssimos, e Reich foi obrigado a evacuar o seu complexo. A combinação da radioatividade com o orgônio produziu o que Reich chamou de *radiação orgônica fatal*, ou DOR — Deadly Orgone Radiation. Ela se espalhou na atmosfera como uma reação em cadeia, causando pânico para Reich e os seus associados até se dissipar.

Embora a comunidade científica convencional tenha achado graça na ideia, o *New York Times* noticiou, no dia 3 de fevereiro de 1951, uma contagem excepcionalmente elevada de radiação de fundo presente em uma área de cerca de 480 a 970 quilômetros de diâmetro, tendo Rangeley, Maine, como o seu epicentro.[6] Os físicos tentaram justificar o fenômeno como tendo sido causado por testes nucleares realizados uma semana antes em Nevada, mas não conseguiram explicar como a radiação viajou 3.700 quilômetros até o Maine sem deixar vestígios de radiação no percurso. Algumas pessoas aventaram que esse episódio talvez tenha causado a intervenção do governo.

Estudos posteriores de Reich revelaram a extensão em que a DOR afetava negativamente a vida vegetal e as condições atmosféricas. Essas descobertas o levaram a determinar que a DOR era o agente causal na formação dos desertos, que tem progredido a uma razão alarmante no período geológico recente. Como resultado, Reich fez experimentos com o controle das condições atmosféricas, usando o seu famoso aparelho de "caçar nuvens".

Com base nos princípios que havia descoberto com a energia orgônica, Reich projetou um dispositivo simples que era capaz, ao que consta, dependendo da aplicação, de causar a formação de nuvens de chuva e uma intensa chuva ou, quando sintonizado da maneira oposta, fazer com que as nuvens se dissipassem. Ele o chamou de *Cloud Buster* [Caça-Nuvens]. O dispositivo empregara uma série de tubos de metal montados em bastidor, com tubos que iam dar em um curso d'água ou rio. O aparelho foi construído para ele pela Southwest Machine Company de Portland, Maine. De acordo com experimentos independentes, o Cloud Buster aparentemente conseguia afetar o tempo, especificamente produzindo chuva quando era aplicado.

Em um famoso incidente ocorrido em 1953, Reich salvou a safra de mirtilo do Maine. Após semanas de uma grave seca, os fazendeiros do local estavam em pânico. Procuraram Reich implorando ajuda. Embora o serviço de meteorologia não estivesse prevendo chuva ainda por vários dias, Reich montou o Cloud Buster e pôs-se a trabalhar. Duas horas depois, uma leve chuva começou a cair. Nos dias seguintes, quase cinco centímetros de chuva regaram a plantação e evitaram uma catástrofe. Os fazendeiros atribuíram todo o mérito a Reich e ao seu Cloud Buster em artigo publicado em um jornal local.[7]

No auge da sua carreira, antes da sua derrocada, Reich se encontrou com Albert Einstein em Princeton. Einstein concedeu cortesmente a Reich uma tarde inteira da sua movimentada programação para ouvi-lo descrever as suas descobertas relacionadas com a energia orgônica. Reich montou um Acumulador Orgônico para o grande cientista e deixou que ele visse o fluxo de energia através de um orgonoscópio. Einstein ficou confuso, sem saber como explicar a ampliação das pulsações e vapores de energia, e tampouco a temperatura mais alta presente na caixa, que era significativamente mais elevada do que o ar circundante. Einstein admitiu ter ficado intrigado com o que viu, mas estava hesitante em atribuir o fenômeno a uma nova forma desconhecida de energia.

Reich ficou muito animado e disse à sua mulher que tinha esperança de trabalhar com o grande Einstein no futuro desenvolvimento do orgônio. Mais tarde, Einstein justificou as diferenças de temperatura no acumulador pelas convecções de correntes de ar, embora não soubesse explicar os fenômenos visuais que presenciara através do orgonoscópio. Posteriormente, Einstein declarou: "Ele é claramente maluco, mas uma pessoa muito agradável."[8] Reich ficou arrasado. A grande queda logo se seguiria.

A física moderna e a cosmologia continuam a prever a existência de grandes quantidades de uma forma de energia desconhecida, ainda não descoberta. Descobrir essa energia *poderia* ser relativamente simples. Vamos repetir os experimentos de Reich com o orgônio, pesquisar o fenômeno bion, verificar a estranha energia que ele encontrou no Acumulador de Orgônio e na gaiola de Faraday, e repetir os seus experimentos com o câncer, talvez em animais, para começar.

Primeiro, no entanto, alguém precisa demonstrar interesse, tentar obter financiamento e deixar que tudo aconteça. Como outros pesquisadores em qualquer área que não esteja em voga para a ciência convencional, Reich teve que se virar com minúsculas quantias para suas pesquisas, dependendo dos seus próprios recursos e doações de pessoas físicas. Alguns temas estão além do interesse da comunidade científica, e nenhum poderia se encaixar melhor nesse caso do que a ideia de uma "energia vital", uma energia comum a todas as coisas vivas, uma energia que torna as coisas *vivas*. Reich não foi o primeiro a investigar esse fenômeno na história científica ocidental, mas ele foi o mais meticuloso.

Embora ainda terrivelmente carente de recursos, como o é toda a parapsicologia hoje em dia, a busca de uma força vital continua. A evidência da sua existência está aumentando cada vez mais. Podemos observar, por assim dizer, um fio comum através de grande parte das informações a respeito da força vital. Continuamos a voltar para a importância da energia vital no crescimento e desenvolvimento de todas as coisas vivas, motivo pelo qual ela é chamada de força *vital*. Esse é o Espírito que torna as coisas vivas. Nessa condição, o fluxo e o equilíbrio dessa energia é muito importante para o funcionamento adequado de um organismo.

Os antigos conheciam essa energia vital. Tinham consciência da ligação entre o stress e o fluxo de energia. Sabiam que músculos contraídos inibem o fluxo e tinham o cuidado de incluir técnicas para corrigir esse problema. A meditação, o yoga e o kung fu enfatizam a respiração adequada, o relaxamento, a centralização e o fluxo de energia. Além disso, os antigos estavam plenamente conscientes da importância do sexo, não apenas para a reprodução, mas também devido aos seus benefícios para a saúde e a energia. Na realidade, eles encaravam o equilíbrio da energia vital como o segredo da saúde.

Muitas formas de cuidados com a saúde trabalham ativamente com a energia vital, com a meta de alcançar um fluxo mais equilibrado. É isso que torna "os cuidados alternativos com a saúde" a coisa mais "quente" que está acontecendo no momento, e por bons motivos. Funciona. Na realidade, a medicina moderna e científica está fazendo aos cuidados alternativos o supremo elogio: estão tentando utilizá-los também. Um número cada vez maior de médicos está incorporando os conceitos da medicina natural às suas atividades profissionais, e um grande número de hospitais em todos os Estados Unidos tem hoje um departamento alternativo ou de cuidados integrativos. Essa evolução só pode ser benéfica, tanto para o nosso corpo quanto para o nosso espírito.

Capítulo 8

CORRIGINDO A LACUNA: A CHEGADA DA MEDICINA ALTERNATIVA

O médico do futuro não receitará remédios; ele dará instruções ao seu paciente sobre como cuidar da constituição física e a respeito da causa e da prevenção da doença.
— Thomas Edison, inventor

Você se lembra do intrépido estudante de medicina David Eisenberg, que deu o que falar na década de 1970 ao estudar medicina chinesa e ch'i kung? Ele chocou novamente todo mundo nos anos 90, desta feita com algumas estatísticas assombrosas que mostraram a rapidez com que os métodos que ele aprendeu na China se popularizaram no Ocidente. A prática da medicina alternativa e complementar, ou MAC, tem estado em alta já há algum tempo, mas ninguém imaginava o quanto. O dr. Eisenberg, que hoje segue tendências de cuidados com a saúde na Escola de Medicina de Harvard, realizou dois estudos, um em 1991 e o outro em 1997. Os resultados foram impressionantes.

O levantamento preliminar de 1991 revelou que um número cada vez maior de pessoas estava utilizando a MAC, mas o estudo de acompanhamento, publicado na edição de 11 de novembro de 1998 do *Journal of the American Medical Association* (JAMA), surpreendeu todo mundo. Inacreditavelmente, em 1997, *as visitas aos praticantes de CAM foram duas vezes mais numerosas do que as consultas com os médicos generalistas do primeiro atendimento!** Para ser exato, houve 626.825.000 visitas a quiropráticos, massoterapeutas e acupunturistas, considerando-se as três práticas alternativas mais procuradas que foram pesquisadas, em comparação com 385.919.000 consultas com os médicos generalistas.[1]

A maioria dos tratamentos da MAC não são cobertos pelos seguros-saúde, mas as pessoas não estão deixando que isso as detenha. No estudo realizado em 1991, os gastos pagos do próprio bolso para a MAC foram equivalentes ao valor de 10,3 bilhões de dólares. Para o tratamento convencional em hospitais, o valor foi equivalente a 12,8 bilhões de dólares. No estudo realizado em 1997, os gastos que os pacientes fizeram do próprio bolso para a MAC foram equivalentes ao impressionante valor de 21,2 bilhões de dólares, e de acordo com a escala de valor relativa baseada em recursos (RBRVS), um conjunto de preços menos conservador, esse número atinge os 32,7 bilhões de dólares![2]

É claro que os pacientes tipicamente visitam um praticante da MAC várias vezes por ano, ao passo que podem se consultar com o médico da família apenas uma ou duas vezes, mas mesmo assim as estatísticas são impressionantes. Eisenberg fez o seguinte comentário sobre a tendência: "A utilização e os gastos com a medicina alternativa cresceram substancialmente entre 1990 e 1997, o que é principalmente atribuível a um aumento na proporção da população que procura terapias alternativas, e não a um número maior de visitas por pacientes."[3]

Em maio de 2004, o prestigioso National Institutes of Health (NIH) anunciou os resultados de uma pesquisa realizada em 2002 pelo National Center for Health Statistics (uma sucursal do Centers for Disease Control

---

* Nos Estados Unidos, bem como em outros países, as pessoas não podem procurar diretamente um médico especialista. Elas precisam se consultar primeiro com o chamado médico generalista do primeiro atendimento que as encaminhará, se for o caso, para o especialista. (N. da T.)

and Prevention) e o National Center for Complementary and Alternative Medicine (uma sucursal do NIH). Dos americanos adultos, 74,6% haviam usado alguma forma de MAC; 62,1% tinham usado a MAC nos 12 meses anteriores, e 54,9% haviam usado a MAC junto com a medicina convencional. A mesma pesquisa demonstrou uma utilização de 75% da MAC ao longo da vida das pessoas.[4] Os Estados Unidos não estão sozinhos nessa tendência. No Reino Unido, um relatório publicado em 2000 pela Câmara dos Lordes declarou: "Informações limitadas parecem respaldar a ideia de que a utilização da MAC no Reino Unido é elevada e está aumentando."[5]

Embora quase todas as formas de medicina alternativa sejam genuinamente confortantes e de natureza frequentemente preventiva, ela encerra mais coisas. Os métodos alternativos não tratam simplesmente do paciente; eles também ativam a Força. Na realidade, não seria inadequado afirmar que a maioria desses métodos foi criada com esse objetivo em mente. E se comparado com a sua longa história, o desprezo ocidental pela força vital dura apenas um piscar de olhos. Um pesquisador que poderia romper um pouco esse desprezo é Bernard Grad.

O dr. Bernard Grad era membro do corpo docente da McGill University de Montreal. Na década de 1960, ele ficou curioso a respeito de alegações relacionadas com a cura psíquica, particularmente a imposição das mãos, tratamento conhecido desde a antiguidade. Grad queria investigar o fenômeno, mas estava bastante consciente de que ele poderia simplesmente ser atribuído ao efeito placebo. Como essa pesquisa também investigaria a paranormalidade, os protocolos do experimento teriam que ser especialmente rigorosos. Grad se decidiu por uma coisa barata e simples para os seus experimentos: testaria ratos de laboratório.

Depois de alguma reflexão, Grad resolveu verificar se um agente de cura psíquico poderia afetar a formação do bócio em ratos. O bócio é um aumento da glândula tireoide geralmente causado pela deficiência de iodo, uma substância química necessária para a síntese dos hormônios da tireoide. Grad eliminou o iodo da alimentação dos ratos e, por precaução, acrescentou tiouracila, um conhecido bloqueador dos hormônios da tireoide, ao suprimento de água dos animais. Os ratos foram divididos nos tradicionais grupos de teste e de controle. Em seguida, Grad tinha que escolher o agente de cura.

Grad decidiu utilizar um conhecido agente de cura, um ex-coronel militar húngaro chamado Oscar Estebany. Estebany tinha um histórico de ajudar a curar o bócio. Os ratos do grupo de teste foram colocados em uma gaiola especial com compartimentos separados, mais ou menos parecida com uma bandeja de cubos de gelo de tamanho exagerado. Enquanto segurava a gaiola, Estebany podia tratar simultaneamente grupos inteiros de ratos, o que ele fazia em sessões de 15 minutos de duração.

O estudo continuou durante quarenta dias. No final desse período, os ratos foram avaliados. Todos tinham desenvolvido o bócio, mas os do grupo experimental eram significativamente menores, com uma taxa de crescimento mais lenta.[6] Grad decidiu levar o experimento ainda mais longe. Queria verificar se a cura poderia ocorrer sem o toque do agente de cura.

Grad resolveu usar pedaços de pano de algodão e de lã que Estebany tinha segurado e "energizado". Os tecidos energizados foram colocados no chão das jaulas dos ratos durante uma hora pela manhã e, novamente, à noite. Nas jaulas dos animais de controle, foram colocados pedaços de pano normais. O experimento então seguiu o seu curso. Uma vez mais, Grad teve uma surpresa. Os ratos abrigados nas jaulas com o tecido energizado desenvolveram menos bócio do que os ratos do grupo de controle! A energia psíquica podia portanto ser armazenada em tecidos, exatamente como haviam afirmado tanto os antigos mestres quanto Mesmer e Reich.

Grad considerava as implicações mais amplas da pesquisa particularmente notáveis. A cura psíquica não curara uma doença existente, mas minimizara o desenvolvimento de um fenômeno fisiológico bastante conhecido. As propriedades bioquímicas básicas haviam sido alteradas. O estudo de Grad havia feito uma coisa que era — para todos os fins práticos — impossível.

Em seguida, Grad decidiu investigar o fenômeno da cura dos ferimentos. Uma vez mais, usou ratos. Em uma cuidadosa sequência, as costas dos ratos eram raspadas e uma quantidade precisa de tecido era removida dos objetos de estudo anestesiados e avaliada. Os ferimentos resultantes eram cuidadosamente avaliados, e os animais eram divididos em três grupos de

16 animais cada um. Um dos grupos era usado meramente como controle; como antes, Estebany segurava a gaiola semelhante a uma bandeja de cubos de gelo com os animais do segundo grupo para a cura dinâmica (embora ele não tivesse permissão para tocá-los de nenhuma maneira), e no caso dos animais do terceiro grupo, quantidades precisas de calor eram aplicadas à gaiola para simular o calor de mãos humanas. Esse estudo durou trinta dias.

Quando os resultados ficaram disponíveis, Grad e os seus colegas, uma vez mais, ficaram levemente chocados. Os ferimentos dos ratos tratados pelo agente de cura estavam praticamente curados; a cura progredira muito mais do que nos grupos de controle.[7] A cura psíquica havia aumentado acentuadamente a cura dos ferimentos em uma experiência controlada que usava objetos de estudo sem um sistema de crenças, de modo que o efeito placebo não poderia ser um agente. A energia psíquica parecia ser um fenômeno autêntico.

O experimento seguinte de Grad envolveria as plantas. Ao buscar outros objetos de estudo "desprovidos de convicções", decidiu usar sementes de cevada. Estas foram divididas em dois grupos, e ambos foram regados uma única vez com uma solução salina a 1%, um conhecido retardador da cevada (nas vezes seguintes, elas passaram a ser regadas com água da torneira). No entanto, a solução salina recebida pelos dois grupos diferia em um aspecto importante. Uma porção dela, enquanto estava dentro de um frasco lacrado, fora tratada psiquicamente por Estebany durante 15 minutos. A outra parte era apenas uma solução salina comum. Nenhum dos assistentes sabia que tipo de solução salina estavam usando quando regaram as sementes. Além disso, as sementes não tinham "convicções" a respeito do tratamento que estavam recebendo. Nessas condições duplamente cegas — que são fundamentais para eliminar o famoso "efeito do experimentador" (a possibilidade de que a crença dos cientistas afete o resultado do teste) — as sementes foram transferidas para recipientes numerados e incubadas durante 48 horas. Em seguida, foram organizadas aleatoriamente em fileiras ordenadas e assim permaneceram enquanto durou o experimento, sendo regadas com água comum da torneira.

No final de um período de 12 a 15 dias, o experimento foi concluído, e o percentual de germinação, altura e conteúdo de clorofila das pequenas plantas foi analisado. Quando todas as estatísticas estavam disponíveis, Grad constatou que as plantas tratadas com a solução salina especial apresentaram uma taxa de germinação mais elevada, estavam maiores e possuíam níveis mais altos de clorofila.

O fato de que a água podia ser psiquicamente energizada intrigava Grad. Em outro teste, ele experimentou outro ângulo para testar a água energizada. Entregou amostras lacradas de água para pessoas conhecidas como tendo a "mão boa" para plantas — pessoas que tinham o dom da horticultura — e para pacientes deprimidos e neuróticos, com instruções para que segurassem os frascos. Testes posteriores revelaram que a água fora alterada em direções opostas. As pessoas com o dom da horticultura haviam energizado a água de alguma maneira positiva que era estimulante para a vida vegetal. O oposto aconteceu no caso das pessoas psicologicamente enfermas.[8] De alguma maneira estranha, elas tinham transmitido para a água uma carga negativa, resultando em amostras nocivas para o desenvolvimento das plantas. A pergunta realmente importante permanecia: *o que estava acontecendo com a água?*

Na realidade, a água é uma substância muito simples. Apenas dois átomos de hidrogênio ligados a um átomo de oxigênio — dois gases comuns que se unem quimicamente para formar o líquido que é extremamente familiar para todos nós. Parece que a energia psíquica afeta as ligações químicas *entre* as moléculas da água. Estas moléculas formam o que é conhecido como ponte de hidrogênio ou ligação de hidrogênio, a atração entre o aspecto levemente negativo do oxigênio e a carga levemente positiva dos átomos de hidrogênio das moléculas adjacentes. Essa ligação confere à água as suas características familiares, como a ação capilar e a tensão superficial. Utilizando a espectrometria de absorção no infravermelho, Grad descobriu que na água tratada pelo agente de cura, o ângulo dessas tênues ligações de molécula para molécula, os efetivos alinhamentos tridimensionais dos átomos, estava alterado de uma maneira pequena porém significativa. Essa pequena mudança acarretava uma pequena modificação na tensão superficial da água, e esta última é facilmente mensurada.

Essa descoberta tornava possível quantificar diretamente o efeito de um agente de cura psíquico sobre a água.[9] Bernard Grad apresentou uma das primeiras evidências diretas de um sistema físico sendo afetado pela energia psíquica. Graças ao seu trabalho pioneiro, outros foram capazes de pegar a ideia e desenvolvê-la. Um desses homens foi o dr. Robert Miller, químico pesquisador de Atlanta.

Robert Miller se interessava havia muito tempo pelos efeitos bioquímicos dos agentes de cura psíquicos. Quando ouviu falar no trabalho de Grad, resolveu reproduzi-lo no seu laboratório — e teve êxito. Miller também descobriu outra coisa. À semelhança da água que fora tratada psiquicamente, a água tratada magneticamente também apresentava uma tensão superficial reduzida. Depois de muitos experimentos, Miller ficou convencido de que a água podia efetivamente ser energizada com energia psíquica ou magnetismo, resultando em uma redução mensurável da tensão superficial.[10]

Ao realizar novas pesquisas, descobriu que a energia era gradualmente liberada ao longo de um período de 24 horas, quando então a tensão superficial e os ângulos das ligações de hidrogênio voltavam ao normal. Entretanto, uma exceção tinha lugar quando uma barra de metal era inserida em uma amostra ou a água era derramada em um recipiente metálico. O metal causava uma liberação quase instantânea da energia. Esse foi precisamente o efeito descoberto por Mesmer há mais de duzentos anos.

Miller ficou intrigado com os resultados semelhantes da energia psíquica e do magnetismo, de modo que começou a perguntar: existe realmente alguma diferença entre essas energias, ou os paranormais simplesmente usam o biomagnetismo de uma maneira estranha? (Como vimos demonstrado no trabalho do dr. Tiller, os fenômenos psíquicos encerram definitivamente uma qualidade magnética, mas o relacionamento não está inteiramente compreendido.)

Para investigar a questão, Miller decidiu experimentar uma variação em um dos experimentos de Grad, utilizando sementes de centeio para avaliar o potencial de crescimento da água magnética e da água psiquicamente tratada.

Miller usou três grupos de sementes de centeio, com 25 sementes em cada um, e regou cada um dos grupos com um tipo de água diferente. O primeiro grupo recebeu água da torneira, o segundo foi regado com amostras especiais de água tratada por um agente de cura e o terceiro grupo recebeu amostras de água que haviam sido expostas a um campo magnético. Os resultados foram surpreendentes. A taxa de germinação no grupo regado com água da torneira foi de 8%; no grupo da água tratada pelo agente de cura, 36%; e no grupo da água tratada magneticamente, 68%! Este último grupo também produziu brotos que eram 28,6% mais altos do que os outros.[11]

Embora Miller tivesse obtido os resultados mais extraordinários quando usou o magnetismo, estudos subsequentes iriam mostrar que o fenômeno encerra mais coisas do que o mero crescimento. Um dos estudos envolveu a atividade enzimática. As reações bioquímicas dependem inteiramente de entidades químicas conhecidas como *enzimas*. Sem esses catalisadores biológicos, a vida como a conhecemos não poderia existir. O vasto sistema enzimático forma um delicado equilíbrio, particularmente nas formas de vida complexas, regulando o sem-número de reações químicas que ocorrem aos milhares, a cada segundo, nas nossas células, possibilitando que elas prossigam mais rápido e com menos energia. Alguns cientistas estavam começando a achar que os resultados de Grad e Miller se deviam, em parte, aos efeitos que os agentes de cura têm sobre os sistemas enzimáticos, especialmente porque pesquisas recentes haviam demonstrado que a atividade enzimática poderia ser afetada por campos magnéticos.

Um dos pesquisadores que investigaram a função das enzimas na cura psíquica foi uma freira católica e bioquímica chamada dra. Justa Smith, que trabalhava no Instituto de Dimensões Humanas do Rosary Hill College em Nova York. Em 1970, ela havia concluído recentemente a sua dissertação sobre o efeito do magnetismo sobre as enzimas. Depois de ouvir falar no trabalho de Grad, ela teve o palpite que os agentes de cura estavam afetando as próprias enzimas, acelerando-as de alguma maneira desconhecida.

Seguir esse palpite foi um passo fácil para Smith. Tudo o que ela precisava era de um agente de cura. Uma vez mais, o Coronel Estebany mostrou-se disposto a cooperar. Smith decidiu testar a capacidade dele de ativar a enzima digestiva comum tripsina. Estebany recebeu instruções para que segurasse tubos de ensaio contendo tripsina com categoria de laboratório e simulasse uma sessão com imposição das mãos. Smith pegou amostras periódicas da solução com tripsina enquanto Estebany trabalhava e passou-as através de um espectrofotômetro, um instrumento sofisticado capaz de medir o nível de atividade das enzimas.

O que ela constatou foi muito semelhante aos resultados dos seus estudos de ativação das enzimas nos campos magnéticos. Quanto mais tempo Estebany segurava a amostra, mais elevado o nível de ativação enzimática, ou seja, havia uma correlação direta.[12] A conclusão natural seria que a cura psíquica tinha que ser, afinal de contas, um fenômeno magnético! Entretanto, quando Smith tentou medir o campo magnético em volta das mãos de Estebany, foi mal-sucedida. O campo magnético mensurável era muito pequeno, quase inexistente, pouco maior do que o magnetismo normal do corpo.

Com a curiosidade atiçada, Smith testou outros agentes de cura e outros sistemas enzimáticos. Ela logo iria ter uma grande surpresa. No caso de algumas enzimas, a intervenção de um agente de cura efetivamente reduzia a atividade. Em outros testes com a mesma enzima, a atividade aumentava. Esse padrão ambíguo ocorria repetidamente. Os resultados eram enigmáticos, até que Smith percebeu uma nova maneira de pensar no problema. *As enzimas eram sempre alteradas de uma maneira que era melhor para a saúde da célula!* A inteligência estava em ação ali. A força vital parecia ser... *consciente.*

Ali estava a importante diferença entre a energia psíquica e o magnetismo que Robert Miller havia buscado. O magnetismo ativava *todas* as enzimas, independentemente da sua função específica. Por outro lado, os agentes de cura psíquicos, ao usar uma força que continha uma consciência própria, só ativavam as enzimas de uma maneira benéfica para a saúde e o bem-estar do organismo.

Justa Smith ficou entusiasmada. Estava na hora de verificar se os agentes de cura psíquicos também eram capazes de afetar sistemas enzimáticos danificados. Smith conversou com Grad, e decidiram usar a radiação ultravioleta (UV) para alterar a estrutura tridimensional da tripsina. Uma coisa era ativar uma enzima, mas outra, bem diferente, era reparar um dano físico à complexa estrutura tridimensional das proteínas.

Uma vez mais, Oscar Estebany foi o agente de cura. Ele recebeu tubos contendo tripsina danificada pela UV com instruções para "curá-los". A atividade enzimática de referência tinha sido registrada; estava baixa em decorrência do dano causado pela UV. Depois das sessões de cura, a atividade química da amostra voltou aos níveis normais e assim permaneceu indefinidamente. A conclusão era inevitável. A energia psíquica de Estebany havia reparado o dano causado às complexas proteínas da enzima, algo, de um modo geral, considerado impossível. Essa reversão era sem precedentes. *As enzimas estavam exibindo entropia negativa!* Ali estava a bio-PK em sua melhor forma.

Quanto às qualidades magnéticas da energia psíquica, estudos posteriores realizados pelo dr. John Zimmerman com o uso de um magnetômetro de sensibilidade ultraelevada (oficialmente, um dispositivo supercondutor de interferência quântica, ou SQUID) confirmaram que as energias dos agentes de cura psíquicos efetivamente contêm campos magnéticos, alguns cem vezes mais elevados do que os campos normais associados aos seres humanos.[13] Esses biocampos ainda eram muito mais fracos do que os sintéticos que Justa Smith havia utilizado para ativar as enzimas, mas os seus efeitos eram semelhantes. Contudo, a força vital encerra uma qualidade magnética, e, exatamente como os antigos afirmavam, ela contém muito mais coisas. Em resumo, ela é consciente. Certa mulher investigou essa consciência de uma maneira espetacularmente bem-sucedida.

Dolores Krieger tem um Ph.D. em enfermagem e lecionou na New York University. Ela também é uma praticante e pesquisadora psíquica internacionalmente conhecida que tem enviado nos últimos anos ondas de choque ao redor do mundo. Krieger fez o que muitos consideravam impossível: tornou a cura psíquica parte da medicina moderna, por meio de um método que ela chama de *Toque Terapêutico.*

Tudo começou nos idos da década de 1960 quando Krieger se deparou por acaso com parte do trabalho sobre as plantas de Bernard Grad. Se você se lembra, um dos efeitos da cura psíquica foi o aumento dos níveis de clorofila nas plantas testadas. Esse resultado chamou a atenção de Krieger. Relembrando a sua química básica, ela recordou que a clorofila, o pigmento verde nas plantas que é extremamente vital para a fotossíntese, é muito semelhante à hemoglobina, o componente do sangue humano. Essa molécula que transporta oxigênio tem uma estrutura semelhante à da clorofila: ambas são compostos orgânicos com um átomo de metal no núcleo — o ferro na hemoglobina e o magnésio na clorofila.

Krieger teve uma ideia maluca. Se os agentes de cura psíquicos eram capazes de aumentar os níveis de clorofila nas plantas, talvez conseguissem fazer alguma coisa com os níveis de hemoglobina nos seres humanos. Afinal de contas, os dois compostos químicos eram estruturalmente muito semelhantes, e ambos tinham uma importante função na produção de energia. O melhor de tudo era que a hemoglobina era vital para a saúde humana — e facilmente mensurável nos exames de sangue comuns.

Se os agentes de cura psíquicos eram capazes de modificar os níveis de hemoglobina, os resultados dos exames de sangue serviriam como um quantificador confiável e facilmente obtido para medir os efeitos psíquicos. Mais importante ainda, esses resultados quantificáveis poderiam ajudar a abrir uma nova porta nos cuidados com a saúde. O funcionamento do experimento básico já estava tomando forma na sua cabeça.

Krieger olhou em volta e teve sorte. Um estudo desse tipo já estava planejado, e era supervisionado pela dra. Otelia Bengssten e por Dora Kunz, uma clarividente. Krieger conseguiu participar, depois de convencer Bengssten e Kunz a permitir que ela usasse informações sobre os níveis de hemoglobina como um acessório ao estudo sobre os benefícios globais da cura psíquica. O estudo começou em 1971 e, uma vez mais, o agente de cura foi Estebany. Ele teve lugar em uma fazenda de propriedade da Theosophical Society nos contrafortes das Montanhas Berkshire, no norte do estado de Nova York. Os sujeitos do teste, que sofriam de várias doenças, aderiram ao estudo por indicação médica. O procedimento foi semelhante ao que Estebany tinha feito antes. O interessante foi que, assim como os ratos dos experimentos de Grad, os pacientes que estavam sendo testados receberam rolos de um tecido de algodão que Estebany havia energizado.

Alguns deles afirmaram que continuaram a sentir emanações dos rolos um ano depois do estudo.

No final do experimento, enquanto as outras duas mulheres estavam assimilando as suas informações, Krieger pôs-se a trabalhar nas suas. Exatamente como previra a sua hipótese, o grupo experimental apresentou níveis de hemoglobina substancialmente mais elevados quando comparados com os do grupo de controle.[14]

Krieger ficou animada! Nenhum dos sujeitos sabia que os seus valores de hemoglobina estavam sendo observados. Tudo o que sabiam era que a dra. Bengssten estava examinando os efeitos da cura psíquica nas suas várias doenças. Ali estava o quantificador que Krieger estava procurando. Os níveis de hemoglobina poderiam servir como a chave.

Em 1973, Krieger repetiu o experimento, novamente utilizando Estebany como o agente de cura e com grupos de teste e grupos de controle maiores. Os resultados foram os mesmos. As pessoas doentes tratadas por Estebany apresentaram níveis de hemoglobina mais elevados. Este não foi o caso do grupo de controle. Entretanto, foram os pacientes de câncer que impressionaram particularmente Krieger.

A anemia é um problema comum nos pacientes de câncer, resultando tanto dos tratamentos que recebem quanto das próprias doenças. Mesmo nesses casos difíceis, os níveis de hemoglobina tipicamente aumentaram depois das atividades de cura de Estebany. Na realidade, praticamente todo o grupo de teste tratado por Estebany demonstrou uma melhora acentuada, não apenas nos níveis de hemoglobina, mas também na sintomatologia. Krieger ficou convencida de que um verdadeiro processo bioenergético estava tendo lugar. O que quer que Estebany estivesse fazendo causava um efeito positivo nos seres vivos, fossem estes pessoas, plantas ou animais. Não se tratava apenas de uma coincidência.

A pergunta seguinte era importante: a cura psíquica poderia ser ensinada a outras pessoas, ou era um talento inato, disponível apenas para uns poucos escolhidos? Krieger, é claro, fez a pergunta a Estebany. Este foi firme: era um dom. Somente uns poucos escolhidos eram capazes de executar essas tarefas. O dom não poderia ser ensinado a outras pessoas. Krieger ficou desapontada. No entanto, decidiu fazer a mesma pergunta a Dora

Kunz, a paranormal envolvida no estudo original. A opinião de Kunz era bem diferente. A cura poderia decididamente ser ensinada a outras pessoas. Na realidade, ela estaria oferecendo, em breve, um *workshop* para fazer exatamente isso! Dolores Krieger tornou-se uma das suas primeiras alunas.

Em um breve intervalo de tempo, sob a orientação de Kunz, Krieger desenvolvera a habilidade de executar a cura psíquica no nível de iniciante. É importante observar que Kunz não estava ensinando a Krieger a tradicional imposição das mãos. Em vez disso, o seu estilo de cura envolvia a manipulação do campo de energia do paciente. O agente de cura usava primeiro as mãos para "sentir" o campo de energia do paciente a partir de uma curta distância e, em seguida, para energizar e projetar o fluxo para as áreas necessitadas. O agente de cura não tocava efetivamente no paciente.

Krieger estava pronta para apresentar as suas habilidades à comunidade convencional, mas sabia que os profissionais de saúde ficariam estarrecidos com termos como *energia psíquica* ou *força vital*. Ela precisava propor algo que transmitisse bem a ideia, mas sem ofender a mente ocidental instruída e materialista. Depois de refletir um pouco, decidiu-se por Toque Terapêutico, ou TT.

As suas primeiras aulas sobre o Toque Terapêutico foram ministradas como um curso de nível de mestrado na New York University intitulado *Frontiers in Nursing: The Actualization of Potential for Therapeutic Field Interaction*.[15]* Logo, os alunos começaram a praticar um pouco de cura nos seus pacientes regulares. Como era de se esperar, os pacientes começaram a melhorar. À medida que continuaram a praticar e iam observando os benefícios, ficaram tão entusiasmados que mandaram imprimir camisetas tendo na frente as palavras "Krieger's Krazies".** Os alunos estavam convencidos da eficácia do Toque Terapêutico. Fizeram experimentos de cura até mesmo em animais de estimação e outros animais e ficaram impressionados com os resultados. Estava na hora do teste decisivo. Os enfermeiros-agentes de cura recém-treinados conseguiriam obter níveis elevados

---

* *Fronteiras da Enfermagem: A Realização do Potencial da Interação do Campo Terapêutico*. (N. da T.)

** Tradução literal "Lunáticos de Krieger". Na verdade, mais ou menos um trocadilho com a palavra Krieger, porque a grafia correta da palavra seria Crazies e não Krazies. (N. da T.)

de hemoglobina alcançados por "profissionais" como Estebany? Krieger chegou à conclusão que estava na hora de fazer outro estudo.

Ela realizou um experimento que usava dois conjuntos de pacientes, 32 no grupo experimental e 32 no grupo de controle, todos em hospitais e instalações de serviços de saúde na área de Nova York. Como agentes de cura, Krieger usou 32 enfermeiros, a metade dos quais eram alunos com treinamento no Toque Terapêutico. Todos os pacientes continuaram a receber os cuidados médicos normais, e o grupo experimental também recebeu o TT. Os valores iniciais da hemoglobina foram documentados e o estudo teve início.

No final do período experimental, os níveis de hemoglobina foram novamente mensurados. Depois que as informações foram compiladas, os resultados foram claros: os enfermeiros com treinamento no Toque Terapêutico haviam elevado os níveis de hemoglobina nos seus pacientes do grupo de teste, exatamente como Estebany fizera. Os pacientes do grupo de controle não apresentaram nenhuma mudança. Krieger ficou ainda mais envolvida com a sua causa.

Já em 1979, 350 enfermeiros haviam feito o curso de Krieger na New York University, e outros 4.000 profissionais de saúde haviam sido expostos à técnica em cursos de extensão educacional em toda a América do Norte. Alguns dos ex-alunos de Krieger estavam agora ensinando a técnica para outras pessoas. Em 1979, Krieger publicou um livro sobre as suas experiências, intitulado *The Therapeutic Touch: How to Use Your Hands to Help or to Heal.**

O Toque Terapêutico continua a vicejar em muitos ambientes voltados para os cuidados com a saúde, sendo objeto de admiração em muitos casos e de zombaria em outros. As pessoas de mente aberta que se dão ao trabalho de examinar as evidências e os sucessos clínicos defendem a técnica. Aquelas que ficam irritadas diante da ideia de uma forma de "energia" desconhecida que pode ser transferida do agente de cura para o paciente ficam, naturalmente, estarrecidas. Ainda está para ser determinada quanta evidência seria necessária para convencê-las do contrário.

---

* *As Mãos — Como Usá-las para Ajudar ou Curar*, publicado pela Editora Cultrix, São Paulo, 1998.

Enquanto os métodos que descrevi até aqui lidam com o campo de energia da pessoa como um todo, outra prática trata do todo por meio do tratamento de uma parte: a coluna vertebral. Os antigos atribuíam uma importância especial à coluna vertebral humana. Eles estavam plenamente conscientes do relacionamento vital entre a coluna e a extraordinariamente complexa e delicada medula espinhal, bem como dos nervos espinhais que percorrem o corpo. Mas a coisa ia muito mais longe do que a biomecânica.

Os antigos achavam que a coluna vertebral humana também servia de conduto para a Força, um importante canal para a energia vital que liga o cérebro e o chakra da coroa ao resto do corpo. Podemos ver a partir dos seus registros a importância que eles atribuíam à coluna, sendo que Hipócrates chegou ao ponto de afirmar que o médico deveria buscar primeiro na coluna a fonte de todas as doenças. No final do século XIX, Daniel David Palmer regressou a esse antigo conselho.[16]

A moderna arte e ciência da *quiroprática* nasceu da redescoberta de Palmer a respeito da importância da manipulação da coluna em Davenport, Iowa, em 1895. O final do século XIX foi uma época de mudança nos cuidados com a saúde. A homeopatia era tão popular quanto a medicina alopática (moderna), mas Roentgen tinha acabado de descobrir os raios X, de modo que as coisas se encontravam em um estado de transição. D. D. Palmer se tornaria, com o tempo, um importante protagonista dos cuidados com a saúde no mundo inteiro.

Palmer fora, entre outras coisas, professor, agricultor, apicultor e, mais tarde na carreira, um agente de cura alternativo. Embora não tivesse se formado em medicina, exercia a atividade de agente de cura magnético, aplicando pequenos ímãs nas áreas problemáticas dos seus pacientes, algo que era perfeitamente legal e respeitável na sua época. Com o tempo, ele veio a ter um movimentado consultório na cidade de Davenport às margens do Rio Mississipi.

Palmer alugava o seu consultório em um prédio no centro comercial de Davenport que tinha um zelador negro chamado Harvey Lilliard. Harvey era praticamente surdo em decorrência de um incidente no qual ele sentiu um estalo repentino na região superior das costas, depois do que ele imediatamente perdeu a audição em ambos os ouvidos. Dizia-se que ele era incapaz de ouvir o barulho considerável que as carroças puxadas a cavalo faziam nas ruas calçadas com pedras arredondadas.

Palmer era um homem compassivo, e também amigo de Lilliard. Ele conhecia bem a história da perda de audição de Lilliard, e depois de conversar com este último em um dia particular de setembro de 1895, Palmer convenceu Lilliard a permitir que ele fizesse alguma coisa a respeito do seu problema. Embora seja fácil imaginar que Lilliard estava um pouco apreensivo, mesmo assim concordou em deixar que Palmer examinasse o seu pescoço e as suas costas. Palmer apalpou a área superior das costas do amigo (a maneira médica de dizer que ele passou a mão no corpo de Lilliard em busca de anormalidades) e constatou que uma das vértebras torácicas estava excessivamente desalinhada. Ele disse a Lilliard que se deitasse, e usando o processo espinhoso da vértebra (ou seja, uma das projeções ósseas que vemos como pequenas saliências nas costas), Palmer puxou a vértebra de volta para o lugar com um grande estalo. Lilliard foi imediatamente capaz de ouvir, do consultório situado no segundo andar do prédio, o clangor dos cascos dos cavalos no calçamento de pedras das ruas. A sua audição ficou perfeita pelo resto da sua vida. Naquele momento, nasceu a quiroprática moderna.

Palmer não afirmou ter inventado a arte da manipulação da coluna vertebral. Ele tinha plena consciência de que os antigos a praticavam e falavam bastante a respeito dela. No entanto, afirmou ter sido o primeiro a usar os processos espinhoso e transverso das vértebras como alavancar para realinhar ou "ajustar" os ossos e devolvê-los à posição correta. À medida que o tempo ia passando e Palmer aperfeiçoava a sua arte, ele começou a perceber que, além de ser uma cura maravilhosa para quase todas as dores nas costas e no pescoço, os ajustes também causavam um efeito sistêmico no corpo. Com frequência, depois de uma série de ajustes, outras doenças também pareciam melhorar.

Palmer mergulhou nos livros, recapitulando neuroanatomia, fisiologia e a filosofia da antiguidade. Ele usara a intuição para diagnosticar e tratar Harvey Lilliard, e agora, como o têm feito tantos inovadores ao longo dos anos, continuou a usar a orientação do seu eu superior para desenvolver um sistema inteiramente novo para tratar da saúde. Um amigo seu, ministro da igreja, sugeriu que o chamasse de *quioprática*, do grego "feito com a mão", e Palmer fundou a primeira faculdade para ensinar as suas técnicas em Davenport, Iowa, apropriadamente chamado de Palmer College of Chiropractic.

Fundamental para o desenvolvimento da quiroprática era o problema que Palmer chamava de *subluxação*. Era um fato bastante conhecido que uma vértebra pode se deslocar, o que é um grave distúrbio médico. Palmer descobriu que as vértebras da coluna vertebral também podem se tornar apenas levemente desalinhadas, longe de ser um desvio, porém o suficiente para afetar substancialmente o sistema nervoso por meio dos nervos espinhais que saem por entre as vértebras. Esse desalinhamento também produz um doloroso problema musculoesquelético. No entanto, o que realmente diferenciava Palmer e as suas "subluxações" eram as suas ideias relacionadas com a energia vital.

Em decorrência dos seus estudos, e talvez da sua intuição, Palmer ficou convencido de que uma energia vital desce do cérebro, fluindo através do sistema nervoso e das costas para controlar e coordenar o funcionamento do corpo. Ele chamou essa energia de *inteligência inata*, a energia vivificante do Criador.

Desde o seu início, a quiroprática era uma forma de cuidar da saúde que, de uma maneira semelhante à acupuntura, lidava com a manipulação da energia vital. Ela era excelente para a dor das costas, mas era muito mais do que isso. Dizia-se que ela restaurava o fluxo de energia vital no corpo. Com o tempo, os quiropráticos estavam usando os ajustes da coluna para tratar de várias doenças, com um considerável sucesso. O sistema cresceu rapidamente.

Ele é hoje o segundo principal sistema de tratamento de saúde nos Estados Unidos, ficando atrás apenas da medicina alopática. Ele é credenciado em todos os estados americanos e em muitos países. Nos Estados Unidos, os quiropráticos são médicos plenos, embora não tenham treinamento em farmacologia ou cirurgia. São especialistas em anatomia da coluna vertebral e fisiologia, bem como no diagnóstico e tratamento da maioria dos distúrbios musculoesqueléticos. Em muitas matérias, eles têm um treinamento mais intenso do que os estudantes normais de medicina, inclusive em nutrição, anatomia e diagnóstico por raios X.

A quiroprática continua a crescer, e a maioria das cidades de tamanho considerável tem hoje um consultório praticamente em cada esquina. É o único sistema de saúde "porta de entrada" nos Estados Unidos totalmente credenciado, plenamente reconhecido que lida com o fluxo da força vital. Embora seja apregoada hoje em dia como o tratamento recomendado para problemas como dor nas costas e dor de cabeça, o que de fato ela é, a quiroprática também é uma poderosa ferramenta para a manipulação das energias sutis.

Talvez quando o governo subsidiar as pesquisas quiropráticas na mesma medida em que subsidia as da medicina tradicional, e os quiropráticos tiverem fontes de renda que igualem os milhões fornecidos anualmente à medicina pelas grandes companhias farmacêuticas, os seus mecanismos subjacentes venham a ser descobertos. Por enquanto, as evidências clínicas e empíricas são esmagadoras. A quiroprática é magnífica. É tão importante quanto a alimentação adequada, o exercício e a complementação nutricional diária para a saúde ideal.

Muitos pesquisadores interessados na energia vital investigaram o conceito que todas as coisas possuem uma frequência ressonante característica por meio da qual elas interagem com o mundo. Uma das pessoas mais interessantes desse grupo era um homem que fez a maior parte do seu trabalho original nas décadas de 1920 e 1930, um cavalheiro de San Diego, na Califórnia, chamado dr. Royal R. Rife.

Ele estava extremamente interessado em descobrir uma cura bem-sucedida para um dos flagelos das modernas sociedades industriais, o conjunto de cerca de duzentos distúrbios que chamamos, coletivamente, de *câncer*. É claro que para examinar um distúrbio que parece ocorrer no nível celular, como é o caso do câncer, é necessário um microscópio especial, microscópio esse que nos permita enxergar as minúsculas estruturas envolvidas. Nisso reside um problema fundamental.

Os modernos microbiologistas e histologistas (especialistas em anatomia celular) desenvolveram o campo da microscopia em um grau extraordinário, e existem tecnologias sofisticadas, como o microscópio eletrônico por varredura, que são capazes de visualizar a matéria quase que no nível atômico. Entretanto, o problema desses maravilhosos microscópios é que todos eles examinam *matéria morta*. Os espécimes biológicos são cortados e colados, fatiados e cortados em cubos, cobertos e tingidos até que exibem pouca semelhança com os organismos vivos e vibrantes que foram um dia.

Em algum ponto da sua pesquisa inicial da busca do câncer na década de 1920, Rife desenvolveu o microscópio universal Rife, um dispositivo que usava componentes óticos especiais feitos de cristal de quartzo em vez de vidro. Com ele, Rife conseguia ampliar espécimes biológicos até 30 mil vezes, o que era suficiente para que ele os examinasse enquanto eles prosseguiam com as suas funções normais. Ele conseguia até mesmo enxergar os vírus, que são notoriamente minúsculos. Além disso, Rife descobriu que se usasse luz polarizada para iluminar as amostras, cada tipo de amostra brilhava com uma cor característica.[17] O método conduziu Rife à descoberta de que cada coisa viva estava associada a um nível específico de energia que ele denominou *taxa oscilatória mortal*, ou TOM.

Depois de muito pesquisar, Rife catalogou a TOM para vários organismos e desenvolveu um instrumento que chamou de *raio de Rife*, que era capaz de emitir uma frequência eletromagnética correspondente. Rife descobriu que se projetasse a frequência TOM específica para uma espécie de bactérias, por exemplo, as bactérias interrompiam a sua atividade normal e rapidamente morriam.

Não demorou muito para que Rife começasse a ter um sucesso incrível na cura de pacientes com infecções crônicas, em uma época anterior ao advento dos modernos antibióticos. Ao usar o princípio da ressonância vibratória, Rife conseguia sintonizar o raio com a TOM exata, destruindo assim as bactérias dentro do corpo do paciente. Ele também descobriu que era capaz de destruir o tecido canceroso.

Em 1934, ele estava envolvido com um estudo clássico da pesquisa do câncer na University of Southern California. Rife e sua equipe trataram de 16 pacientes terminais de câncer usando o seu dispositivo de raio. Três meses depois, 14 dos 16 pacientes foram declarados totalmente livres do câncer pelos cinco médicos envolvidos no estudo. Uma vez que os resultados se tornaram disponíveis, a AMA quis participar. Quando as partes não conseguiram resolver os detalhes de um acordo com relação aos direitos do método e do equipamento, a AMA imediatamente rotulou Rife de charlatão, e certa noite um incêndio horrível destruiu misteriosamente o seu laboratório. Rife foi processado judicialmente, e todos os médicos que usavam os seus métodos foram advertidos para parar imediatamente de fazê-lo sob pena de entrar para a lista negra. Sem qualquer apoio oficial, Rife continuou sozinho o seu incrível trabalho durante décadas mas passou a sofrer de depressão e alcoolismo. Morreu sem ver o seu trabalho avançar nos círculos oficiais, embora ele seja ainda hoje conduzido por pesquisadores alternativos.

Em outro caminho secundário das pesquisas, podemos encontrar práticas obscuras que ecoam as descobertas de Wilhelm Reich, cujo trabalho examinamos no Capítulo 8. Reich acreditava que na presença do stress físico ou emocional, as vesículas de energia que ele descobriu podiam se degenerar em outros microrganismos, entre eles bactérias e um tipo de patógeno que ele chamou de bacilos T. Ao que consta, Reich tinha evidências fotográficas diretas dessa transformação, mas a ciência convencional o ridicularizou. Outros, entre eles Royal Rife, também encontraram evidências da transformação. Rife havia descoberto algo que chamou de *organismo BX*, que ele julgava ser diretamente responsável pelo câncer. Ele observou que o organismo BX era *pleomórfico*, tendo a propriedade de mudar de forma.

O moderno pesquisador biológico francês Gastón Naessens, novamente usando um microscópio especializado que lhe permitia observar micro-organismos vivos debaixo de uma elevada ampliação, descobriu algo muito semelhante.[18] Enquanto realizava um estudo cuidadoso do sangue humano, Naessens descobriu o que imaginou ser a própria essência da vida — minúsculas partículas de energia subcelulares, condensadores de energia vivos que ele chamou de *somatids,* algo que se parece muito com os bions de Reich.

Naessens continuou a pesquisa e descobriu que os somatids são componentes vitais tanto do sangue humano quanto do sangue animal, essenciais para a saúde do organismo. Ele também constatou que eles passavam por um ciclo pleomórfico de três estágios. Durante as ocasiões de funcionamento normal, os somatids permaneciam com a sua aparência e organização habitual. Quando um paciente estava imunossuprimido, eles mudavam para *uma de 16 formas diferentes,* variando entre bactérias, esporos e fungos.[19]

Algo semelhante também foi descoberto pelo bacteriologista alemão Günter Enderlein, que, usando a microscopia para visualizar amostras de sangue vivo, descobriu minúsculos micro-organismos viçosos que ele chamou de *protits.* Enderlein constatou que quando a saúde estava normal, os protits pareciam permanecer no seu estado normal, mas quando eram expostos ao stress, à radiação, a carcinógenos ou a uma alimentação inadequada, eles se transformavam e assumiam formas patológicas que eram destrutivas para os tecidos.[20] A sua pesquisa demonstrou que as novas e sinistras formas eram bastante perigosas, causando vários tipos de câncer, inclusive a leucemia, bem como a síndrome da imunodeficiência adquirida (AIDS). Com o tempo, Enderlein utilizou culturas fúngicas para desenvolver remédios homeopáticos e isopáticos. Os remédios homeopáticos interrompem o desenvolvimento patológico e mudam os protits de volta para o seu estado benéfico; os remédios isopáticos empregam um produto da doença para combatê-la. A Sanum Kehlbeck, a companhia que Enderlein fundou, continua a prosperar no mundo inteiro. E a pesquisa que ele iniciou também prossegue, mas o conceito é tão distante das convicções dos microbiologistas convencionais e pesquisadores médicos que é simplesmente desconsiderado.

Nesse meio-tempo, Naessens continuou a desenvolver tratamentos eficazes baseados na sua teoria somática da doença. Depois de muito estudo, chegou à conclusão que os 16 produtos finais microbianos de degeneração dos somatids contribuem para um vasto leque de agentes patológicos responsáveis por doenças como o câncer, a esclerose múltipla, a AIDS e a artrite reumatoide. Ele descobriu que um subproduto das células afetadas pelos somatids patogênicos, um composto que ele chamou de *fator K cocancerígeno* (FKC), causava a imunossupressão. Como o câncer é considerado uma doença de uma função imunológica inadequada no seu nível mais básico, o envolvimento dos somatids no câncer parecia razoável. Com o tempo, Naessens desenvolveu um composto da cânfora chamado *714-X* que inibia a ação do FKC quando injetado no sistema linfático.[21] As suas constatações estão demasiadamente além do pensamento convencional para ser aceitas no momento pela ciência e medicina ortodoxas.

Abordamos muitos assuntos neste capítulo. Descobrimos que a energia vital pode ser devolvida a um estado de equilíbrio por meio da manipulação manual, da imposição das mãos e do uso de estranhos dispositivos de energia como o raio de Rife. Descobrimos também que uma intenção amorosa de cura pode obter excelentes resultados. Às vezes, contudo, temos que pedir ajuda a um poder superior. Exato, estou falando das práticas humanas mentais e emocionais mais básicas, e provavelmente as mais antigas... *a oração*!

Estudos demonstraram que as plantas e os animais — tudo desde o azevém aos glóbulos vermelhos do sangue, das algas às larvas da mariposa — podem ser de fato afetadas positivamente pela oração. Tem sido demonstrado que a prece afeta a atividade das enzimas, a taxa de mutação das bactérias, o índice de cura dos ferimentos, a taxa de disparo das células do "marcapasso" cardíaco e a taxa de crescimento dos glóbulos brancos leucêmicos do sangue. No caso dos seres humanos, foi demonstrado que o simples fato de a pessoa ser "religiosa" exerce um poderoso efeito na saúde e na recuperação de uma doença, algo que a medicina ortodoxa está começando a perceber.[22]

Em um estudo que durou 28 anos, as pessoas religiosas apresentaram uma taxa de mortalidade 25% mais baixa que as outras pessoas, e quando somente as mulheres foram consideradas, a taxa subiu para 35%. Estudos demonstraram que aqueles que se consideram religiosos e frequentam regularmente a igreja têm uma melhor função imunológica.[23] Nos Estados Unidos, foi demonstrado que os mórmons são os membros mais saudáveis da sociedade enquanto grupo.[24] Pressupõe-se, naturalmente, que essas pessoas rezem muito, tanto para si mesmas quanto umas para as outras. Mas o que acontece quando um grupo de pessoas reza por uma pessoa doente sem o conhecimento desta, na chamada oração "intercessória"?

A ideia é simples. Reúna um grupo de pessoas religiosas; peça a elas que rezem por pacientes gravemente doentes, como os portadores de doenças do coração; use um grupo de controle de pacientes para comparar com o grupo experimental; e depois, veja o que acontece. Essa foi exatamente a pesquisa realizada pelo dr. William S. Harris, do Saint Luke's Hospital em Kansas City, Missouri, que reuniu uma equipe de especialistas para investigar adicionalmente o fenômeno.[25] O estudo de Harris sobre o efeito da prece nos pacientes cardíacos revelou-se, com o tempo, uma ocorrência pioneira, atingindo o seu ponto alto em 25 de outubro de 1999, quando foi publicada na *Archives of Internal Medicine,* uma revista respeitada publicada pela AMA.

Uma das principais razões do sucesso do estudo foi o seu cuidadoso projeto. Para começar, Harris decidiu tornar o estudo de fato duplamente cego. Assim sendo, em primeiro lugar, nenhum dos pacientes sabia que era objeto de uma pesquisa sobre a oração, embora tenha sido um pouco trabalhoso contornar o problema do consentimento informado. No entanto, em última análise, foi decidido que a oração poderia causar muito pouco dano, provavelmente nenhum, e a necessidade do consentimento foi dispensada. O passo seguinte foi retirar também os médicos e a equipe do circuito. Esse "cegamento" foi feito de uma maneira original. Durante o período do estudo, a secretária do capelão, que tinha acesso às listas com os nomes das pessoas que davam entrada no hospital mas que nem mesmo sabia onde ficava fisicamente a unidade coronariana (UCO), designava aleatoriamente os novos pacientes cardíacos para o grupo de controle ou de teste. Com essa técnica, ninguém associado ao hospital ao menos sabia que o estudo estava sendo realizado.

Durante os 12 meses do estudo, 990 pacientes se encaixaram nos critérios para o teste e foram aceitos no programa, 466 no grupo de prece e 524 no "grupo de cuidados habituais", o grupo de controle do teste. Listas contendo apenas o primeiro nome dos pacientes foram fornecidas a equipes de "intercessores", as pessoas que iriam rezar por eles diariamente durante 28 dias. Nenhuma outra informação pessoal ou médica foi dada. Em nenhum momento os intercessores efetivamente conheceram os pacientes. Eles simplesmente diziam uma prece simples a cada dia pedindo uma "recuperação rápida e sem complicações", bem como qualquer outra coisa que os intercessores julgassem importante. O período de 28 dias do experimento foi escolhido para garantir que os pacientes com uma permanência típica na UCO receberiam orações constantes durante todo o tempo em que estivessem hospitalizados.

Os intercessores foram escolhidos por intermédio de contatos na comunidade local. Não eram necessárias crenças religiosas específicas; a única exigência era que o participante estivesse disposto a afirmar: "Acredito em Deus. Acredito que Ele é pessoal e se preocupa com vidas individuais. Acredito ainda que Ele é receptivo a orações em que é pedida a cura de pessoas doentes."

Finalmente, foram usados 75 intercessores, organizados em 15 equipes de cinco membros cada uma. Os membros eram aleatoriamente designados para as equipes, e todos os membros de uma equipe recebiam os nomes dos mesmos pacientes. A identidade dos seus companheiros de equipe era mantida em segredo, e todas as orações eram feitas privadamente. Com todas as peças no lugar, Harris e a sua equipe estavam prontos para colocar as coisas em movimento.

Anteriormente, Harris e a sua equipe de especialistas haviam consultado uma equipe de cardiologistas e um médico internista para saber como registrar o estado do paciente. Nenhum conjunto padrão de critérios era perfeito para as necessidades de Harris e da sua equipe, de modo que os médicos tiveram que inventar um novo sistema de marcação que levasse em conta uma série de variáveis, como a necessidade de ressuscitação cardíaca, de cirurgia de ponte de safena e da cateterização cardíaca.

Com todas as peças no lugar, o estudo teve início. Cada um dos 990 pacientes que depois estariam envolvidos no estudo foi observado e cuidadosamente avaliado por intermédio do novo método de Harris. Quando as informações finais foram analisadas e os resultados totalizados, a equipe constatou que os estudos anteriores estavam corretos. Havia uma diferença estatisticamente significativa entre a melhora do grupo que recebeu as orações quando comparada com o grupo que recebeu os "cuidados habituais". Embora o período de internação no hospital tenha sido o mesmo, os pacientes do grupo de prece apresentaram — você adivinhou corretamente

— uma recuperação mais rápida com menos complicações, o que é basicamente o que os intercessores haviam pedido a Deus!

Quanto ao mecanismo subjacente, foram sugeridas duas possibilidades: uma delas foi que uma força ou energia desconhecida era gerada pela oração e transmitida para as pessoas pretendidas; a outra foi que Deus de fato existe e realmente atende a orações, algo que os autores dizem que estaria "além do alcance da ciência". Harris admitiu que a probabilidade de tudo isso acontecer apenas por acaso era de um em 25, o que não é uma quantidade enorme. Ele também comentou a respeito de outras questões importantes:

> Embora não possamos saber por que obtivemos os resultados que alcançamos, podemos comentar a respeito do que as nossas informações não mostram. Não provamos, por exemplo, que Deus atende a orações ou mesmo que Deus existe. O que testamos aqui foi a oração intercessória, não a existência de Deus. Tudo o que observamos foi que quando pessoas fora do hospital falaram (ou pensaram) o primeiro nome de pacientes hospitalizados com uma atitude de prece, esses pacientes aparentemente tiveram uma "melhor" experiência na UCO.[26]

No mínimo, a pesquisa de Harris nos mostra que os experimentos anteriores não foram acasos felizes e que a oração não é apenas uma coisa relacionada com antigas superstições e sim algo de valor médico significativo, possivelmente tão importante quanto os próprios procedimentos médicos.

Por sorte, embora a profissão médica possa estar surda, o público americano está ouvindo. O estudo de Harvard sobre a utilização da medicina complementar e alternativa surpreendeu muitas pessoas. Os cuidados alternativos com a saúde estão fazendo progresso pelo mais fundamental dos motivos: eles dão extraordinariamente certo para uma grande variedade de problemas médicos comuns. É claro que a medicina moderna funciona maravilhosamente para algumas coisas. Embora eu frequentemente critique a medicina organizada, tenho respeito pelos médicos que trabalham na área. Quase todos que conheci são homens e mulheres esforçados e compassivos, profissionais que enfrentam situações difíceis praticamente em todos os dias de trabalho.

Como se sabe, sempre foi difícil modificar a versão científica oficial das coisas. Com frequência as mudanças só ocorrem quando os membros da velha guarda morrem e os jovens tomam o seu lugar. A questão de por que a ortodoxia científica resiste tanto ao exame de certos assuntos é, por si só, uma área de estudo, área essa que não passou despercebida aos psicólogos e epistemólogos que examinam essas coisas. No próximo capítulo vamos dar uma olhada em várias descobertas científicas famosas que desencadearam uma indignação de um tipo geralmente reservado para os estudos da paranormalidade, e veremos como essa mentalidade lançou raízes em algumas organizações que especificamente se puseram em campo para desacreditar as pesquisas sobre a paranormalidade.

Capítulo 9

CIÊNCIA DE SEGUNDA CLASSE: QUEM DECIDE?

Afirmo que o sentimento religioso cósmico é o motivo mais forte e nobre para a pesquisa científica.
— Albert Einstein

*E*xaminamos até agora vários casos de pesquisadores que estudam a paranormalidade que foram brutalmente rejeitados, mas vale a pena lembrar que os cientistas também podem ser brutais com "celebridades" respeitadas se parecer que elas se desviaram da maneira apropriada e correta de fazer as coisas. Em 1879, Thomas Edison era inquestionavelmente uma "celebridade". Já havia mais de 150 patentes registradas para as suas invenções, que incluíam a fita de teleimpressor da bolsa de valores e o fonógrafo. Este último fora introduzido no ano anterior e era agora uma sensação, e a sua popularidade tinha sido favorecida pelo fato que Edison fizera uma demonstração do aparelho na Casa Branca e nos escritórios editoriais da revista *Scientific American.*

Entretanto, na sua grande invenção seguinte, Edison iria sentir a ferroada de uma crítica mordaz. Quando Edison anunciou (depois de muitas tentativas e erros) que tinha conseguido criar a lâmpada incandescente, o mundo científico o atacou.

O mundo estava pronto para uma nova forma de iluminação. Alguns modelos experimentais e lâmpadas de arco voltaico já existiam havia alguns anos, mas se revelaram insatisfatórias para a utilização comercial em larga escala. Havia também o problema dos sistemas de circuitos elétricos primitivos da época. Os itens tinham que ser montados em série, e uma avaria em um único deles cortava a energia de tudo o mais, exatamente como em um fio com lâmpadas baratas de árvore de Natal. Edison sabia que o futuro da energia elétrica residencial precisava ao mesmo tempo de uma luz elétrica funcional e do desenvolvimento de um sistema de circuito em paralelo prático.

Edison já projetara e construíra em Menlo Park, Nova Jersey, as primeiras instalações de pesquisa e desenvolvimento do mundo, e logo dedicou todas as suas energias ao desenvolvimento de uma lâmpada elétrica prática e um circuito em paralelo. Ele passou quase o ano de 1879 inteiro trabalhando no problema, tentando ao lado da sua equipe de pesquisa todas as coisas imagináveis. Nada ficava aceso por mais do que algumas horas, fosse ao ar livre ou no vácuo. Edison encontrou então, por acaso, a combinação de um fio carbonizado contido em um vácuo lacrado. Esse modelo ficou aceso durante 40 horas. Edison ficou eufórico, especialmente quando descobriu que o uso de filamentos de alta resistência lhe permitia obter circuitos em paralelo.

Apesar de uma quantidade surpreendente de críticas profissionais, Edison prosseguiu com o trabalho e, posteriormente, fez uma demonstração pública da sua mais recente invenção, montando uma série de luzes externas em volta dos seus laboratórios. Pessoas viajaram quilômetros para presenciar a sua maravilhosa invenção, que acendeu o céu noturno pela primeira vez na história.

Lamentavelmente, a comunidade científica não quis ter o menor envolvimento com aquilo, nem mesmo o vizinho de Edison, o Professor Henry Morton. Recusando-se a dar a volta no quarteirão e ver por si mesmo, Morton escreveu que sentia a necessidade de "protestar em nome da verdadeira ciência", e que o trabalho de Edison a respeito da lâmpada elétrica era "um óbvio fracasso, proclamado como um maravilhoso sucesso. Uma fraude contra o público".[1]

Felizmente para Edison e para o mundo em geral, pessoas com muito dinheiro como J. P. Morgan e William Vanderbilt respeitavam Edison o bastante para investir na sua nova invenção apesar do protesto da ciência ortodoxa. Ao contrário dos respeitados colegas de Edison, os magnatas dos negócios reconheciam uma coisa boa quando a viam.

É apenas natural que as pessoas hesitem em aceitar novas ideias. Isso não é nenhuma novidade. A ciência ocidental está repleta desses exemplos. Pessoas com *status* e poder que passaram a vida e a carreira representando certas ideias e modelos científicos mostram-se naturalmente relutantes em aceitar novas teorias que mudam a maneira como pensamos a respeito do mundo. Há uma grande quantidade de ego e *status* em jogo. Lamentavelmente, muito dinheiro também pode estar em jogo, e o dinheiro pode determinar o comportamento e os ideais das melhores pessoas, especialmente quando bilhões de dólares estão envolvidos.

Imagine por um momento que você descobriu uma maneira inovadora de gerar energia, uma coisa tão simples e barata que poderia resolver os problemas de energia da humanidade durante vários séculos. Por direito, você seria premiado como um herói internacional, talvez até mesmo convidado para aparecer no programa de maior audiência da televisão! Mas espere um pouco! A energia é um negócio imenso e extremamente lucrativo. Como você acha que as companhias petrolíferas, as empresas de eletricidade e energia nuclear, os produtores de carvão e gás natural, e outros envolvidos no negócio da moderna produção de energia reagiriam? Certamente você não é ingênuo a ponto de achar que o receberiam de braços abertos, não é mesmo? Estamos falando de uma coisa que poderia eliminar essas pessoas do mapa, fazer as ações das empresas delas perdem o valor, torná-las obsoletas, abalar a essência da economia mundial. Não, os detentores do poder jamais o permitiriam, não se pudessem impedi-lo. Veja bem, esse cenário já ocorreu. As empresas poderosas não podem permitir que algo assim aconteça, de modo que fazem o que fizeram com Martin Fleischmann e Stanley Pons, os cientistas que descobriram a fusão a frio.

É fácil imaginar que a produção de energia tem sido um enorme aborrecimento para a humanidade, desde os tempos em que um caçador neolítico tropeçou em um monte de esterco de mastodonte enquanto juntava lenha. Hoje, com a demanda mundial de energia disparando, as coisas não estão ficando nem um pouco mais fáceis. No entanto, nós certamente temos esplêndidas ideias. Há séculos os seres humanos sonham em aproveitar a energia do sol, mas as células fotoelétricas são atualmente caras demais para uma aplicação em larga escala e, com frequência, não são suficientemente poderosas nos climas mais frios que dispõem de menos luz solar.

A fissão nuclear, um dia elogiada como sendo a salvação energética da humanidade, revelou-se um desapontamento. Apesar da promessa do Presidente Eisenhower de produzir uma eletricidade que seria "barata demais para ser medida no medidor", a fissão nuclear demonstrou ser exatamente o oposto, ou seja, um jogo perigoso com resultados mínimos e desalentadores. Entretanto, se pudéssemos aproveitar o verdadeiro segredo da energia nuclear, *a fusão nuclear*, o processo que alimenta as estrelas, os nossos problemas de energia seriam resolvidos.

A fissão nuclear, o processo utilizado nas usinas nucleares no mundo inteiro, requer os dispendiosos elementos pesados urânio e plutônio, e gera subprodutos que são resíduos perigosos, materiais que permanecem carregados com uma radioatividade fatal durante milhares de anos. Uma das vantagens do processo, no entanto, é que pode ser conduzido em uma câmara razoavelmente simples.

A *fusão* nuclear, por outro lado, é completamente diferente. Nesse processo das estrelas, os átomos de hidrogênio, na forma de plasma, se fundem para formar o átomo estável hélio, algo que todos conhecemos por causa dos balões das festas de aniversário.

Alguns dos maiores físicos do mundo vêm estudando, há décadas, o processo da fusão a quente sem que haja nenhuma verdadeira solução à vista para como aproveitá-la. Nenhum material terrestre é capaz de atuar como recipiente para suportar as elevadas temperaturas e pressões necessárias para que a fusão nuclear ocorra. Embora tentativas heroicas tenham sido feitas com a utilização de campos magnéticos como recipientes de contenção, nada funcionou até agora.

Tendo em mente essas informações, imagine o choque que teve lugar quando, em março de 1989, dois cientistas anunciaram durante uma entrevista coletiva à imprensa na University of Utah que haviam conseguido algo inimaginável — a *fusão a frio*, a produção de quantidades utilizáveis de energia a partir da água em um jarro à temperatura ambiente! As manchetes deram a volta ao mundo e causaram furor no mundo científico, tanto amador quanto profissional.[2]

O protocolo habitual teria sido apresentar um artigo a uma revista como a *Nature*, onde ele seria revisado por colegas da mesma disciplina científica. No entanto, o Professor Martin Fleischmann da Southampton University e o Professor Stantley Pons da University of Utah, ex-aluno de Fleischmann, tomaram a medida incomum, talvez por sugestão de superiores, de tornar a sua descoberta conhecida para o mundo por meio de uma entrevista coletiva. Mas a loucura deles continha método.

Para começar, Fleischmann e Pons eram eletroquímicos, não físicos. Lamentavelmente, a sua descoberta da fusão a frio estava fora do âmbito dos químicos, situando-se nas profundezas do território da física da fusão. Os cientistas estavam legitimamente preocupados com a possibilidade de o seu trabalho não se tornar exatamente a menina dos olhos dos especialistas em fusão, que poderiam prejudicar as suas chances de publicá-lo em uma conceituada revista de física apenas por despeito (um preconceito contra os químicos).

E depois, havia a pequena questão do dinheiro. Leve em consideração que essa era uma descoberta bilionária, potencialmente ganhadora do Prêmio Nobel. As patentes e a vantagem inicial do desenvolvimento resultante da primeira fusão executável, quente ou fria, seria provavelmente a descoberta mais lucrativa na história da humanidade, porque a tecnologia iria satisfazer as necessidades de energia do mundo durante gerações. Com bilhões de dólares em jogo, Fleischmann e Pons não queriam correr o risco de que eles e a University of Utah não fossem os patronos dessa magnífica — embora enigmática — descoberta. Uma coisa dessa magnitude requeria uma mudança no protocolo.

O que Fleischmann e Pons haviam descoberto era, se comprovadamente suscetível de ser repetido, extraordinariamente profundo. Com um equipamento que foi posteriormente avaliado em menos de duzentos dólares, os bons professores fizeram uma espantosa constatação. Encheram um jarro de água com "água pesada" (a água rica em deutério, famosa no projeto de desenvolvimento nuclear da Segunda Guerra Mundial), inseriram eletrodos feitos de platina e paládio, e colocaram alguns sais de lítio como um bônus. Quando ligaram a eletricidade, foi produzida aproximadamente mais 50% de energia na forma de um excesso de calor do que a fornecida como eletricidade. E tudo em uma proveta comum à temperatura ambiente.

Nenhum processo químico poderia explicar esse elevado rendimento de energia, de modo que os cientistas examinaram a incrível possibilidade seguinte. Chegaram à conclusão de que processo tinha que ser *nuclear*. Baseados em evidências posteriores, eles o chamaram de fusão nuclear. Como esta ocorreu à temperatura ambiente, eles a chamaram de "fusão a frio", o primeiro caso registrado na história! O rendimento de energia se aproximava daquele de um reator nuclear convencional sem o custo gigantesco e perigoso dos materiais residuais. Poderia ser essa a resposta mágica que era esperada havia tanto tempo para os problemas de energia do mundo?

Tudo indicava que sim, e durante mais ou menos um mês Fleischmann e Pons foram os queridinhos da mídia. As manchetes cintilavam ao redor do mundo, mas devido ao sigilo inerente às descobertas dignas de uma patente, os detalhes demoraram a surgir. Os dois professores até mesmo apareceram na televisão, com uma jarra comum cheia de água quase em ebulição, aquecida pela misteriosa fusão que ocorria naquelas simples circunstâncias.

Quase que da noite para o dia, as universidades Texas A&M e Brigham Young relataram descobertas semelhantes. Steve Jones da Brigham Young até mesmo revelou que a sua equipe estivera alcançando resultados semelhantes durante anos, mas a saída de energia fora pequena demais para uma aplicação prática. Um mês depois do primeiro pronunciamento, Robert Huggins da Stanford University informou que havia reproduzido os resultados de Fleischmann e Pons e acrescentado um jarro de controle de água comum da torneira.[3] O dispositivo experimental produziu o colossal aumento percentual de 50% com relação ao jarro de controle. Huggins havia colocado os dispositivos dentro de uma geladeira de piquenique de plástico vermelho durante o experimento. Foi um dia de festa para a imprensa!

As coisas estavam progredindo e, em abril de 1989, quando a American Chemical Association teve o seu encontro anual em Dallas, Fleischmann e Pons estavam sem dúvida inebriados pelo sucesso. A produção de energia estava se aproximando à da fissão nuclear convencional, e Pons detectara informações cruciais que confirmaram o processo de fusão: a existência do trítio, outro isótopo do hidrogênio, e a presença de raios gama e hélio. Quando a energia para o jarro foi cortada, a radiação gama também se interrompeu! As coisas pareciam promissoras.

No final de abril, Fleischmann e Pons estavam diante do U.S. House Science, Space, and Technology Committee, pedindo a bela quantia de aproximadamente 25 milhões de dólares para fundar um centro para a pesquisa da fusão a frio. Eles devem ter se sentido como estrelas do rock, mas a sua classificação estava para cair.

Vou deixar que você tire as suas próprias conclusões a respeito da próxima sequência de eventos. De repente, apesar dos relatórios de reprodução dos experimentos em todo o mundo, a comunidade científica se mostrou cética. Apesar de raios gama, trítio e hélio terem sido encontrados em amostras onde eram inicialmente inexistentes, o que era uma indicação direta de que a fusão nuclear estava tendo lugar, os detentores do poder decidiram que não... que ela não estava. Aparentemente da noite para o dia, muitos dos laboratórios que inicialmente haviam relatado ter tido sucesso com o simples dispositivo de Fleischmann e Pons estavam agora modificando a sua história.

A imprensa noticiou o fato e, no início do verão de 1989, a fusão a frio estava sendo discutida como uma "ideia defeituosa". As coisas estavam começando a não parecer muito boas, e então o golpe de misericórdia foi aplicado pelo baluarte da engenharia e ciência tecnológica, o Massachusetts Institute of Technology (MIT).

No início do verão de 1989, o MIT havia investigado o fenômeno da fusão a frio, e o dr. Richard Petrasso do Centro de Fusão do Plasma do MIT informou que era extremamente provável que as constatações de Fleischmann e Pons fossem uma "falha", sugerindo que talvez a radiação gama não tenha existido. Ele declarou: "A única explicação plausível que podemos apresentar para o fenômeno é que se trata de um artefato instrumental sem nenhuma relação com a interação dos raios gama." Depois disso, o diretor do Centro de Fusão do Plasma, dr. Ronald Parker, também comentou: "Estamos afirmando que a emissão de nêutrons estava abaixo do que eles acharam que ela era, incluindo a possibilidade que ela possa ter sido até mesmo inexistente."[4]

Tudo isso encerrou uma distorção irônica. Se Parker tivesse parado por aí, o assunto da fusão a frio provavelmente teria sumido aos poucos até que fosse um dia redescoberto. No entanto, em vez de fazer isso, ele resolveu fazer um ataque violento, tentando desacreditar pessoalmente Fleischmann e Pons, fazendo publicar uma história no *Boston Herald* que os acusava de fraude e de praticar uma "ciência de segunda classe".

A história causou agitação em Boston, e Parker tentou mais tarde modificá-la e acusar o redator, Nick Tate, de florear os comentários negativos. Tate simplesmente apresentou as transcrições originais da entrevista, na qual Parker de fato utilizara várias vezes a palavra "fraude". Parker estava prestes a sentir a ferroada do seu próprio mau karma negativo.

A coisa começou com o principal redator chefe do departamento de imprensa do MIT, dr. Eugene Mallove. O íntegro acadêmico estava familiarizado com a manipulação de Parker do *Boston Herald*, e não gostava nem um pouco daquilo. Quando ele e outras pessoas de dentro do MIT começaram a examinar as evidências internas, descobriram alguns fatos alarmantes.

O primeiro gráfico do estudo que o MIT fez do dispositivo experimental da fusão a frio de fato mostrou que era produzida uma quantidade maior de calor do que a eletricidade que entrava, como Fleischmann e Pons haviam afirmado. Mas quando a equipe de Mallove examinou o gráfico do jarro de controle, ficaram surpresos. *Os dois gráficos eram praticamente idênticos!* No entanto, o jarro de controle só continha água pura, em cujo caso nenhuma produção de calor teria sido possível a partir da fusão ou de qualquer outra coisa.

Embora fosse difícil de aceitar, a evidência era clara como água. *O MIT tinha trapaceado,* falsificando os dados experimentais para desacreditar a fusão a frio! Mesmo depois da suposta "redução de dados" e manipulação estatística, não havia como os gráficos parecerem idênticos, a não ser, é claro, que tivessem sido *forjados* para parecer dessa maneira. Infelizmente, foram exatamente essas as informações posteriormente utilizadas pelo Departamento de Energia e pelo órgão responsável de registros de patentes dos Estados Unidos para rejeitar a fusão a frio.

Eugene Mallove ficou tão indignado que pediu demissão do MIT em uma reunião pública, acusando abertamente a instituição de apresentar dados experimentais falsificados com a intenção precisa de desacreditar a fusão a frio. Depois que a poeira baixou e a notícia do fiasco do MIT se espalhou pelo mundo, os representantes do MIT tentaram salvar a honra com o discurso habitual de redução dos dados, finalmente substituindo a sua postura oficial de ser "incapaz de reproduzir [o experimento de] Fleischmann-Pons" pela declaração mais inócua de que os resultados eram "insensíveis demais para ser confirmados".[5]

Normalmente, a coisa acabaria por aí. No entanto, é difícil reprimir algo que encerre um valor genuíno e, de acordo com a opinião geral, esse é o caso do processo da fusão a frio. Apesar da recomendação da U.S. House Committee, apesar do fiasco do MIT, e apesar da rejeição do Departamento de Energia dos Estados Unidos e do órgão responsável pelo registro de patentes, a pesquisa e desenvolvimento da fusão a frio está crescendo a passos gigantes. Vamos examinar alguns fatos.

Quatro anos depois do pronunciamento original feito por Fleischmann e Pons, a fusão a frio fora reproduzida e documentada por 92 grupos diferentes em dez países em todo o mundo. Uma equipe do Stanford Research Institute (isso mesmo, o SRI, famoso pela visão remota), chefiada pelo dr. Michael McKubre, informou que eles haviam reproduzido com êxito o processo de fusão a frio e eram capazes de produzir à vontade um excesso de energia. Mas ainda há mais.

A fusão a frio foi confirmada nas seguintes Instituições: Los Alamos National Laboratory, Oak Ridge National Laboratory, o U.S. Naval Research Laboratory, o Naval Air Warfare Center Weapons Division em China Lake, o Naval Ocean Systems Center, Texas A&M University e California Polytechnic Institute, onde o dr. Robert Bush e associados alcançaram níveis de produção de energia trinta vezes maiores do que a densidade de energia das hastes de combustível nuclear em uma usina de fissão típica.[6]

O Electric Power Research Institute estava profundamente envolvido na pesquisa da fusão a frio e designara para esse fim milhões de dólares em meados da década de 1990. Além disso, um consórcio de cinco importantes concessionárias de energia destinou uma verba de 25 milhões de dólares para pesquisas adicionais. As empresas comerciais estão bastante avançadas no desenvolvimento de aparelhos de aquecimento acionados pela fusão a frio para uso doméstico. Espera-se que eles estejam disponíveis no mercado em breve.[7]

Parece que tem sido prestada muita atenção a uma coisa que oficialmente não funciona. A *Nature* ainda continuou com as críticas à fusão a frio, publicando um editorial na edição de março de 1990 repleto de frases como "adeus (não afetuoso) à fusão a frio", "desonrosa para a comunidade científica", "um exemplo desprezível para os jovens" e "uma grave distorção do processo da ciência".[8] No entanto, há uma mudança no ar. Um programa do History Channel que foi ao ar no dia 17 de julho de 2007 foi particularmente interessante. Durante o programa *Doomsday Tech I*, tanto a fusão a frio quanto a quente foram mencionadas. Foi revigorante ver a fusão a frio discutida a partir de uma ótica positiva. O narrador disse: "Embora em grande medida desacreditada no passado, ela está sendo hoje reexaminada... e em estudos realizados no SRI International, a fusão a frio criou *30 vezes o rendimento de energia da mesma quantidade de gasolina!*"[9] (O grifo é meu.) O dr. Eugene Mallove sabia que havia alguma coisa nisso tudo, e durante 15 anos continuou a luta, percorrendo o mundo para promover a fusão a frio como uma coisa que acreditava que poderia salvar a humanidade, fornecendo energia para todos nós. E então algo terrível aconteceu.

Depois de convencer sozinho o Departamento de Energia dos Estados Unidos a reexaminar o processo da fusão a frio, Mallove, que era amado por todos que o conheciam, foi espancado até a morte, e o seu corpo sem vida foi encontrado em 14 de maio de 2004. A única explicação fora uma disputa altamente suspeita entre "proprietário e inquilino", algo considerado absurdo por todos os que o conheciam. Talvez a fusão a frio funcione bem *demais*.

No verão de 1976, os americanos já festejavam havia vários meses a celebração, de um ano de duração, do bicentenário da independência dos Estados Unidos. Piqueniques, festas e torneios para ver quem comia mais torta pipocavam pelo país, mas o pessoal da NASA estava alegre e bem-disposto por outro motivo. A Viking Orbiter I tivera um encontro bem-sucedido com o planeta Marte e estava ocupada fotografando a superfície do Planeta Vermelho, em busca de pontos de aterrissagem adequados para a Viking Orbiter II, uma nave-robô que seria lançada da Viking Orbiter I para fazer a primeira aterrissagem suave em Marte.

Depois de lançar a sua preciosa carga, a Viking Orbiter I continuou a esquadrinhar a paisagem marciana a partir de uma altitude de 1.600 quilômetros, tirando milhares de fotografias sem precedentes. Os cientistas planetários estavam animadíssimos. Essas seriam as primeiras imagens extensas da superfície de Marte, o planeta do mito e da lenda desde tempos imemoriais, o único corpo celeste habitável no nosso sistema solar, além da Terra.

Na trigésima quinta órbita, quando a espaçonave estava fotografando uma área conhecida como *Cydonia*, situada a 41 graus acima do atual equador de Marte, aconteceu uma coisa para a qual ninguém estava preparado. Havia milhares de imagens para ser analisadas, um processo no qual muitos especialistas levariam anos dedicados a um estudo científico, mas quando o técnico em imagens Toby Owen olhou pela primeira vez para um determinado fotograma, algo a respeito dele chamou a sua atenção. Ele estava de gatinhas observando as imagens que cobriam o chão, examinando-as com uma lente de aumento, quando os seus olhos se fixaram naquele fotograma, número 35A72. Naquele momento, ele sentiu um arrepio na coluna e o seu cabelo na nuca ficou em pé. "Oh, meu Deus, vejam isto!" Lá, em um planalto escarpado isolado, açoitado pelo vento, na região marciana de Cydonia, estava... *um rosto...* um enorme rosto humanoide contemplando solenemente o espaço. Ele tinha que ser enorme para ser visível da órbita, tendo talvez um quilômetro e meio de um lado a outro, e grande parte estava na sombra. No entanto, sem nenhuma sombra de dúvida, parecia um... *rosto*!

É claro que ninguém na NASA achou que poderia ser realmente um rosto. Afinal de contas, era bem mais provável que ele fosse uma criação de forças naturais do que de homenzinhos verdes. Em uma entrevista coletiva à imprensa que teve lugar pouco depois, o cientistas Gerry Soffen do projeto Viking mostrou um *slide* do rosto, que estava prestes a ser divulgado pela imprensa para o mundo inteiro, e fez o seguinte comentário: "Não é peculiar o que o jogo de luz e sombra pode fazer? Quando tiramos outra fotografia algumas horas depois, ela [a aparência de um rosto] desapareceu; era apenas a maneira como a luz incidia sobre a formação."[10]

A mídia estava presente em peso à conferência, e entre os repórteres estava um escritor científico de certo renome, Richard Hoagland — um homem brilhante, apaixonado pela ciência e tecnologia, particularmente a ciência espacial. Hoaglan era amigo do autor e inventor Arthur C. Clarke e era o homem pessoalmente responsável pela inclusão de uma placa folheada a ouro com uma mensagem no Pioneer 10, o primeiro engenho feito pelo homem a deixar o nosso sistcma solar. (Hoagland levou essa ideia de última hora para o famoso astrônomo Carl Sagan, que teve poder suficiente para colocá-la na sonda. A placa continha diagramas de seres humanos e do sistema solar, bem como gravações de sons e da música terrestre comum. A NASA foi até mesmo avançada o bastante para incluir o clássico "Johnny B. Goode" de Chuck Berry!) Richard Hoagland não sabia disso na época, mas a sua vida estava prestes a mudar de direção.

Nada aconteceu com a misteriosa imagem nos dois anos e meio seguintes à missão de Marte. Depois, dois especialistas em imagem chamados Vincent Di Pietro e Gregory Molenaar inventaram uma nova técnica aprimorada para limpar dados eletrônicos, como os das fotos da Viking em Marte. Di Pietro tinha visto a fotografia do "Rosto" e aceito o veredicto oficial de que tudo era resultado da erosão; ou seja, isso até ele examinar os dados por meio desse novo processo. O Rosto se parecia mais do que nunca com um rosto, mostrando sinais claros de pupilas nos olhos e dentes na boca impassível. Perplexos e desconfiados, Di Pietro e Molenaar começaram a procurar "a outra foto da NASA tirada algumas horas depois".

Acontece que nessas algumas horas depois, era noite na região marciana de Cydonia, quando era impossível tirar fotos satisfatórias. Foi somente depois de examinar durante meses as imagens oficiais da NASA disponíveis para o público que eles descobriram outra foto de Cydonia — que por acaso havia sido incorretamente arquivada — que havia sido tirada 35 dias depois, em um ângulo do Sol inteiramente diferente. Pasmem, eles continuaram a ver o que se parecia com um rosto, esculpido em um seco planalto escarpado marciano.

Di Pietro e Molenaar continuaram a procurar qualquer coisa semelhante no labirinto das fotografias da Viking e não encontraram nada. Somente o Rosto parecia se destacar, junto com alguns morros vizinhos que pareciam estranhamente simétricos. Esses morros se pareciam muito com pirâmides. Por azar, os dois homens se envolveram em disputas científicas a respeito dos limites entre as esferas dos geólogos e dos biólogos até que as coisas desaceleraram. O assunto provavelmente teria desaparecido de vista se Richard Hoagland não tivesse por acaso examinado cuidadosamente as imagens com uma lente de aumento em julho de 1983.

Enquanto examinava atentamente as fotos com ampliação, Hoagland se viu cada vez mais convencido de que o rosto, as pirâmides e uma área vizinha de linhas paralelas, ângulos redundantes e estranhas células semelhantes a favos de mel — uma coisa que ele chamou de "a Cidade" — eram de fato estruturas de origem artificial. Ele comenta o seguinte: "Eu me dei conta de que estava olhando para uma coisa que era um completo desperdício de tempo ou a descoberta mais importante do século XX, ou até mesmo de toda a nossa existência na Terra."[11] Hoagland tinha sido fisgado.

Quando se trata de analisar algo enigmático e polêmico como a região de Cydonia, que poderia conter ou formações naturais muito intrigantes ou antigas estruturas artificiais de origem desconhecida, precisamos buscar pistas. As formações naturais não formam linhas retas. Não formam ângulos redundantes. As novas imagens tinham uma grande quantidade das duas coisas; na realidade a região de Cydonia estava literalmente apinhada com formações que sugeriam fortemente uma origem artificial. As estruturas evocavam o comentário de Carl Sagan a respeito da vida extraterrestre: "A vida inteligente na Terra primeiro se revela por intermédio da regularidade geométrica das suas construções"; Sagan, contudo, não parecia achar que a definição se aplicasse à região de Cydonia.[12] Ele comparou essa situação "àqueles que veem Jesus Cristo em um salgadinho de milho".

Além do Rosto, havia dezenas de outros "morros", "pirâmides" e formações semelhantes a cidades. Qualquer uma dessas formações, com a exceção do Rosto, se encontrada ao acaso nos desertos marcianos, dificilmente teria causado um momento de hesitação. Era o fato de que todas estavam dentro de um único "complexo" e, além disso, precisamente alinhadas umas com as outras, que tornava a ideia da formação erosiva tão remota.

O especialista em imagens dr. Mark Carlotto passou anos examinando os dados da região de Cydonia e ficou convencido de que o *design* dos fenômenos era inteligente. O seu artigo resultante, destacado na capa da edição de maio de 1988 da revista *Applied Optics*, foi concluído com a seguinte declaração: "Os resultados da análise tridimensional mostram que a impressão de traços faciais não é um fenômeno transitório. Os traços faciais são evidentes na topografia subjacente e induzem a impressão visual de um rosto sobre uma vasta gama de condições e perspectivas de iluminação."[13]

Mais tarde, os repórteres questionaram Bill Rhodes — editor de *Applied Optics* e professor de engenharia do Georgia Institute of Technology — a respeito do nível da "ciência" contida no trabalho de Carlotto. Rhodes respondeu: "Carlotto foi imparcial e objetivo nos métodos que decidiu usar, que foram técnicas clássicas [de imagiologia]."[14] Quiséssemos ou não, o Rosto parecia ser real. Agora, se ao menos Hoagland conseguisse fazer com que a NASA concordasse. O problema continua até hoje, e é a razão pela qual incluí esta história neste capítulo particular.

A sequência de eventos que se seguiu à época em que Hoagland chamou pela primeira vez a atenção do mundo para a região de Cydonia parece quase um romance de mistério barato. Por alguma razão, a NASA se deu a um enorme trabalho para evitar modificar a sua posição de que Cydonia era apenas uma estranha formação geológica. Para começar, o pessoal da NASA simplesmente... *mentiu*.

Durante anos, os representantes da NASA insistiram em afirmar que tinham outras imagens de Cydonia que demonstravam "o jogo de luz e sombra" que mencionavam o tempo todo. Por uma estranha razão, contudo, essas imagens nunca pareciam estar disponíveis. Finalmente, anos depois da descoberta inicial, a verdade veio à tona. *Não havia* outras imagens, pelo menos nenhuma que mostrasse que os fenômenos eram apenas um monte de pedra bruta. No entanto, havia uma grande quantidade de imagens com uma coisa que se parecia com um rosto. Futuras missões a Marte já estavam planejadas. Muitas pessoas pediram: "Por favor, tirem mais fotografias para que possamos esclarecer essa questão de uma vez por todas." Parecia um pedido razoável.

Outra missão já fora de fato programada para Marte, a nave Mars Observer que seria lançada em 1993. Inicialmente, não estavam incluídas máquinas fotográficas no plano da missão, mas depois que o interesse do público no "rosto e pirâmides de Cydonia" atingiu proporções tão gigantescas que não pôde mais ser desconsiderado, uma câmera Malin de alta tecnologia foi incluída no perfil da missão, um dispositivo que poderia obter imagens cinquenta vezes mais nítidas do que o equipamento original.

Quando dava uma palestra em uma faculdade técnica em Michigan a respeito dos méritos maravilhosos da câmera e da futura missão, o dr. James Zimbelman, membro oficial da equipe da Mars Observer, comentou a respeito dos excelentes estudos sobre a geologia marciana que resultariam da missão. Finalmente, o inevitável aconteceu. Um membro da audiência fez a Grande Pergunta: "Levando em conta, como o senhor diz, a natureza esplêndida da nova câmera da nave [Mars Observer] — o senhor está planejando tirar novas fotos do "Rosto e das Pirâmides"? Assombrosamente, Zimbelman respondeu: "Nós gostaríamos... mas não conseguimos *focalizar* a câmera."[15]

Finalmente, depois de numerosos reveses, debates oficiais e uma investigação no congresso, além de muitas ocorrências fora do comum relacionadas com o lançamento em si, o veículo se aproximou de Marte. No que talvez tenha sido o acontecimento mais estranho na breve história da exploração espacial, a Mars Observer, faltando apenas seis dias para entrar na órbita de Marte, de repente, sem nenhum aviso... simplesmente... *desapareceu*!

Baseado em uma alarmante série de eventos, Hoagland ficou convencido de que pessoas de dentro da NASA havia deliberadamente encenado o "desaparecimento" do Observer para que pudessem converter a viagem da nave em uma missão secreta. O Big Brother queria examinar Cydonia sem o conhecimento ou interferência do público. Se isso for verdade, a grande pergunta permanece: *por quê*?

É importante compreender que na ocasião da missão da Mars Observer, a existência e a polêmica em torno do Rosto atingira um ponto no qual se tornara um assunto da cultura popular. Até mesmo o Zezinho da esquina estava a par dele, e quase todo mundo achava que se tratava de uma estrutura artificial genuína. Sendo este o caso, as medidas que a NASA tomou para evitar o assunto dos Monumentos de Marte [Monuments of Mars] (nome popularizado pelo livro de Hoagland com esse título) chegou às raias da neurose. Não demorou muito para alguém perceber. Esse alguém foi o dr. Stanley V. McDaniel, professor de epistemologia e chefe do Departamento de Filosofia da Sonoma State University no norte da Califórnia.

A epistemologia é uma importante divisão da filosofia que estuda como sabemos o que sabemos, como a ciência em si funciona. O dr. McDaniel se interessou pelos 17 anos de estudo de Hoagland da área de Cydonia, e, o que é mais importante, pela reação da NASA ao assunto, particularmente pelo fato de ela insistentemente se recusar a falar a respeito da questão de um novo exame futuro profundo e minucioso. McDaniel, que como qualquer pessoa razoável, sentia que esse tema deveria ser extremamente importante para a NASA, achou que o comportamento da agência espacial justificava um exame mais detalhado.

Foi exatamente o que ele fez, publicando os resultados da sua exaustiva pesquisa de um ano de duração com o majestoso título *The McDaniel Report: On the Failure of Executive, Congressional, and Scientific Responsibility in Investigating Possible Evidence of Artificial Structures on the Surface of Mars and in Setting Mission Priorities for NASA's Mars Exploration Pro-*

gram.¹⁶* Foi McDaniel que finalmente levou a NASA a admitir que não havia "outras fotografias" que provassem a afirmação que haviam feito de que o Rosto era apenas "um jogo de luz e sombra".

No relatório, McDaniel fez a seguinte declaração excepcionalmente forte: "Por causa da posição adotada pela NASA, uma gigantesca negligência de responsabilidade pública da NASA é iminente. Na realidade, a NASA talvez esteja *prestes a cometer um dos mais clamorosos crimes contra a ética da ciência em toda a história.*"¹⁷ O relatório foi entregue pessoalmente ao porta-voz da NASA, o dr. Bevan French, na terça-feira, 19 de agosto de 1993. French recusou-se a comentá-lo durante o debate com Hoagland no programa de televisão *Good Morning America* no dia 22 de agosto. No entanto, vale a pena observar que foi menos de 48 horas depois de a NASA ter recebido cópias do *The McDaniel Report* que o contato por rádio foi perdido com a Mars Observer e a nave desapareceu.

É claro que ainda precisamos comentar a respeito da questão realmente importante: *por quê*? Por que a NASA e o governo dos Estados Unidos estariam hesitando tanto em aprovar essa investigação? O que havia a respeito de Cydonia e dos Monumentos de Marte que eles estavam se esforçando de uma maneira tão exaustiva e incomum para ocultar? Muitos acham que a razão talvez seja o suposto "choque" para a sociedade que seria causado pela revelação de que não estamos sozinhos, com o surto de suicídios e agitação social que todos os "especialistas" predizem que iria acontecer.

Na realidade, nos idos da sua infância, a própria NASA estivera envolvida com um estudo desse tipo; os resultados apareceram em um documento conhecido como o Brookings Report. Quando a NASA foi criada pelo Congresso na lei espacial de 1958 (Space Act), grupos de especialistas em todos os Estados Unidos analisaram as implicações potencialmente importantes da viagem espacial. A Brookings Institution contratou em 1959 uma pesquisa para lidar com essas questões, uma análise de um ano de duração que resultou em um documento de 264 páginas intitulado

---

*Tradução literal: *O Relatório McDaniel: A Falta de Responsabilidade Executiva, Congressional e Científica na Investigação de Possíveis Evidências de Estruturas Artificiais na Superfície de Marte e na Definição de Prioridades de Missão para o Programa de Exploração de Marte da NASA.* (N. da T.)

"Proposed Studies on the Implications of Peaceful Space Activities for Human Affairs."*

Mais para o fim do trabalho havia uma parte intitulada "Implicações da Descoberta da Vida Extraterrestre". Depois de ter mencionado que muitos especialistas consideravam muito provável que exista vida em outros lugares do cosmos, os cientistas da Brookings aventaram que "artefatos deixados em algum momento do tempo por essas formas de vida poderiam possivelmente ser descobertos por meio das nossas [futuras] atividades na Lua, em Marte ou em Vênus".[18] Eles sugeriram que essas descobertas fossem mantidas no mais absoluto segredo.

Parecia para a maioria que esse dia de fato chegara, e o pessoal da NASA estava seguindo o conselho ao pé da letra. Entretanto, Hoagland acha que a história encerra mais coisas. Ele acredita que o verdadeiro motivo por trás de todo o segredo possa ser a descoberta de algo de monumental importância: um suprimento ilimitado de energia, a energia intrínseca do próprio cosmos.

Incluí aqui a história dos Monumentos de Marte por duas razões. A primeira é para estabelecer o fato que a ciência é com frequência aliada da política. Mais importante ainda é a segunda razão, a possível verificação de uma coisa que os antigos sempre mencionaram: a existência da energia sutil que permeia o cosmos. Richard Hoagland acredita que ele e a sua equipe a descobriram.[19]

De certo modo, tudo recua à geometria sagrada. Os sábios afirmaram durante éons que determinadas formas contêm ou canalizam uma energia cósmica. Algumas pessoas acham que essa geometria é o motivo subjacente pelo qual o nosso sistema de mensuração se baseia em unidades de 60, como os 360 graus contidos em um círculo, ou as nossas medidas do tempo, com 60 segundos em um minuto, 60 minutos em uma hora e assim por diante.

Os estudiosos se perguntaram durante séculos por que os antigos escolheram essa série particular, aparentemente arrancando-a do ar ao acaso. Depois de anos de estudo, Hoagland e os seus colaboradores descobriram

---

* Tradução literal: "Estudos Propostos sobre as Implicações de Atividades Espaciais Pacíficas para os Assuntos Humanos". (N. da T.)

que Cydonia revela grande parte da mesma geometria visível nas antigas estruturas do Egito, da China, do México e da Grécia. Eles observaram particularmente a importância de um *tetraedro inscrito*.

O mais básico dos antigos sólidos platônicos é o tetraedro, do qual um perfeito exemplo é a Grande Pirâmide de Gizé. Se encerrarmos a pirâmide em uma enorme esfera, teremos um "tetraedro circunscrito". Se um dos vértices da pirâmide estiver localizado no eixo polar norte ou sul de uma esfera rotativa, os outros vértices se alinham a 19,5 graus ao norte ou ao sul do equador da esfera. Hoagland encontrou esses valores específicos repetidamente evidentes em Cydonia, inclusive no próprio local físico do complexo de Cydonia.

Outros pesquisadores descobriram que esses centros de energia existem em Júpiter e Netuno nessa localização precisa — 19,5 graus. No caso de Júpiter, é a Grande Mancha Vermelha; em Netuno, a Grande Mancha Escura. *E esses dois planetas gigantes irradiam para o espaço mais energia do que recebem do Sol.*[20] Na realidade, o próprio Sol parece seguir essa regra. A localização máxima da atividade de onze anos das manchas solares ocorre e... você adivinhou... 19,5 graus ao norte ou ao sul do equador solar. Até mesmo aqui na Terra, as formações naturais parecem seguir essa descoberta. A maior "emanação" vulcânica no nosso planeta, o Vulcão-escudo havaiano, situa-se exatamente a 19,5 graus, a mesma localização dos dois maiores vulcões ativos em Vênus, Alpha e Beta Regio.

Embora esses sejam apenas alguns dos paralelos que o grupo de Hoagland encontrou, eles conduziram coletivamente a algo que, na cabeça de Hoagland, é extremamente importante: a convicção de que Cydonia é a chave para a lendária energia tão comum e tão enfatizada nos antigos textos sagrados. E tudo pode ter sido feito de propósito.

Hoagland e a sua equipe chegaram à conclusão de que o complexo de Cydonia foi construído, entre outras razões, como um sinal para outros seres, talvez os cidadãos da Terra, como uma possível ferramenta para nos instruir a respeito dessa característica fundamental de nós mesmos e do nosso mundo. O gigantesco rosto humanoide, que contempla os céus, iria de fato atuar como um símbolo, algo que iria captar a nossa atenção quando a hora chegasse.

Se esse for realmente o caso, então o Rosto já satisfez à sua finalidade pretendida. Ele foi descoberto em 1976. Desde então, a NASA e o governo têm agido de uma maneira estranha, deixando-nos com uma pergunta: eles estão apenas seguindo as orientações originais do *The Brookings Report*, ou estão com medo de que tomemos conhecimento do que descobriram? Afinal de contas, a verdade poderia nos libertar.

Discutimos até agora questões relacionadas com a ciência convencional, e mais especificamente a relutância da comunidade científica em aceitar novos conceitos quando estes se desviam excessivamente da versão atual da Verdade. Se você acha que cientistas e instituições reconhecidas recebem um tratamento brutal, imagine só a perseguição resultante quando o mundo psíquico é examinado. Alguns membros das instituições dominantes estabelecidas ficaram tão desgostosos que criaram uma organização para investigar e desacreditar a pesquisa psíquica. Esse é o caso da Committee for the Scientific Investigation of Claims of the Paranormal [Comissão de Investigação Científica de Alegações de Paranormalidade], a fabulosa CSICOP (que se pronuncia "psi cop" [Policial psíquico] — entende?) Criada em 1976, a organização mudou de nome em 2006 para Committee for Skeptical Inquiry (CSI) [Comissão de Investigação Cética], mas prefiro o acrônimo mais vistoso; além disso, ele é mais fiel à atitude da organização.

Para entender a mentalidade por trás da CSICOP, temos que recuar mais ou menos uns cem anos. Por volta do final do século XIX, as pesquisas paranormais e psíquicas haviam se arraigado firmemente tanto nos Estados Unidos quanto na Grã-Bretanha. Apesar de marginalizados pela ciência ortodoxa, havia um crescente movimento interessado nos fenômenos inexplicados que pareciam ser parte integrante da existência humana. À semelhança de tantos outros temas com conotações religiosas ou espirituais, os sentimentos eram intensos tanto a favor quanto contra os fenômenos psíquicos e a paranormalidade.

Aqueles que acreditavam na possibilidade dos fenômenos psíquicos desejavam que mais pesquisas fossem realizadas. Entretanto, entre aqueles que não acreditavam nessa possibilidade, as reações iam de uma branda aversão a um ódio absoluto. Do ponto de vista deles, e durante várias décadas do século XX, as coisas não estavam muito ruins. Depois, o movimento da Nova Era surgiu na década de 1960 e realmente bagunçou tudo. Antes dessa época, a paranormalidade fora apenas uma obsessão de algumas pessoas excêntricas, mas agora... agora ela se popularizara! A mídia popular estava encantada com todo esse contrassenso! Consciência expandida, eventos para celebrar o amor, rock'n'roll, mantos, colares de contas, Shirley MacLaine... quanta bobagem! Alguma coisa tinha que ser feita para atenuar a irritação dos humanistas, ateístas e viciados em ciência que estavam tão incomodados com esse tipo de coisa.

Um pequeno grupo já estava pronto para entrar em ação. A princípio eles se denominaram Resources for the Scientific Evaluation of the Paranormal [Recursos para a Avaliação Científica da Paranormalidade], ou RSEP, e eram bastante comedidos, embora as suas opiniões sobre a paranormalidade fossem consideradas como indo "de um ceticismo moderado a uma hostilidade combativa".[21] Os membros originais eram o escritor Martin Gardner, o psicólogo Ray Hyman, o mágico James "O Incrível" Randi e o sociólogo Marcello Truzzi, que também publicava o boletim informativo do grupo *The Zetetic,* que lidava com as pesquisas acadêmicas sobre o ocultismo e a paranormalidade.

Em 1975, quando o RSEP estava se formando, o filósofo Paul Kurtz, professor da State University of New York em Buffalo e editor da revista *The Humanist,* estava aborrecido com a crescente popularidade da astrologia. Kurtz recolheu 186 assinaturas de cientistas contrários à astrologia e elaborou um breve texto intitulado "Objeções à Astrologia", o qual chamou muita atenção, sendo inclusive objeto de uma notícia na primeira página do *New York Times.*

Desse modo, o terreno estava preparado para a formação da CSICOP, embora não antes que algumas críticas fossem feitas, quem diria, logo pelo famoso astrônomo Carl Sagan, que mais tarde seria membro da CSICOP. Sagan escreveu uma carta para o *The Humanist* em resposta ao artigo "Objeções à Astrologia", na qual declara:

"Eu me vejo incapaz de endossar a declaração "Objeções à Astrologia"... não porque eu ache que a astrologia tenha alguma validade, mas porque senti, e ainda sinto, que o tom da declaração é *autoritário*. O ponto fundamental não é que as origens da astrologia estejam envoltas pela superstição. *Isso também se aplica à química, à medicina e à astronomia, mencionando apenas três.* Discutir as motivações psicológicas daqueles que acreditam na astrologia me parece bastante periférico à questão da validade. ... Declarações que contestam a ciência popular, a ciência limítrofe ou a pseudociência que pareçam ter um tom autoritário podem fazer mais mal do que bem. Elas nunca convencem aqueles que estão flertando com a pseudociência; ao contrário *parecem meramente confirmar as suas impressões de que os cientistas são pessoas inflexíveis de mentalidade tacanha*" [grifo acrescentado].[22]

Esse argumento é importante porque, em um futuro próximo, esse mesmo conflito iria causar uma importante rixa interna dentro da jovem organização. Mais tarde, um escritor diria: "Embora eles estivessem agindo em nome da ciência, a sua iniciativa não era em nenhum sentido tradicional 'científica' e sim ideológica, política ou até mesmo teológica — na medida em que estavam servindo à agenda humanista."[23]

O problema era que a liderança enxergava tudo de uma maneira simplista, em preto e branco. Eles amontoavam coletivamente o ocultismo, as convicções religiosas genuínas e os temas paranormais populares na mesma categoria que as pesquisas parapsicológicas importantes, desprezando igualmente a todos. Acho que uma pessoa razoável enxergaria uma leve diferença entre alguém que estivesse em busca do monstro de Lago Ness e o excelente trabalho sobre psicocinese realizado em Princeton por Robert Jahn e seus associados.

Por outro lado, temos um homem como Marcello Truzzi, sem dúvida cético com relação à paranormalidade, mas aberto à investigação séria de assuntos psíquicos e paranormais. Em um artigo publicado na revista *Fate*, uma importante publicação paranormal, Truzzi admitiu que alguns temas paranormais eram "passíveis de investigação e justificação como qualquer enunciado científico".[24] Assim, o terreno estava preparado, e quando Paul Kurtz tomou conhecimento de Truzzi e do RESP, entrou imediatamente em contato com ele para que juntassem forças no que viria a ser a CSICOP.

Truzzi ficou inicialmente preocupado com o fato de não ser um humanista e não compartilhar das convicções humanistas. Também estava apreensivo com relação aos fervorosos ataques de Kurtz aos assuntos paranormais. Truzzi concordou em ajudar desde que esses temas fossem investigados de uma maneira justa, mas não estava interessado em fazer parte de uma campanha radical de demitificação. Kurtz garantiu a Truzzi que ele e os seus colegas seriam justos e imparciais. Truzzi foi arrolado, e até mesmo permitiu que *The Zetetic* se tornasse a publicação oficial do CSICOP, embora o nome fosse rapidamente alterado para *Skeptical Enquirer*, a popular revista que vemos hoje em dia.

Truzzi não demorou muito para perceber que fora enganado e que o verdadeiro objetivo da CSICOP era desmascarar qualquer coisa que tivesse indícios de paranormalidade. Renunciou ao cargo de copresidente em agosto de 1977. Pouco depois, Kurtz e a sua equipe perseguiram a rede de televisão NBC e a revista *Reader's Digest* por dar uma cobertura favorável a temas psíquicos. Um representante da CSICOP, um mágico chamado Milbourne Christopher, declarou que mais de duzentas pessoas ao redor do mundo haviam se suicidado por causa de horóscopos desalentadores ou de uma leitura das mãos desfavorável. No entanto, a mídia revidou, e como a declaração não pôde ser documentada, a CSICOP nunca mais usou essa munição verbal.

No entanto, a CSICOP obteve um poder considerável porque conseguiram recrutar alguns importantes cientistas para a sua causa, embora os únicos que o público conhecia eram o célebre cientista Carl Sagan e o psicólogo comportamental B. F. Skinner. É importante observar que, com a exceção parcial de Sagan, que investigara fenômenos OVNI e escrevera um texto criticando Immanuel Velikovsky, autor do famoso livro *Worlds in Collision, nenhuma dessas pessoas tinha qualquer experiência em fenômenos paranormais ou psíquicos!* Além disso, vários membros não tinham nenhuma formação científica, entre eles o mágico James Randi, o jornalista de aviação Philip Klass, um dos críticos das pesquisas de OVNIs, e um dos fundadores, Martin Gardner, que escrevia sobre a ciência e assuntos relacionados, e que havia muito tempo criticava tudo o que se afastasse das sólidas convicções ortodoxas.

A ironia de tudo isso é que qualquer pesquisador parapsicológico simplesmente *adoraria* que o seu trabalho fosse objeto de uma séria investigação científica ortodoxa. Robert Jahn costumava comentar como era desalentador obter essas informações monumentais, como ele obteve durante o programa PEAR em Princeton, e depois ser incapaz de convencer os seus colegas a atravessar o gramado do campus da universidade para examinar os seus resultados.

A CSICOP só realizou uma pesquisa científica. Ela envolvia o motivo de queixa predileto de Paul Kurtz, a astrologia. É desnecessário dizer que astrologia tem sido uma pedra no sapato da ciência ortodoxa desde o início da... ciência ortodoxa. A partir de uma perspectiva estritamente mecanicista, ela não faz nenhum sentido. Corpos celestes, basicamente blocos enormes de pedra morta, causando uma influência direta nos seres vivos? Por favor! Até mesmo os minúsculos efeitos gravitacionais seriam pequenos demais para medir. Um total absurdo. Entretanto, espero que esteja evidente a esta altura que nem tudo neste mundo pode ser explicado por meio do paradigma atual, e a astrologia não é uma exceção.

Uma chave da importância da astrologia é a sua longevidade. A crença na astrologia, em diferentes formas, tem sido parte da sociedade humana desde tempos imemoriais. Ela precede a história escrita e é encontrada através do tempo e das culturas no mundo inteiro. Na minha opinião, os antigos conheciam melhor do que conhecemos hoje alguns aspectos da realidade, e acho que se uma disciplina persiste por tanto tempo, é porque ela encerra um valor genuíno.

Se aceitarmos as modernas teorias de que tudo é energia, o que é exatamente o que as antigas religiões sustentam há éons, então os enormes campos de energia das estrelas e dos planetas interagem com os campos de energia de todas as outras coisas. Não é isso que a astrologia está dizendo? Se estudos futuros demonstrarem que a astrologia é válida, ela deverá então ser considerada um fenômeno genuíno, mesmo que alguns possam considerá-la repugnante. Era isso que os pesquisadores franceses Michel e Françoise Gauquelin pensavam a respeito do seu estudo revolucionário sobre o "efeito Marte".[25]

Os signos astrológicos familiares são "signos solares" relacionados com a posição do Sol nas constelações do zodíaco conhecidas desde a antiguidade, como Aquário, Touro, Libra e Peixes. Entretanto, a astrologia também leva em consideração muitos outros fatores, como os efeitos da Lua e dos planetas. Nas interpretações atuais, as pessoas nascidas durante a época em que Marte está ascendente ou em trânsito são consideradas como tendo habilidades físicas superiores — o efeito Marte.

É claro que se estivéssemos céticos, seria relativamente fácil reunir um grupo de atletas de alto nível para verificar se um número desproporcional deles tinha de fato nascido no signo de Marte. Foi precisamente isso que Michel e Françoise Gauquelin fizeram, no final da década de 1970. Os psicólogos franceses, um casal que posteriormente se separou, de fato constataram que um número estatisticamente significativo de atletas campeões de nível internacional havia nascido com Marte nessa posição especial.

Mas quando os resultados foram finalmente parar na CSICOP, os membros desta última discordaram. Kurtz, o estatístico Marvin Zelen e o astrônomo George Abell compilaram um estudo de atletas campeões americanos. Rapidamente afirmaram não ter encontrado nenhum "efeito Marte" visível no seu trabalho e informaram com a mesma rapidez as suas constatações para a *Skeptical Enquirer*. O fato de o casal Gauquelin ter ficado indignado e declarado que a pesquisa da CSICOP estava errada não fez a menor diferença. A estrela da CSICOP estava em ascensão (sinto muito — não consegui resistir!) e os seus fãs no mundo científico estavam aparentemente felizes.

Durante algum tempo tudo ficou bem, do ponto de vista da CSICOP. Foi então que um membro banido da CSICOP, Dennis Rawlins, um especialista em movimento planetário que foi demitido em dezembro de 1979, publicou um artigo na revista *Fate* intitulado "sTARBABY". O seguinte relato descreve melhor a situação:

> Rawlins relatou que o teste da CSICOP do efeito Marte em uma amostra de atletas americanos estivera defeituoso desde o início e que Kurtz, Abell e Zelen haviam repetidamente desconsiderado os seus avisos. *Quando os resultados chegaram, confirmando o efeito Marte, os três representantes da CSICOP os encobriram e depois os distorceram de tal*

maneira que a impressão que se teve foi de que os resultados haviam refutado o efeito Marte. Enquanto isso estava acontecendo, Rawlins advertiu repetidas vezes, porém em vão, aos representantes da CSICOP que o teste estava sendo conduzido de uma maneira deficiente e até mesmo desonesta. De acordo com o relato de Rawlins, as pessoas importantes da CSICOP, entre eles Kurtz, Abell, Gardner, Randi, Klass e Frazier só pareciam interessadas em que ele permanecesse em silêncio. Quando Rawlins se recusou a encerrar a questão, foi demitido da organização [o grifo foi acrescentado].[26]

O que poderá imediatamente nos vir à mente é que Rawlins era simplesmente um funcionário descontente com um interesse pessoal. Entretanto, uma investigação independente conduzida por Patrick Curry, acentuadamente antes de o artigo de Rawlins ser publicado, concordou em que a CSICOP *trapaceou* — lidando incorretamente com todo o estudo. Ele declarou que o "trabalho da CSICOP poderia agora funcionar melhor como um modelo e uma advertência a respeito de como não conduzir essas investigações".[27] Um ex-membro da CSICOP chamado Richard Kammann, psicólogo novazelandês, chegou a uma conclusão semelhante, a qual foi relatada por Marcello Truzzi na sua *Zetetic Scholar*. Depois, finalmente, as partes culpadas decidiram se expor, admitindo que "erros" haviam sido cometidos e que a CSICOP não iria mais fazer investigações científicas, depois que o episódio do trabalho incompetente se tornou público por intermédio de uma polêmica relatada pela mídia popular e publicações científicas.

A questão fundamental, é claro, é que a CSICOP é um grupo que defende um ponto de vista particular. O zelo humanista de Paul Kurtz contra a religião e todas as coisas de natureza espiritual se expandiu e agora também inclui aspectos da ciência autêntica. Com o apoio de muitos cientistas respeitados, aliado ao sucesso da *Skeptical Enquirer*, a CSICOP continua a vicejar.

A questão realmente intrigante a respeito da reação habitual dos membros da ortodoxia científica às áreas das quais discordam é... *por quê?* Por que eles se esforçam tanto para refutar, erradicar, destruir os temas de que não gostam? Os psicólogos observaram esse fato e exemplos semelhantes do comportamento ao longo dos anos e descobriram que a sua origem se encontra em uma área importante: a *crença*. O nosso sistema de crença funciona de muitas maneiras como um filtro, um qualificador por meio do qual "julgamos" os fenômenos do nosso mundo, inclusive as nossas informações sensoriais.

Os sistemas de crença podem efetivamente nos fazer ver um objeto físico de um modo incorreto. Um estudo original foi relatado no *Journal of Personality*. Os autores, os psicólogos J. S. Bruner e Leo Postman, desenvolveram um experimento inteligente para testar essa ideia.[28] Pegaram baralhos comuns de cartas de jogar e alteraram a sua cor ou a configuração. Por exemplo, um naipe que normalmente seria preto, como espadas, por exemplo, era alterado para vermelho, sendo no entanto mantido o mesmo valor numérico, ou vice-versa para um naipe normalmente vermelho, como ouros ou copas. As cartas modificadas eram embaralhadas e colocadas de volta com as outras, e o baralho alterado era entregue aos sujeitos do teste, que os examinavam rapidamente. Quando só lhes era permitido dar uma olhada rápida, invariavelmente informavam que o baralho era normal. No entanto, a coisa realmente ficou interessante quando foi permitido que os sujeitos observassem o baralho por períodos cada vez mais longos.

O que os psicólogos descobriram com o tempo foi que quando os sujeitos tinham mais tempo, quase todos reconheciam que algumas das cartas estavam incorretas. Mas os psicólogos não estavam preparados para as *reações emocionais* que observaram. Alguns dos sujeitos ficaram efetivamente zangados, outros irritados. Alguns nunca conseguiram descobrir por que ficaram aborrecidos com as cartas incorretas, e cerca de 10% dos sujeitos não chegaram a perceber que as cartas haviam sido modificadas, mesmo depois de ficar expostos a elas por um tempo quarenta vezes mais longo do que o normal exigido. Até mesmo os próprios pesquisadores informaram ter ficado irritados. Leo Postman se queixou para um colega de que "embora [ele soubesse] de antemão tudo a respeito do mecanismo e da aparência visual do experimento, mesmo assim sentiu um grande mal-estar ao contemplar as cartas incongruentes".[29]

Mais ou menos na mesma época, outro grupo de psicólogos da Stanford University também estava examinando a importância da crença e os seus efeitos no comportamento. Leon Festinger e associados elaboraram a teoria da *dissonância cognitiva*. Eles a apresentaram como o mecanismo por meio do qual lidamos com as discrepâncias com as quais podemos nos deparar entre a maneira como pensamos e sentimos, e entre o que acreditamos e outras informações que possam contrariar essa convicção.

Em outras palavras, nós alimentamos — por inúmeras razões — certas crenças relacionadas com o nosso pequeno ângulo da realidade. Se nos vemos diante de informações opostas às nossas crenças, experimentamos uma "dissonância", um sentimento de aflição. Como essa dissonância nos causa um mal-estar, procuramos reduzi-la de várias maneiras, e essas tentativas talvez sejam a chave para grande parte do comportamento exibido pela ciência ortodoxa que discutimos até agora.

No caso de exemplos de discordância social, Festinger apresentou três mecanismos que ele achava que muitas pessoas usam para reduzir áreas de dissonância. Um deles é mudar a nossa opinião para que ela se conforme mais à do grupo, uma estratégia que ele sente que explica o comportamento de grande parte da população em geral. As pessoas frequentemente demonstram a tendência de avançar em direção a um ponto de vista consensual. Somos animais sociais e queremos que os outros concordem conosco. O segundo mecanismo é tentar mudar a opinião dos outros no esforço de fazer com que eles concordem conosco. Mas o terceiro mecanismo é o mais interessante: Festinger descobriu que, quando a percepção de dissonância da pessoa era elevada o bastante, *ela frequentemente descobria erros e imperfeições no indivíduo que estava causando a dissonância.* Já vimos numerosos exemplos desse mecanismo em ação. Quando os fenômenos paranormais ou psíquicos estão envolvidos, essa reação é praticamente o padrão da ciência ortodoxa.

Devido à própria natureza do que os cientistas estão tentando fazer, eles deveriam ter a mente aberta, ser céticos, é claro, com relação a algumas coisas, mas de qualquer maneira abertos mesmo assim a qualquer evidência que se apresente. Muitos são, mas grande parte da liderança não é.[30] Determinados tipos de personalidade parecem desejar posições de autoridade. Com frequência, essas pessoas não são necessariamente as que melhor conhecem a sua área ou são mais adequadas para fazer as coisas. Em vez disso, são pessoas capacitadas para jogar O Jogo. Para mim, a liderança na área científica se parece muito com a liderança nas forças armadas, onde aqueles com grande capacidade de ataque, os guerreiros profissionais capazes de liderar homens no campo de batalha, com frequência não têm a astúcia política necessária para chegar aos escalões superiores. Em vez disso, muitos dos generais mais importantes são em primeiro lugar políticos e, em segundo, guerreiros, quando o são. O que frequentemente acontece em decorrência disso — embora certamente não em todos os casos — é que os oficiais de estado-maior que são altamente competentes em furar o bilhete dos passageiros, transitar na sociedade e fazer coisas desse tipo são aqueles que acabam ocupando os cargos de liderança.

Desconfio intensamente que as coisas no meio científico funcionam da mesma maneira, e aqueles que realmente são capazes de ter um desempenho magnífico ficam restritos ao laboratório ou à bancada de trabalho, quer por escolha, quer por falta das habilidades políticas adequadas. Assim sendo, acabamos com pessoas autoritárias em cargos de autoridade, pessoas que apreciam, talvez um pouco *demais*, o poder e o prestígio que acompanham essas posições. E adivinhem o que, meus amigos! De acordo com essas pesquisas, esse é exatamente o tipo de pessoa mais resistente à mudança e inovação!

Os contribuintes comuns como você e eu não temos nenhuma influência sobre essas coisas, acreditando-se de um modo geral que somos ignorantes e temos muito pouco conhecimento da sublime esfera do empreendimento científico para saber por que e como o dinheiro deveria ser gasto. Com tudo isso em mente, é de causar surpresa que exista um estigma agregado a qualquer coisa que tenha a ver com a medicina energética, a pesquisa psíquica ou a força vital? Elas são não materialistas e não reducionistas. A ciência atual não consegue simplesmente lidar com a dissonância.

No fim das contas, a frase de propaganda para o início do século XXI poderia ser: "*Não existem evidências científicas que respaldem...*". Na nossa época, isso é tudo que é preciso para silenciar uma investigação e ocultar a verdade — desde que a declaração seja feita pela fonte adequada, é claro.

Quantas vezes nos últimos anos não vimos o mesmo velho contrassenso sobre as pesquisas científicas? As ideias entram e saem da moda com a mesma rapidez com que mudam as estações. Uma parte enorme da investigação científica tem uma base política. Com frequência, a mídia promove pesquisas pequenas e insuficientes para influenciar a opinião pública, enquanto trabalhos importantes de natureza impopular ficam mofando. "Não existem evidências científicas que respaldem"... muitas coisas, mas estas estão aqui, ainda fazem parte do nosso mundo. Essa talvez seja hoje a frase mais inadequadamente usada do nosso idioma.

A questão fundamental na ciência é a mesma de todas as iniciativas humanas: *dinheiro e poder*. Os recursos financeiros controlam a ciência. O financiamento pode ser rapidamente cortado de um jovem cientista que se aventure em território proibido. O dinheiro é distribuído para projetos que são politicamente corretos e retido ou negado para ideias consideradas repugnantes.

E as revistas científicas mais importantes, junto com os seus editores, têm as chaves do que é ou não cientificamente aceitável. As principais publicações científicas são algumas das entidades mais poderosas do mundo. Embora o que vou dizer possa ser chocante, um número surpreendentemente pequeno de pessoas no mundo controla o que é — e o que não é — ciência. E com demasiada frequência, a *ciência* é aquilo que aqueles que estão no controle querem que ela seja.

Capítulo 10

UM CAMINHO COM CORAÇÃO: DE VOLTA PARA CASA

Para mim só existe a jornada em trajetos que têm coração, em qualquer caminho que possa ter coração. Aí eu viajo, e o único desafio meritório é percorrer toda a sua extensão. E aí eu viajo, olhando, olhando, ofegante.
— Don Juan, *in* Carlos Castañeda, *The Teachings of Don Juan*

Os antigos egípcios eram obcecados pela vida depois da morte. É claro que, até certo ponto, isso poderia ser dito a respeito de todos nós, mas não da maneira como eles eram. Os egípcios realmente iam a extremos para garantir a passagem adequada do mundo dos vivos para o plano da vida futura. Os seus hieróglifos estão repletos de instruções detalhadas sobre os preparativos apropriados para a jornada. Eles até mesmo prepararam um livro a respeito do assunto, uma espécie de combinação de guia do usuário com um roteiro de viagem denominado o Livro Egípcio dos Mortos. Não é um título fascinante? Mas o que realmente demonstra o empenho deles é a coisa pela qual o Egito é mais conhecido, a ideia romântica conhecida no mundo inteiro, o assunto dos filmes de longa-metragem de Hollywood e das lendas da antiguidade... as *múmias*!

Até mesmo hoje, como toda a tecnologia de que tanto nos orgulhamos — com o nosso avançado conhecimento de química, imagem por ressonância magnética, cromatografia gasosa e coisas semelhantes — ainda não sabemos exatamente como os egípcios faziam a mumificação. O clima ajudava; era quente e seco, o que em si é muito favorável à técnica da mumificação. Entretanto, a questão encerra mais coisas; ao que se sabe, o processo envolvido é um procedimento complicado e primoroso. Depois que o corpo era ritualmente lavado e perfumado, os órgãos internos eram cuidadosamente removidos para ser submetidos a um processamento especial. Esses preciosos tecidos eram colocados em recipientes próprios — jarros de ouro maciço no caso da elite — e dispostos dentro da câmara mortuária com extremo cuidado.

O coração humano recebia uma atenção excepcional, como um sinal do respeito devido ao órgão que os egípcios acreditavam ser não apenas o centro da emoção, mas também, o que é mais importante, o *centro do raciocínio e do pensamento!* Por outro lado, os antigos egípcios eram bastante indiferentes ao cérebro, aquela massa inimaginavelmente complexa de neurônios e tecidos de suporte. Eles não tinham nenhum plano especial para esse órgão humano fundamental, nenhum cálice de ouro. Em vez disso, a massa mole era arrancada de qualquer jeito através das narinas e — sem nenhuma pompa, solenidade ou cerimônia — jogada no lixo! Eles não pensavam duas vezes no cérebro. O coração era o órgão altamente considerado; e, talvez nesse aspecto, os egípcios estivessem a caminho de algo muito importante, uma coisa que estamos começando a redescobrir.

As substâncias neuroquímicas foram agora encontradas em todos os tecidos do corpo humano. Esse fato nos faz formular uma pergunta interessante: *por quê?* A resposta breve é que o "pensamento" ocorre em muitos lugares do corpo além do cérebro. E se as células podem "pensar", elas também são conscientes? Você acha que isso é um absurdo? Talvez não. A memória também parece ser uma função encontrada em todos os tecidos do corpo, até o nível celular. O interessante é que o coração não parece ter uma importância especial.

Durante éons, as pessoas atribuíram um significado especial ao coração como a sede das emoções. A ciência nos diz que, ao contrário, todas as emoções têm lugar no cérebro, que o coração é simplesmente uma bomba de dupla ação, com quatro câmaras, nada mais. No entanto, todos nós, em algum momento, já tivemos a impressão de que "as cordas do nosso coração"* estavam sendo puxadas (existem de fato cordas no coração — as *chordae tendineae*, tecidos conjuntivos que impedem as valvas mitral e tricúspide de sofrer prolapso, pelo menos na maior parte do tempo). Todos nós já sentimos uma alegria ou tristeza profunda, e as sentimos exatamente, precisamente... *no coração.*

As pessoas com uma inclinação espiritual atribuem essa sensação ao chakra do coração, que faz a nossa ligação entre o plano físico e os nossos corpos de energia superior. Hoje temos algumas evidências científicas que corroboram essa experiência. Precisamos examinar sucintamente o trabalho do dr. Paul Pearsall, explorador pioneiro do mundo da "cardiologia energética".[1]

Para começar, o coração humano é único sob vários aspectos. Ele é formado pelo seu tipo especial de músculo, que só é encontrado no coração, que apropriadamente se chama *músculo cardíaco*. Além de uma estrutura anatômica exclusiva, o coração também tem uma coisa que outros tecidos não têm, ou seja, a capacidade inata, inerente de bater, uma capacidade completamente independente do cérebro ou de qualquer outra parte do sistema nervoso.

Um coração completamente desligado do corpo e colocado em uma solução nutriente continuará a bater por um longo tempo. Mais interessante ainda é o fato que se dois corações são colocados em recipientes separados, porém próximos um do outro, os seus batimentos logo se tornam sincronizados, regulados por uma energia invisível presente nos tecidos. Se achamos esse fenômeno incomum, o que dizer então de recentes relatos de pacientes de coração transplantado que de repente vivenciam memórias dos doadores? Isso tudo é uma fantasia?

---

* Em inglês, *heartstrings*, cordas do coração, são uma metáfora para emoções e sentimentos profundos. (N. da T.)

Depois de trabalhar como psicólogo em centenas desses casos, Paul Pearsall não é dessa opinião. Recorrendo às lições que aprendeu em todos esses anos em que atendeu pacientes transplantados, ele procurou outras pessoas que estavam trabalhando com a energia sutil e a cardiologia energética. Logo se deparou com o trabalho de Gary Schwartz e Linda Russek. Schwartz é professor de neurologia, psicologia e psiquiatria na University of Arizona e diretor do Laboratório para Avanços na Consciência e Saúde da universidade. Na ocasião, Russek, que lecionara anteriormente em Harvard, era sua assistente. Os dois cientistas sentiram que, considerando-se a grande complexidade das coisas vivas, alguns tipos de sistema devem estar em ação na biologia, sistemas que a ciência moderna deixou de reconhecer. Por conseguinte, Schwartz e Russek promoveram o conceito da "infoenergética", a crença de que a energia biológica é em si uma forma de informação. Pessoalmente, não vejo como poderia ser de nenhuma outra maneira.

Depois de combinar conceitos biológicos modernos com as novas constatações da energia sutil e da mecânica quântica, Schwartz e Russek concluíram que o coração é um importante centro de energia no corpo, e que essa energia é uma fonte vital de bioinformação. Eles desenvolveram o conceito de cardiologia energética e o transformaram no que chamaram de "teoria da memória de sistemas dinâmicos", que Pearsall descreve como "a ideia de que todos os sistemas estão constantemente trocando uma energia mutuamente influente, que contém informações que alteram os sistemas que participam da troca".[2] A teoria se baseia em quatro hipóteses principais:

1. Energia e informação são a mesma coisa. Tudo o que existe tem energia; a energia é repleta de informações; e a infoenergia armazenada é que forma as memórias celulares.
2. O que chamamos de mente, consciência ou nossas intenções são na realidade manifestações de energia que contêm informação.
3. O coração é o principal gerador de infoenergia.
4. Como somos manifestações da infoenergia que chega, circula internamente e está constantemente sendo enviada para fora dos nossos

sistemas celulares totais, quem e como nós somos é uma representação física de um conjunto recuperado de memórias celulares.³

O fato de o coração ser ou não o principal centro de energia informacional está sujeito a discussão, mas uma coisa que *foi* demonstrada é o conceito da memória celular. A dra. Candace Pert é ex-pesquisadora do National Institute of Mental Health, autora de *Molecules of Emotion* e a estrela do grande filme, *Quem Somos Nós?* Ela também é uma autoridade de renome internacional em neuropeptídeos, filamentos curtos de proteína que estão ativos no sistema nervoso central e estão na essência neurológica da memória. O trabalho de Pert é dos primeiros a demonstrar que essas substâncias químicas estão ativas no cérebro durante as experiências emocionais. No entanto, estudos adicionais demonstraram algo que se revelou um choque.

Em vez de simplesmente existir dentro das barreiras do cérebro, essas substâncias químicas especiais foram encontradas em todo o sistema circulatório do sangue, flutuando para todas as áreas do corpo. No entanto, sem as células receptoras especializadas do cérebro que são ativadas pelos neuropeptídeos, parecia que estes não tinham uma serventia funcional para o organismo como um todo. Pelo menos esse era o pensamento habitual, até que se descobriu que existem receptores em muitos lugares do corpo, inclusive no coração (é claro), no sistema imunológico e até mesmo no trato gastrointestinal. Quanto às suas descobertas revolucionárias, a dra. Pert comentou:

> No início do meu trabalho, presumi simplesmente que as emoções estavam na cabeça ou no cérebro. Agora eu diria que elas estão na realidade também no corpo. Elas se expressam no corpo e são parte dele. Não posso mais fazer uma forte distinção entre o cérebro e o corpo... quanto mais sabemos a respeito dos neuropeptídeos, mais difícil é pensar da maneira tradicional a respeito da mente e do corpo. Faz cada vez mais sentido falar em uma única entidade integrada, uma "mente-corpo".⁴

Posteriormente, quando Pearsall discutiu algumas das suas ideias sobre a transferência de memória com o transplante do coração, Pert não ficou nem um pouco surpresa ou inclinada a discordar. Pearsall relembra: "Ela ressaltou que, como as células do coração estão carregadas de moléculas que contêm necessariamente pelo menos alguma forma de memória, essas memórias podem muito acompanhar o coração e se unir ao novo corpo e cérebro."[5]

Quase desde o início dos transplantes do coração, coisas estranhas começaram a ser comunicadas. Sem dúvida, os pacientes de transplante do coração passaram por uma provação extremamente estressante e desafiante; mas mesmo levando em conta essa realidade, algo profundo parecia estar acontecendo. Um dos casos mais incomuns foi descrito para Pearsall por uma psiquiatra que estava presente em um evento no qual Pearsall era orador programático. Depois da palestra, a psiquiatra procurou Pearsall e começou a lhe relatar o ocorrido. Pouco depois, ela começou a chorar suavemente e teve dificuldade para conversar sobre a experiência, e momentos depois Pearsall entendeu por que. Eis como a psiquiatra descreveu o fato:

> Tenho uma paciente de 8 anos de idade que recebeu o coração de uma menina de 10 anos que foi assassinada. A sua mãe a trouxe para se consultar comigo quando a filha começou a gritar à noite por causa dos sonhos que estava tendo com o homem que assassinara a sua doadora. Ela disse que a sua filha sabia quem ele era. Depois de várias sessões, eu simplesmente não pude negar a realidade do que aquela criança estava me contando. A sua mãe e eu finalmente decidimos chamar a polícia e, por meio das descrições da menina, eles encontraram o assassino. Ele foi facilmente condenado com as evidências que a minha paciente forneceu. A hora, a arma, o lugar, as roupas que ele estava vestindo, o que a outra dissera para ele... tudo o que a pequena receptora do coração relatou estava absolutamente exato.[6]

Em outro caso, uma clínica geral chamada Glenda estivera envolvida em um trágico acidente de carro que resultou na morte do seu marido. Alguns anos depois, talvez para encerrar as coisas definitivamente, ela procurou conhecer o rapaz que recebera o coração do seu marido. Pearsall organizou tudo e ficou ao lado de Glenda na capela do hospital onde fora marcado o encontro. Meia hora depois, Pearsall sugeriu que fossem embora, mas Glenda hesitou. Afirmando que "sabia" que o coração do falecido marido estava próximo, ela exclamou: "Oh, não, temos que esperar. Ele está aqui no hospital. Senti quando ele chegou há uns trinta minutos. Eu senti a presença do meu marido. Por favor, espere comigo."

Glenda estava certa. Quase que imediatamente, um rapaz hispânico e a sua mãe entraram apressados na capela, explicando que tinham tido dificuldade em encontrar o local e tinham ficado procurando-o durante meia hora. Depois das apresentações, Glenda pediu para sentir o ex-coração do seu marido e, enquanto fazia isso, ela disse suavemente uma prece para o falecido marido com as palavras: "Eu te amo, David. Está tudo legal." Mãe e filho ficaram abalados. *Legal* tinha sido a primeira palavra que o rapaz tinha pronunciado depois de acordar da anestesia com o novo coração!

Nos momentos seguintes, mãe e filho descreveram como as predileções do rapaz também tinham mudado de outras maneiras. Parece, por exemplo, que embora ele fosse antes vegetariano, ele agora era louco por *junk food*. Embora antes gostasse de ouvir rock pesado, agora só escutava rock clássico. Além disso, era frequentemente incomodado por sonhos de um acidente de automóvel, com faróis brilhantes se aproximando cada vez mais até que uma terrível colisão teve lugar. Quando Glenda confirmou que todas essas eram características específicas do seu falecido marido, todos estavam chorando.

Com frequência, Glenda tinha o mesmo sonho. Embora ela fosse uma médica altamente capacitada, com toda a formação científica que isso acarreta, ela passou a acreditar firmemente no fenômeno da transferência da memória celular. Ela sabia no fundo do coração que tudo aquilo não era apenas uma questão de coincidência.

Em outro caso, uma mulher recebeu um transplante de coração e quase que imediatamente começou a se queixar de dores intensas e penetrantes na região lombar. Além disso, o seu marido notou uma mudança significativa no seu gosto pessoal; ela agora escolhia trajes muito femininos, enquanto antes da cirurgia preferia um estilo de roupa unissex. E assim que puderam retomar a atividade sexual, a esposa pareceu interessada em fantasias homossexuais, perguntando ao marido se ele também as alimentava, o que foi chocante. Isso continuou durante três anos, quando a mulher conheceu os pais do doador. Ele fora um jovem artista gay que morrera durante um assalto. Ele foi morto por um tiro na região lombar.

Pearsall menciona que outros órgãos, assim como o coração, parecem demonstrar o mesmo comportamento estranho de ter a capacidade de transmitir memória. Embora as histórias dos pacientes de transplante do coração sejam com frequência mais impressionantes do que as outras, ele afirma: "Nunca conversei com um receptor de transplante que não tivesse uma história para contar".[7]

Além das histórias emocionantes de memórias celulares e mudança da personalidade associadas ao coração, esse órgão também parece ser de suma importância sob outros aspectos, e um dos mais significativos é o fato de ele ser uma fonte de energia e informação vitalmente importante. Uma bomba hidráulica maravilhosamente projetada que envia o sangue fresco carregado de nutrientes dos pulmões através dos quilômetros de tubos que compreendem a árvore vascular, contraindo-se mais ou menos uma vez por segundo em cada momento da nossa vida — às vezes um pouco mais devagar, às vezes um pouco mais rápido, mas sempre executando a sua tarefa até que finalmente vacila e para, e a própria vida para com ele.

Há muita energia cinética associada a todo esse bombeamento, mas no momento estamos interessados nas *outras* formas de energia geradas pelo coração. Antes de mais nada, o coração também é um órgão de *profundas energias eletromagnéticas*. Todos conhecemos a lendária atividade elétrica do cérebro, os padrões de onda que são medidos e avaliados pelos EEGs, mas em comparação com o coração, o cérebro é um joão-ninguém eletromagnético.

Apenas recentemente os campos eletromagnéticos das coisas vivas foram reconhecidos em um amplo sentido. Agora sabemos que o eletromagnetismo é uma parte essencial das coisas vivas, tão importante quando a genética, a respiração celular ou qualquer outro das dezenas de processos que formam a vida.[8] E o coração é um órgão de poderosa atividade eletromagnética, operando em um nível cinco mil vezes mais elevado do que o do cérebro humano.[9] Passamos partes substanciais deste livro discutindo a importância dos campos eletromagnéticos como a força organizadora dentro das coisas vivas, de modo que não deve causar espanto encontrar valores tão elevados no coração, o órgão que os antigos tradicionalmente chamavam de o verdadeiro centro da experiência humana.

Como muitos antes dele, Pearsall ficou intrigado com a questão de o que coordena as imensas quantidades de energia presentes no corpo humano. Sabemos que o cérebro é responsável por parte desse trabalho, e as instruções do DNA são um importante protagonista, mas parte do quebra-cabeça parece estar faltando. Pearsall comentou a respeito das energias conhecidas em ação, começando com a fonte de toda energia celular para coisas vivas, a molécula trifosfato de adenosina (ATP), que alimenta tudo desde os elefantes à *E. coli*:

> Um instrumento muito poderoso, sensível e centralmente localizado é necessário para coordenar a imensa quantidade de energia e informações gerada pelos bilhões de vibrações celulares que têm lugar a cada segundo da nossa vida. Multiplique dois milhões de vibrações de moléculas ATP por 75 trilhões de células, multiplique esse número pelos de 51 a 78 ciclos por segundo nos quais o DNA humano ressoa e transmite as suas informações dentro de cada célula, e multiplique ainda mais uma vez pelas vibrações energéticas dos aproximadamente sessenta neuropeptídeos que são a forma bioquímica pela qual o nosso estado emocional se manifesta através do nosso corpo. O número calculado seria uma estimativa muito baixa da energia que ondula dentro de você enquanto você lê estas palavras.[10]

Com base nos seus anos de experiência e no trabalho de Gary Schwartz e Linda Russek, Pearsall acredita que o coração, de maneiras que só agora estão sendo compreendidas, é o principal organizador do corpo. Ele comenta o seguinte:

Cada célula é literalmente um minicoração zunindo com a energia. A suprema ilusão biomédica tem sido a concepção de que o corpo é feito de matéria sólida com o líquido bombeado através dele por um coração inconsciente e um poderoso cérebro consciente que é o principal controlador de todo o sistema. A cardiologia energética propõe, contudo, que é o coração, e não apenas o cérebro, que mantém coeso esse sistema por meio de *uma forma de infoenergia espiritual*, em um conjunto de memórias celulares temporário e em eterna transformação que chamamos de "o eu". Esse "eu" é a *gestalt* dinâmica de informação que poderia ser considerada o código que constitui a nossa alma [o grifo foi acrescentado].[11]

Sim, Paul Pearsall também acredita intensamente na Força. Ele prefere chamá-la de energia *V*,* como em *energia vital*, mas o significado é o mesmo. Em outras ocasiões ele se refere a ela como a *quinta força*, com as outras quatro sendo as forças primárias do universo reconhecidas pela física moderna: eletromagnetismo, gravidade e as forças fortes e fracas da atração e desintegração atômica.

O coração também é importante dentro do contexto dessas forças primárias, especialmente no que diz respeito à preferência de Pearsall por seguir o coração em vez do cérebro. Ele diz que "O coração tem a sua forma particular de sabedoria, diferente daquela do cérebro racional mas igualmente importante para a nossa vida, amor, trabalho e cura".[12] A minha convicção pessoal é que existem dois centros focais no corpo — o cérebro *e* o coração — mas mesmo que tomemos a ideia do coração como o centro da consciência apenas como uma metáfora, ainda assim ela nos proporciona outra perspectiva a respeito da vida.

É particularmente interessante que Pearsall examine os problemas do coração, porque, há apenas poucas gerações, a doença cardiovascular tornou-se a principal *causa mortis* nas nações industrializadas. No início do século XX, as doenças infecciosas ainda estavam em primeiro lugar. Na metade do século, foram substituídas pelos problemas cardiovascula-

---

* Na realidade, Paul Pearsall a chama de *L* energy, de *life energy*, em inglês. (N. da T.)

res — o acidente vascular cerebral e os ataques do coração. A explicação tradicional para essa mudança é a falta de exercício e atividade resultante da utilização das comodidades modernas e do aumento da taxa de aterosclerose proveniente da alimentação moderna desprovida de nutrientes e com um elevado teor de gordura. Mas talvez o cenário encerre algumas outras coisas.

A lista dos fatores de risco da medicina moderna para as doenças do coração inclui a pressão alta, o fumo, o colesterol elevado e a obesidade. *No entanto, a metade das pessoas que sofrem o primeiro ataque do coração não exibe nenhum desses fatores.* E 80% daqueles com pelo menos três desses fatores nunca sofrem um ataque do coração. Como explicar essas discrepâncias? Parece que alguma outra dinâmica está em ação.

Pearsall descobriu algo interessante nos anos em que trabalhou com pacientes portadores de doenças cardiovasculares. Ele começou a fazer perguntas a respeito de... *sexo.* Em muitos casos, as vítimas de doenças cardíacas haviam com frequência se abstido das relações sexuais por longos períodos. Ele constatou repetidamente que haviam passado um ano ou mais ser ter um contato íntimo, embora a maioria fosse casada.

Pearsall também trabalhara anos como terapeuta sexual. Fora diretor do Kinsey Institute, fizera um treinamento no Masters and Johnson Institute e fundara e dirigira uma clínica de disfunções sexuais em Michigan durante vários anos. Conhecia bastante a sexualidade humana e ficou impressionado com o fato de que um grande número de vítimas de doenças cardíacas exibiam poucos dos tradicionais fatores de risco, e no entanto tinham pouco contato sexual, e às vezes nenhum.

Pearsall pensou imediatamente na importância do sexo para o fluxo da energia "V", algo que já examinamos com relação a Wilhelm Reich. Ele ficou convencido da conexão e se sentiu ainda mais confiante quando descobriu pesquisas atuais que respaldavam o seu palpite. Mais de 50% dos pacientes de ataque do coração não tinham tido nenhum tipo de contato sexual durante o ano que precedera o ataque! Essa constatação foi publicada na *JAMA* em 1996, mas a comunidade médica simplesmente a desconsiderou.[13]

Outro fio na trama vem do dr. Dean Ornish, importante autoridade em doenças do coração. Ele aparece frequentemente nos programas de televisão como convidado discutindo os problemas cardiovasculares quase epidêmicos no mundo industrializado. Ornish descobriu que, entre outros fatores, a raiva é muito importante. Ornish é um cardiologista que propõe uma mudança no estilo de vida dos pacientes cardíacos, que inclui uma dieta e exercícios; no entanto, ele também defende o controle da raiva e um estilo mais suave de interação com as outras pessoas.

A sua pesquisa demonstrou que reduzir o stress e a raiva, ao lado de outras modificações no estilo de vida, pode diminuir a obstrução arterial sem a necessidade de uma cirurgia invasiva. Ele está convencido de que, em muitos casos, esse é o caminho a seguir. É claro que muitas pessoas não estão dispostas ou não são capazes de agir de acordo com mudanças substanciais no estilo de vida, de modo que a profissão médica pode continuar a enfatizar a operação de ponte de safena e outras técnicas invasivas como o tratamento padrão.

A abstinência sexual nos adultos impede o fluxo da energia vital, bem como a raiva e o stress. Todos esses estados apresentam um resultado comum: fazem com que os nossos músculos fiquem tensos. O resultado é um problema reconhecido tanto na antiguidade quanto hoje em dia; Reich o chamava de *armadura muscular*. Precisamos mudar a nossa atitude e, talvez acima de tudo, decidir seguir o nosso coração. O caminho do coração encerra significado; perseguir coisas de valor na vida em vez ansiar por dinheiro, poder e objetos materiais é uma escolha.

O nosso maravilhoso cérebro humano expandiu de uma maneira incrível a tecnologia moderna para tornar a vida mais "fácil", criando coisas como micro-ondas, televisão a cabo, computadores, janelas com controle automático, bancos de carro aquecidos, telefones celulares, pagers, palmtops, telefones sem fio, Internet banking, compras, contatos sociais e tudo o mais; no entanto, as pessoas informam que estão mais ocupadas e estressadas do que nunca. Estão trabalhando mais horas do que as pessoas trabalhavam há apenas uma geração. Os membros da família mal se veem durante o dia. O *fast-food* tornou-se o alimento básico da população; a resultante obesidade e outros problemas de saúde passaram a ser, tristemente, um fenômeno de âmbito mundial. No casamento típico do mundo ocidental os dois parceiros trabalham; no entanto estão endividados até o pescoço enquanto acumulam loucamente cada vez mais "coisas" e os seus filhos são deixados para criar a si mesmos.

Como o Don Juan de Castañeda reconheceu, o que é agora mais verdadeiro do que nunca: "Precisamos de um caminho com coração."

EPÍLOGO

Quando iniciei este projeto em 1995, eu me pus em campo para reunir o máximo de informações possíveis a respeito da ideia de uma força vital, a energia intrínseca de um antigo conhecimento que preenche e cria o cosmos, conferindo movimento e vida a tudo. Com base em décadas de experiência nas artes marciais e em cuidados com a saúde alternativos, eu desconfiava intensamente de que essas antigas histórias encerrassem alguma coisa. Eu podia *sentir* a energia em determinadas situações e em exercícios específicos. A busca conduziu a muitas coisas.

Acredito há muito tempo que o nosso mundo contém outro aspecto além das percepções monótonas do cotidiano dos nossos cinco sentidos, níveis de vibrações de frequência mais elevada que são mundos completos em si mesmos. Creio que pelo menos algumas pessoas conseguem deixar o corpo físico e visitar esses outros planos com a sua essência espiritual, e acredito que todos fazemos isso na hora da morte.

Acredito que cada ser humano possui uma alma imortal, assim como os animais, as plantas e todas as coisas vivas, e que a vida aqui no plano físico é, em grande medida, uma experiência de aprendizado, experiência que repetimos várias vezes no decurso do nosso desenvolvimento. Acredito que exista um propósito maior em tudo isso, algo que foi planejado com antecipação. E baseado em milhares de depoimentos pessoais, parece que nós fazemos grande parte desse planejamento, com uma espécie de orientação espiritual daqueles que são mais evoluídos do que nós.

Empreguei muito aqui a palavra *acredito*, porque, enquanto informações adicionais não forem reunidas, os fenômenos psíquicos são em grande medida apenas uma questão de convicção, assim com o são todas as teorias. O extraordinário campo da filosofia define *conhecimento* com uma "verdadeira crença verificada". A crença nos fenômenos examinados neste livro foi amplamente alimentada ao longo da maior parte da história humana, através do tempo, do espaço e das culturas, até que a ciência materialista moderna apareceu nos quatro últimos séculos. Somente a ciência nos pede para acreditar que o universo é um lugar morto com alguns pedaços de tecido vivo espalhados — por puro acaso — entre as estrelas. Mas os magníficos textos e lendas dos antigos nos dizem exatamente o oposto — *o universo está sem sombra de dúvida vivo!*

Desde que eu era jovem, ajo de acordo com uma simples premissa com relação às coisas de natureza espiritual. As culturas avançadas da antiguidade eram extremamente sofisticadas. Eram extraordinariamente adiantadas no plano físico, e eram igualmente avançadas no nível espiritual. Além disso, estavam plenamente conscientes de que a *intenção* humana é uma verdadeira força no universo.[1]

Naturalmente, o materialismo é... bem... *materialista*! As pirâmides e as relíquias de uma tecnologia antiga inexplicada são fascinantes, mas o que realmente me surpreende é o enorme efeito que as crenças religiosas e espirituais das antigas culturas exercem na sociedade moderna. O que essas antigas crenças contêm que causa hoje em nós esse impacto tão profundo? De uma maneira ou de outra, a própria civilização praticamente gira em torno de um punhado de convicções religiosas que começaram há milhares de anos com alguns séculos de intervalo entre uma e outra.

Pense no impacto! Se você entrar hoje na sala de um tribunal, antes que possa dizer qualquer coisa, você precisa "jurar" em nome de uma divindade enquanto — em alguns casos — a sua mão direita repousa sobre um exemplar moderno de um antigo texto hebraico. Se examinarmos esse costume a partir de um ponto de vista estritamente objetivo, ele não parece estranho? Céus... pelo amor de Deus... em nome de Cristo! (Percebe o que estou querendo dizer?) E as coisas ficam realmente bem claras quando alguma coisa muito ruim, ou muito boa, nos acontece. Oh, meus irmãos e irmãs, quando estão realmente em apuros, é impressionante a rapidez com que as pessoas se voltam para a religião.

A primeira explicação que me vem à mente para a crença religiosa é a mais simples, ou seja, que nós, pessoas gordas, fracas, sem personalidade, mimadas, indulgentes e imoderadas estamos... *com medo*! Eu não duvidaria disso nem por um momento, mas por que nós nos voltamos para a religião? Os ateus e os entusiastas da ciência, desprovidos de convicções espirituais, querem que acreditemos que a religião é apenas uma superstição tola, algo a que as massas insensatas, de classe inferior, se agarram quando as coisas ficam difíceis, e esse poderia muito bem ser o caso. Quando examinamos a razão fundamental, as nossas convicções modernas poderiam não ser diferentes daquelas de um homem da caverna agarrado ao seu ídolo esculpido em madeira enquanto o imenso mamute está prestes a esmagá-lo. Poderia ser simples assim. Mas não é.

O motivo pelo qual não é tão simples — *temos evidências diretas do contrário, de que o mundo contém um lado espiritual, e grande parte dessas evidências sugerem que a religião está no caminho certo*. O motivo pelo qual voltamos a esse conhecimento nos momentos de dificuldade é que intuitivamente sabemos que a vida encerra significado e que nós e o mundo temos importância. *Existe* um propósito em tudo isso. O nosso coração nos diz isso, quando calamos a boca por um tempo suficiente para escutar. As maravilhas espirituais são uma questão de uma crença verdadeira verificada.

Resta uma questão premente. Se os fenômenos que mencionamos são verdadeiros, por que não são oficialmente reconhecidos? Ou, o que talvez seja mais importante, porque o antigo conhecimento a respeito deles foi perdido? Não posso ter certeza, mas gosto de especular. Eis a minha opinião:

As coisas acontecem por um motivo. O grande poder que criou o universo tinha um propósito em mente, embora possamos não ser capazes de entendê-lo ainda durante algum tempo. Somos ao mesmo tempo senhores e escravos do nosso destino. E, se os assuntos que examinamos forem uma indicação, existe uma dimensão espiritual que faz com que o mundo físico, o pequeno canto de realidade materialista ao qual nos agarramos durante a vida, pareça apenas o ato de abertura de uma grandiosa peça teatral. O mundo físico é uma cena importante — até mesmo vital — mas é somente o *prelúdio* da eternidade.

A ideia que constantemente me ocorre é que a humanidade ainda não está pronta para compreender o seu pleno potencial espiritual. A nossa consciência coletiva ainda está na segunda divisão. Enquanto nos inclinarmos para a violência, a ganância, o egoísmo e todas as outras emoções humanas, majestosas e insignificantes, que são eternamente celebradas nas grandes artes do nosso mundo, talvez não sejamos confiáveis o bastante para ter as chaves do céu.

Existe ainda outra coisa a ser considerada. Se o plano físico envolve o desenvolvimento espiritual fundamental, talvez ele *tenha* que permanecer como é, com todas as nossas realizações humanas e todas as nossas deficiências. Quem sabe? Talvez uma nova turma esteja pronta, aguardando, animada a respeito da sua chance de experimentar um pouco do mundo "real". Se for este o caso, então as coisas precisam permanecer como estão para proporcionar o pano de fundo adequado para o que talvez seja a maior aventura de todas... a vida como atualmente a conhecemos.

Alguns dizem que a vida é apenas um sonho extraordinariamente vívido. É possível. Talvez, em última análise, o mundo físico seja apenas uma questão de percepção — o resultado do mistério da consciência. E às vezes, quando acordo à noite pensando nessas coisas, ocorre-me que alguns de nós vemos o mundo como uma onda, outros como uma partícula, e o restante de nós está flutuando na vastidão, em algum lugar intermediário.

NOTAS

Prefácio

1. Marcello Truzzi, "On Some Unfair Practices towards Claims of the Paranormal", *in The Parapsychology Revolution: A Concise Anthology of Paranormal and Psychical Research,* orgs. Robert M. Schoch e Logan Yonavjak (Nova York: Tarcher Penguin, 2008), 261-62.

Introdução

Epígrafe: Albert Einstein, *in* Gary E. Schwartz, *The Truth about Medium: Extraordinary Experiments with the Real Allison DuBois,* com William L. Simon (Charlottesville, VA: Hampton Roads, 2005), 73.

1. Lee Smolin, *The Trouble with Physics: The Rise of String Theory, The Fall of Science, and What Comes Next* (Nova York: Houghton Mifflin, 206), 20.
2. Peter Woit, *Not Even Wrong: The Failure of String Theory and the Search for Unity in Physical Law* (Nova York: Basic Books, 2006), 211.
3. Ervin Laszlo, *Science and the Akashic Field: An Integral Theory of Everything* (Rochester, VT: Inner Traditions, 2007), 103. [*A Ciência e o Campo Akáshico - Uma Teoria Integral de Tudo*, publicado pela Editora Cultrix, São Paulo, 2008.]
4. Fritjof Capra, *The Tao of Physics: An Exploration of the Parallels between Modern Physics and Easter Mysticism* (Boston: Shambhala, 1991), 11. [*O Tao*

da Física — *Uma Análise dos Paralelos entre a Física Moderna e o Misticismo Oriental*, publicado pela Editora Cultrix, São Paulo, 1985.]

5. *Ibid.*, 17-8.

6. Werner Heisenberg, *Physics and Philosophy: The Revolution in Modern Science* (Harmondsworth, Reino Unido: Penguin, 2000), 157-202.

Capítulo 1

Epígrafe: Albert Einstein, in Gary E. Schwartz, *The G.O.D. Experiments: How Science is Discovering God in Everything, Including Us*, com William L. Simon (Nova York: Atria, 2006), 197.

1. Capra, *The Tao of Physics*, 214 (consulte a introdução, n. 4).

2. *Ibid.*, 213.

3. David M. Eisenberg, *Encounters with Qi: Exploring Chinese Medicine*, com Thomas Lee Wright (Nova York: W. W. Norton and Co., 1995) 202-03.

4. Sidney Rose Neil, "The Work of Professor Kim Bong Han", *The Acupuncturist* 1 (1967): 15.

5. *Ibid.*

6. Eisenberg, *Encounters*, 48.

7. *Ibid.*, 202.

8. *Ibid.*, 202-03.

9. *Ibid.*, 213-14.

10. *Ibid.*, 228.

11. Lynn McTaggart, *The Field: The Quest for the Secret Force of the Universe* (Nova York: Quill, 2003), 194.

12. Elmer E. Green, Peter A. Parks, Paul M. Guyer, Steven L. Fahrion e Lolafaye Coyne, "Anomalous Electrostatic Phenomena in Exceptional Subjects", *Subtle Energies* 2, nº 3 (1991): 69-97.

13. Craig J. Hogan, Robert P. Kirshner e Nicholas B. Suntzeff, "Surveying Space-Time with Supernovae", *Scientific American*, janeiro de 1999, 51.

14. *Ibid.*

15. Lawrence M. Krauss, "Cosmological Antigravity", *Scientific American*, janeiro de 1999, 53.

16. *Ibid.*

17. Charles Muses, "Working with the Hypernumber Idea", in *Consciousness and Reality*, orgs. Charles Muses e Arthur M. Young (Nova York: Avon Books, 1972), 448-69.

Capítulo 2

Epígrafe: J. B. S. Haldane, *in* Richard Milton, *Alternative Science: Challenging the Myths of the Scientific Establishment* (Rochester, VT: Park Street Press, 1996), 207.

1. Charles T. Tart, org., *Body Mind Spirit: Exploring the Parapsychology of Spirituality* (Charlottesville, VA: Hampton Roads, 1997), 193-94.

2. *Ibid.*, 194.

3. *Ibid.*, 178-79.

4. Michael Talbot, *The Holographic Universe* (Nova York: HarperCollins, 1991), 14-7.

5. Capra, *The Tao of Physics*, 180 (consulte a introdução, n. 4).

6. Alson J. Smith, "From Miracle to Experiment", *in Religion and the New Psychology* (Nova York: Doubleday, 1951), 13-22.

7. *Ibid.*, 18.

8. Hans J. Eysenck e Carl Sargent, *Explaining the Unexplained: Mysteries of the Paranormal* (Londres, Prion, 1997), 17.

9. Joseph Banks Rhine, *New World of the Mind* (Nova York: William Sloane, 1953), 227.

10. Gary Schwartz, *The Afterlife Experiments: Breakthrough Scientific Evidence of Life after Death*, com William L. Simon (Nova York: Atria, 2002), 14.

11. Citado em Tart, *Body, Mind Spirit*, 75.

12. Harold E. Puthoff e Russell Targ, "Psychic Research and Modern Physics", *in* Edgar J. Mitchell, *Psychic Exploration: A Challenge for Science,* org. John White (Nova York: G. P. Putnam's Sons, 1974), 523-36.

13. Sheila Ostrander e Lynn Schroeder, *Psychic Discoveries Behind the Iron Curtain* (Nova York: Prentice Hall, 1970, 1984), 6-7. [*Experiências Psíquicas*

Além da Cortina de Ferro, publicado pela Editora Cultrix, São Paulo, 1975.] (fora de catálogo)

14. Jim Schnabel, *Remote Viewers: The Secret History of America's Psychic Spies* (Nova York: Dell, 1997), 88-9.
15. *Ibid.*, 97.
16. *Ibid.*, 90-1.
17. *Ibid.*, 101.
18. Harold E. Puthoff e Russell Targ, "Information Transmission under Conditions of Sensory Shielding", *Nature,* 251, nº 5476 (1974): 602-07.
19. ——————— "A Perceptual Channel for Information Transfer over Kilometer Distances: Historical Perspective and Recent Research", *Proceedings of the IEEE* 64, nº 3 (1976): 329-54.
20. Schnabel, *Remote Viewers*, 142.
21. Leon Jaroff, "Boom Times on the Psychic Frontier", *Time*, 4 de março de 1974.
22. Bernard Haisch, *The God Theory: Universes, Zero-Point Fields, and What's Behind It All* (York Beach, ME: Red Wheel/Weiser, 2006), 86-96.
23. Consulte, por exemplo, Bernard Haisch, Alfonso Rueda e Harold E. Puthoff, "Physics of the Zero-Point Field: Implications for Inertia, Gravity and Mass", *Speculations in Science and Technology* 20 (1997): 99-114; Harold E. Puthoff, "Polarizable Vacuum [PV] Approach to General Reltivity", *Foundations of Physics* 32 (2002): 927-43; Harold E. Puthoff, "Searching for the Universal Matrix in Metaphysics", *Research and Opportunities in Science and Theology* 2, nº 8 (2002): 22.
24. McTaggart, *The Field*, 152 (consulte capítulo 1, n. 11).

Capítulo 3

Epígrafe: Michael Faraday, *in* Milton, *Alternative Science*, 3 (consulte capítulo 2, epígrafe).

1. Harold S. Burr e F. S. C. Northrop, "Evidence for the Existence of an Electrodynamic Field in Living Organisms", *Proceedings of the Natural Academy of Sciences of the United States of America* 24 (1939): 284-88.

2. Peter Tompkins e Christopher Bird, *The Secret Life of Plants: A Fascinating Account of the Physical, Emotional, and Spiritual Relations between Plants and Man* (Nova York: Avon Books, 1973), 197.
3. Ostrander e Schroeder, *Psychic Discoveries*, 165 (consulte capítulo 2, nº 13).
4. Thelma Moss, "Puzzles and Promises", *Osteopathic Physician*, fevereiro de 1976, 30-7.
5. Ion Dumitrescu, *Electrographic Imaging in Medicine and Biology*, org. Julian Kenyon (Suffolk, Reino Unido: Neville Spearman, Ltd., 1983), 158.
6. Consulte, por exemplo, Laszlo, *Science and the Akashic Field* (consulte a introdução n. 3); Dean I. Radin, *Entangled Minds: Extrasensory Experiences in a Quantum Reality* (Nova York: Paraview Pocket Books, 2006); Rupert Sheldrake, *A New Science of Life: The Hypothesis of Morphic Resonance* (Rochester, VT: Park Street Press, 1995); Talbot, *The Holographic Universe* (consulte capítulo 2, n. 4).
7. Ostrander e Schroeder, *Psychic Discoveries*, 325.
8. Fred Alan Wolf, "The Physics of Dream Consciousness: Is the Lucid Dream a Parallel Universe?" *Second Lucid Dreaming Symposium Proceedings/ Lucidity Letter* 6, nº 2 (dezembro de 1987), 133.
9. Robert Miller, "Bridging the Gap: An Interview with Valerie Hunt, Ed.D.," *Science of Mind*, outubro de 1983, 12.
10. Talbot, *The Holographic Universe*, 175.
11. Richard M. Restak, "Is Free Will a Fraud?" *Science Digest*, outubro de 1983, 52.
12. Talbot, *The Holographic Universe*, 192.
13. William Tiller, "Theoretical Modeling on the Functioning Man", *in Healers and the Healing Process*, org. G. Meek (Wheaton, IL: Theosophical Publishing House, 1977), 192.
14. Consulte, por exemplo, Annie Besant, *Theosophical Manual No. VII: Man and His Bodies* (Londres: Theosophical Publishing House, 1914); Barbara Ann Brennan, *Hands of Light: A Guide to Healing through the Human Energy Field* (Nova York: Bantam, 1987); Richard Gerber, *Vibrational Medicine for the 21st Century: A Complete Guide to Energy Healing and Spiritual Transfor-*

mation (Nova York: HarperCollins, 2000); C. W. Leadbeater, *Man, Visible and Invisible* (Londres: Theosophical Publishing House, 1902). [*Mãos de Luz — Um Guia para a Cura Através do Campo de Energia Humana*, publicado pela Editora Pensamento, São Paulo, 1990; *Medicina Vibracional — Uma Medicina para o Futuro*, publicado pela Editora Cultrix, São Paulo, 1992; *O Homem Visível e Invisível*, publicado pela Editora Pensamento, São Paulo, 1967 (fora de catálogo).]

Capítulo 4

Epígrafe: Edmund Spenser, *The Faerie Queene*, livro 1, canto 9, st. 40).

1. Pirn van Lommel, Ruud van Wees, Vincent Meyers e Ingrid Elfferich. "Near-death Experience in Survivors of Cardiac Arrest: A Prospective Study in the Netherlands", *Lancet* 358 n.º 9298 (15 de dezembro de 2001), 2039--045.
2. Raymond Moody, *The Light Beyond: New Explorations*, com Paul Perry (Nova York: Bantam, 1988), 14-5.
3. James Christopher e Ellen Burgess, "Brain Death: Resolving Inconsistencies in the Ethical Declaration of Death", *Canadian Journal of Anesthesia* 50 (2003), 725-31.
4. Kenneth Ring, *Life at Death* (Nova York: Quill, 1980), 247.
5. Moody, *Light*, 8.
6. Joel L. Whitton e Joe Whitton Fisher, *Life Between Life* (Nova York: Doubleday, 1986), 39.
7. Allan L. Botkin, *Induced After-Death Communication: A New Therapy for Healing Grief and Trauma*, com R. Craig Hogan (Charlottesville, VA: Hampton Roads, 2005), 144-59.
8. Raymond Moody, *Life After Life*, 2ª edição (St. Simons Island, GA: Mockingbird Books, 1975), 75.
9. Moody, *Light*, 13.
10. Kenneth Ring, *Heading Toward Omega: In Search of the Meaning of the Near-Death Experience* (Nova York: HarperPerennial, 1985), 186-87.
11. Moody, *Life*, 22.

12. Schwartz, *The G.O.D. Experiments,* 213-14 (consulte capítulo 1, epígrafe).
13. McTaggart, *The Field,* 138 (consulte o capítulo 1, n. 11).
14. Talbot, *The Holographic Universe,* 213 (consulte capítulo 2, n. 4).
15. *Ibid.,* 214.
16. Whitton e Fisher, *Life,* 43.
17. *Ibid.,* 156.
18. Consulte, por exemplo, Ian Stevenson, *Twenty Cases Suggestive of Reincarnation* (Charlottesville, VA: University Press of Virginia, 1974); *Cases of the Reincarnation Type,* vols. 1-4 (Charlottesville, VA: University Press of Virginia, 1974); e *Children Who Remember Previous Lives: A Question of Reincarnation* (Charlottesville, Va: University Press of Virginia, 1987).
19. ——————, *Twenty Cases,* 240-43.
20. Lester S. King, "Reincarnation", *Journal of the American Medical Association (JAMA)* 234, nº 9 (1975): 978. King estava fazendo uma análise crítica de *Cases of the Reincarnation Type, Volume 1: Ten Cases in India* de Ian Stevenson (Charlottesville, VA: University Press of Virginia, 1975). Consulte também Ian Stevenson e Bruce Greyson, "Near-death Experiences: Relevance to the Question of Survival after Death, *JAMA* 242, nº 3 (1979): 265-67.
21. Schwartz, *The Afterlife Experiments,* 222 (consulte o capítulo 2, n. 10).
22. *Ibid.,* 254-55.
23. Joel Martin e Patricia Romanowski, *We Don't Die: George Anderson's Conversations with the Other Side* (Nova York: G. P. Putnam's Sons, 1988), 268.
24. *Ibid.,* 266.
25. *Ibid.,* 275.
26. Don Piper, *90 Minutes in Heaven: A True Story of Death and Life,* com Cecil Murphey (Grand Rapids, MI: Revell, 2004), 201.

Capítulo 5

Epígrafe: Santo Agostinho, consulte http://en.proverbia.net/citasautor.asp?autor=10339&page=5 (acessada em março de 2009).

1. Eysenck e Sargent, *Explaining the Unexplained,* 25 (consulte cap. 2, n. 8).
2. Schnabel, *Remote Viewers,* 168 (consulte cap. 2, n. 14).

3. Puthoff e Targ, "Information Transmission", 602-27 (consulte cap. 2, n. 18).
4. John M. Taylor, *Superminds: A Scientist Looks at the Paranormal* (Londres: Pan, 1976), 47-54.
5. Schnabel, *Remote Viewers*, 168-69.
6. *Ibid.*, 168.
7. *Ibid.*, 33.
8. *Ibid.*, 107.
9. Robert G. Jahn e Brenda J. Dunne, "On the Quantum Mechanics of Consciousness with Application to Anomalous Phenomena", *Foundations of Physics* 15, n. 8 (1986): 721-72.
10. Radin, *Entangled Minds*, 102-04 (consulte cap. 3. n. 6).
11. McTaggart, *The Field*, 116 (consulte cap. 1, n. 11).

Capítulo 6

Epígrafe: Roger Bacon, *in* Christopher Bird, *The Persecution and Trial of Naston Naessens: The True Story of the Efforts to Suppress an Alternative Treatment for Cancer, AIDS, and Other Immunologically Based Diseases* (Tiburon, CA: H. J. Kramer Inc, 1991), xiii.

1. Tompkins e Bird, *Secret Life,* 170 (consulte cap. 3, n. 2).
2. *Ibid.*, 171.
3. *Ibid.*
4. Milton, *Alternative Science,* 63 (consulte cap. 2, epígrafe).
5. Tompkins e Bird, *Secret Life,* 171.
6. Karl Baron von Reichenbach, *Researches on Magnetism, Electricity, Heat, Light, Crystallization, and Chemical Attraction in Their Relations to the Vital Force,* traduzido para o inglês por William Gregory (Londres: Taylor, Walton & Maberly, 1850), 487.
7. *Ibid.*, 488.
8. *Ibid.*, 495.
9. Brennan, *Hands of Light,* 30 (consulte o cap. 3, n. 14). [*Mãos de Luz*, publicado pela Editora Pensamento, São Paulo, 1990.]

10. *Ibid.*
11. *Ibid.*, 31.
12. Walter J. Kilner, *The Human Atmosphere* (Londres, 1911); revisto e com o título alterado para *The Human Aura* (New Hyde Park, NY: University Books, 1965), 3-4.
13. *Ibid.*
14. Milton, *Alternative Science*, 67.
15. William Tiller, *Science and Human Transformation: Subtle Energies, Intentionality, and Consciousness* (Walnut Creek, CA: Pavior, 1997), 5-12.
16. Gerber, *Vibrational Medicine*, 298-99 (consulte o cap. 3, n. 14). [*Medicina Vibracional*, publicado pela Editora Cultrix, São Paulo, 1992.]
17. *Ibid.*
18. *Ibid.*, 137-38.
19. Fritz-Albert Popp e Jiin-Ju Chang, "Mechanism of Interaction between Electromagnetic Fields and Living Systems", *Science in China (Series C)* 43 (2000): 507-18.

Capítulo 7

Epígrafe: Wilhelm Reich, *in* Milton, *Alternative Science*, 1 (consulte cap. 2, epígrafe).

1. Wilhelm Reich, *Selected Writings* (Nova York: Farrar, Straus and Cudahy, 1960), 3-5.
2. Gerber, *Vibrational Medicine*, 297-98 (consulte o cap. 3, n. 14).
3. Reich, *Selected Writings*, 189.
4. *Ibid.*, 190.
5. *Ibid.*, 548.
6. George A. Katchmer, *The Tao of Bioenergetics: East and West* (Jamaica Plain, MA: YMAA Publication Center, 1993), 186.
7. The Wilhelm Reich Museum — Orgonon (Rangely, ME), "Biography", http://www.wilhelmreichmuseum.org/biography.html (acessada em abril de 2009).

8. Denis Brian, *Einstein: A Life* (Nova York: John Wiley and Sons, 1996), 382.

Capítulo 8

Epígrafe: Thomas Edison, *in The Fort Wayne Sentinel*, 31 de dezembro de 1902; consulte também http://sonpes.com/quotes/edison.asp (acessada em março de 2009).

1. David M. Eisenberg, Roger B. Davis, Susan L. Ettner, Scott Appel, Sonja Wilkey, Maria van Pompay e Ronald C. Kessler, "Trends in Alternative Medicine Use in the United States, 1990-1997: Results of a Follow-up National Survey", *Journal of the American Medical Association* 280, nº 18 (1998): 1569-75; David M. Eisenberg, Ronald C. Kessler, Cindy Foster, Frances E. Norlock, David R. Calkins e Thomas L. Delbanco, "Unconventional Medicine in the United States: Prevalence, Costs, and Patterns of Use", *New England Journal of Medicine* 328, nº 4 (1993): 246-52.

2. Eisenberg *et al.*, "Trends in Alternative Medicine Use", figura 2.

3. *Ibid.*, 1569.

4. Patricia A. Barnes, Eve Powell-Griner, Kim McFann e Richard L. Nahin, "Complementary and Alternative Medicine Use among Adults: United States, 2002," *CDC Advance Data from Vital and Health Statistics,* nº 343 (27 de maio de 2004), 1-20.

5. Michael McIntyre "The House of Lords Select Committee's report on CAM", *Journal of Alternative and Complementary Medicine* 7, nº 1 (2001): 9-11.

6. Bernard Grad, "Some Biological Effects of 'Laying-on of Hands': A Review of Experiments with Animals and Plants", *Journal of the American Society for Psychical Research* 59 (1965): 95-127.

7. _____, Remi Cadoret e G. I. Paul, "An Unorthodox Method of Treatment on Wound Healing in Mice", *International Journal of Parapsychology* 3 (Primavera de 1961: 5-24).

8. McTaggart, *The Field*, 185 (consulte cap. 1, n. 11).

9. Bernard Grad, "A Telekinetic Effect on Plant Growth, Part 2: Experiments Involving Treatment of Saline in Stoppered Bottles", *International Journal of Parapsychology* 6 (1964): 473-98.

10. Robert Miller, "Methods of Detecting and Measuring Healing Energies", in *Future Science: Life Energies and the Physics of Paranormal Phenomena*, orgs. John White e Stanley Krippner (Garden City, NJ: Anchor/Doubleday, 1977), 431-44.

11. *Ibid.*

12. *Ibid.*

13. Dolores Krieger, "Therapeutic Touch: The Imprimatur of Nursing", *American Journal of Nursing* 75 (1975): 784-87.

14. _____, "The Response of In-Vivo Human Hemoglobin to an Active Healing Therapy by Direct Laying-on of Hands", *Human Dimensions* 1 (Outono de 1972): 12-5.

15. Gerber, *Vibrational Medicine*, 376-77 (consulte o cap. 3, n. 14).

16. Bruce Lipton, *The Biology of Belief: Unleashing the Power of Consciousness, Matter, and Miracles* (Santa Rosa, CA: Mountain of Love/Elite Books, 2005), 119.

17. Thomas Valone, *Bioelectromagnetic Healing: A Rationale for Its Use* (Beltsville, MD: Integrity Research Institute, 2000), 58.

18. Gerber, *Vibrational Medicine*, 576-77.

19. Bird, *Persecution and Trial*, 4-17 (consulte cap. 6, epígrafe).

20. Erik Enby, Peter Gosch e Michael Sheehan, *The Revolutionary Medical Discoveries of Günther Enderlein* (Saratoga, CA: S & G Communications, 1990), 5-9.

21. *Ibid.*, 578.

22. Jeffery S. Levin, "How Religion Influences Morbidity and Health: Reflections on Natural History, Salutogenesis, and Host Resistance", *Social Science and Medicine* 43, nº 5 (1996): 849-64.

23. Herbert Benson, *et al.*, "Study of the Therapeutic Effects of Intercessory Prayer (STEP) in Cardiac Bypass Patients: A Multicenter Randomized Trial of Uncertainty and Certainty of Receiving Intercessory Prayer", *American Heart Journal* 151, nº 3 (abril de 2006): 934-42.

24. Associated Press, "Mormon Fasting Heart-Healthy, Study Says", publicado pela CBC News, Canadá, em 10 de dezembro de 2007, http://www.cbc.ca/health/story/2007/12/10/mormon-meals.html (acessada em março de 2009).
25. McTaggart, *The Field*, 192.
26. Williams S. Harris, Manohar Gowda, Jerry W. Kolb, Christopher P. Strychacz, James L. Vacek, Philip G. Jones, Alan Forker, James H. O'Keefe e Ben D. McCallister, "A Randomized, Controlled Trial of the Effects of Remote, Intercessory Prayer on Outcomes in Patients Admitted to the Coronary Care Unit", *Archives of Internal Medicine* 159 (25 de outubro de 1999): 2273-78.

Capítulo 9

Epígrafe: Albert Einstein, *The World As I See It* (Nova York, Philosophical Library, 1949), 24-8.

1. Milton, *Alternative Science*, 18 (consulte o cap. 2, epígrafe).
2. *Ibid*.
3. David Lindley, "Commentary: The Embarrassment of Cold Fusion", *Nature*, 344 (29 de março de 1990): 375.
4. *Daily Telegraph*, 2 de maio de 1989, 1; citado em Milton, *Alternative Science*, 29.
5. D. Albagli, R. Ballinger, V. Cammarata, X. Chen, R. M. Crooks, C. Fiore, M. P. J. Gaudreau, *et al.*, "Measurement and Analysis of Neutron and Gamma-ray Emission Rates, Other Fusion Products, and Power in Electrochemical Cells Having Pd Cathodes", *Journal of Fusion Energy* 9 (1990): 33.
6. Edmund Storms, "Review of Experimental Observations about the Cold Fusion Effect", *Fusion Technology* 20 (dezembro de 1991): 433-77.
7. Milton, *Alternative Science*, 33.
8. "Farewell (Not Fond) to Cold Fusion", *Nature* 344 (29 de março de 1990): 365.
9. *Doomsday Tech 1*, série *Modern Marvels*, History Channel, 17 de julho de 2007.

10. Richard Hoagland, *The Monuments of Mars: A City on the Edge of Forever*, 4ª edição (Berkeley, CA: Frog, Ltd., 1996), 5.

11. *Ibid.*, 16.

12. Carl Sagan, "The Man in the Moon", *Parade Magazine*, 2 de junho de 1985, 7.

13. Mark Carlotto, "Digital Imagery Analysis of Unusual Martian Surface Features", *Applied Optics 27* (1988): 1926-1933; consulte também *The Martian Enigmas: A Closer Look* (Berkeley, CA: North Atlantic Books, 1991), 62.

14. _____, "Digital Imagery Analysis", 62.

15. Hoagland, *Monuments*, 332.

16. Stanley McDaniel, *The McDaniel Report: On the Failure of Executive, Congressional, and Scientific Responsibility in Investigating Possible Evidence of Artificial Structures on the Surface of Mars and in Setting Mission Priorities for NASA's Mars Exploration Program* (Berkeley, CA: North Atlantic Books, 1993), 174.

17. *Ibid.*

18. Relatório da Committee on Science and Astronautics, U.S. House of Representatives, 87th Congress, First Session, nº 242 [Comissão sobre Ciência e Astronáutica, Câmara dos Deputados, 87º Congresso, Primeira Sessão, nº 242], "Proposed Studies on the Implications of Peaceful Space Activities for Human Affairs", 215. Preparado para a NASA pela Brookings Institution e entregue à Committee of the Whole House of the State of the Union [Comissão de Toda a Casa do Estado da União] em 18 de abril de 1961.

19. Hoagland, *Monuments*, 350-60.

20. B. Conrath, F. M. Flasar, R. Hanel, V. Kunde, W. Maguire, J. Pearl, J. Pirraglia, *et al.*, "Infrared Observations of the Neptunian System", *Science* 246, nº 4936 (1989); 1454-59; consulte também Hoagland, *Monuments*, 397.

21. J. Gordon Melton, Jerome Clark e Aidan A. Kelly, *New Age Almanac* (Detroit: Visible Ink Press, 1991), 105.

22. *Ibid.*, 106.

23. *Ibid.*

24. Jerome Clark e J. Gordon Melton, "Marcello Truzzi Talks about... the Crusade Against the Paranormal", 1ª Parte, *Fate* 83, nº 9 (1979): 70-6; 2ª Parte, *Fate* 83, nº 10 (1979): 87-94.
25. Michel Gauquelin, *The Cosmic Clocks* (Londres: Peter Owen, 1969), 10-4.
26. Dennis Rawlins, "sTARBABY", *Fate Magazine* 34, outubro de 1981, 67-98.
27. Melton, Clark, e Kelly, *New Age Almanac*, 109-10.
28. Thomas Kuhn, *The Structure of Scientific Revolutions* (Chicago: University of Chicago Press, 1970), 64.
29. *Ibid.*
30. Schwartz, *The Afterlife Experiments*, 216 (consulte o cap. 2, n. 10).

Capítulo 10

Epígrafe: Carlos Castañeda, *The Teachings of Don Juan: A Yaqui Way of Knowledge* (Berkeley, University of California, 1968), 11.

1. Paul Pearsall, *The Heart's Code: Tapping the Wisdom and Power of Our Heart Energy* (Nova York: Broadway Books, 1998), 13-4.
2. *Ibid.*
3. Gary E. Schartz e Linda G. S. Russek, "Energy Cardiology: A Dynamic Energy Systems Approach for Integrating Conventional and Alternative Medicine", *Advances: The Journal of Mind-Body Health*, 12 (1996): 4-24.
4. Candace Pert, "The Wisdom of the Receptors: Neuropeptides, the Emotions, and BodyMind", *Advances* 3 (1986): 9.
5. *Ibid.*, 12.
6. Pearsall, *Heart's Code*, 7.
7. *Ibid.*, 83.
8. Laszlo, *Science and the Akashic Field*, 157 (consulte a introdução, n. 3).
9. John Clarke, "SQUIDS", *Scientific American*, agosto de 1994, 46-53.
10. Pearsall, *Heart's Code*, 103.
11. *Ibid.*, 101.
12. *Ibid.*, 73.

13. Robert F. DeBusk, "Sexual Activity Triggering a Myocardial Infarction: One Less Thing to Worry About", *Journal of the American Medical Association* 275 (1996): 1447-448.

Epílogo

1. Lynn McTaggart, *The Intention Experiment: Using Your Thoughts to Change Your Life and the World* (Nova York: Free Press, 2007), 178.

BIBLIOGRAFIA

Arntz, William, Betsy Chasse e Mark Vicente. *What the Bleep do We Know!?: Discovering the Endless Possibilities for Altering your Everyday Reality*. Deerfield Beach, FL: Health Communications, Inc., 2005.

Backster, Cleve. "Evidence of a Primary Perception in Plant Life". *International Journal of Parapsychology* 10 (1967): 141.

Barnes, Patricia A., Eve Powell-Griner, Kim McFann e Richard L. Nahin. "Complimentary and Alternative Medicine Use among Adults: United States, 2002". Centers for Disease Control Advance Data from Vital and Health Statistics, nº 343 (27 de maio de 2004).

Barrow, John, e Frank Tripler. *The Anthropic Cosmological Principle*. Londres: Oxford University Press, 1986.

Becker, Robert, *Cross Currents: The Perils of Electropollution, The Promise of Electromedicine*. Nova York: Tarcher/Putnam, 1990.

_____, e Gary Selden. *The Body Electric: Electromagnetism and the Foundation of Life*. Londres: Quill/William Morrow, 1985.

Blavatsky, Helena, P. *The Secret Doctrine*. Wheaton, IL: Theosophical Publishing House, Quest Books, 1993. [*A Doutrina Secreta*, publicado pela Editora Pensamento, São Paulo, 1980.]

Bohm, David. *Wholeness and the Implicate Order*. Londres: Routledge, 1980. [*A Totalidade e a Ordem Implicada*, publicado pela Editora Cultrix, São Paulo, 1992.] (fora de catálogo)

Botkin, Allan L. *Induced After-Death Communication: A New Therapy for Healing Grief and Trauma.* Com R. Craig Hogan. Charlottesville, VA: Hampton Roads, 2005.

Brennan, Barbara Ann. *Hands of Light: A Guide to Healing through the Human Energy Field.* Nova York: Bantam, 1987. [*Mãos de Luz — Um Guia para a Cura Através do Campo de Energia Humana,* publicado pela Editora Pensamento, São Paulo, 1990.]

Brian, Denis. *Einstein: A Life.* Nova York: John Wiley and Sons, 1996.

Broderick, Damien. *Outside the Gates of Science: Why It's Time for the Paranormal to Come in from the Cold.* Nova York: Thunder's Mouth Press, 2007.

Broughton, Richard. *Parapsychology: the Controversial Science.* Londres: Random Century, 1992.

Bruyere, Rosalyn, *Wheels of Light.* Glendale, CA: Healing Light Center, 1093.

Burr, Harold Saxton, Ph.D. *The Fields of Life.* Nova York: Ballantine, 1972.

Byrd, Robert. "Positive Therapeutic Effects of Intercessory Prayer in a Coronary Care Unit Population." *Southern Medical Journal* 81, nº 7 (1988): 826-29.

Capra, Fritjof. *The Tao of Physics: An Exploration of the Parallels between Modern Physics and Easter Mysticism.* Boston: Shambhala, 1991. [*O Tao da Física — Uma Análise dos Paralelos entre a Física Moderna e o Misticismo Oriental,* publicado pela Editora Cultrix, São Paulo, 1985.]

Castañeda, Carlos. *The Art of Dreaming,* Nova York: HarperPerennial, 1993.

_____. *The Teachings of Don Juan: A Yaqui Way of Knowledge.* Berkeley: University of California Press, 1998.

Davies, Paul. *The Mind of God: The Scientific Basis for a Rational World.* Nova York: Touchstone, 1992.

DeBusk, Robert F. "Sexual Activity Triggering a Myocardial Infarction: One Less Thing to Worry About." *Journal of the American Medical Association* 275 (1996): 1447-48.

Dossey, Larry. *Space, Time, and Medicine.* Boulder, CO: Shambhala, 1982. [*Espaço, Tempo e Medicina,* publicado pela Editora Cultrix, São Paulo, 1998.]

Drake, Frank. *Intelligent Life in Space.* Nova York: Macmillan, 1964.

Dumitrescu, Ion. *Electrographic Imaging in Medicine and Biology.* Organizado por Julian Kenyon. Traduzido para o inglês por C. A. Galia. Sudbury, Suffolk: Neville Spearman, Ltd., 1983.

Dunne, Brenda. "Gender Differences in Human/Machine Anomalies." *Journal of Scientific Exploration* 12, nº 1 (1998): 3-55.

_____., et al. "Operator-Related Anomalies in a Random Mechanical Cascade." *Journal of Scientific Exploration* 2, nº 2 (1988): 155-79.

Ehrman, Bart D. *Misquoting Jesus: The Story Behind Who Changed the Bible and Why.* San Francisco: HarperSanFrancisco, 2005.

Einstein, Albert, Boris Podolski e Nathan Rosen. "Can Quantum Mechanical Description of Physical Reality Be Considered Complete?" *Physical Review* 47 (1935).

Eisenberg, David M. *Encounters with Qi: Exploring Chinese Medicine.* Com Thomas Lee Wright. Nova York: W. W. Norton and Co., 1995.

Eisenberg, David M., Roger Davis, Susan Ettner, Scott Appel, Sonja Wilkey, Maria van Pompay e Ronald Kessler. "Trends in Alternative Medicine Use in the United States, 1990-1997: Results of a Follow-up National Survey." *Journal of the American Medical Association* 280, nº 18 (1998): 1569-575.

Eisenberg, David M., Ronald Kessler, Cindy Foster, Frances Norlock, David Calkins e Thomas Delbanco. "Unconventional Medicine in the United States: Prevalence, Costs, and Patterns of Use", *New England Journal of Medicine* 328, nº 4 (1993): 246-52.

Eysenck Hans J., e Carl Sargent, *Explaining the Unexplained: Mysteries of the Paranormal.* Londres, Prion, 1997.

Festinger, Leon. *A Theory of Cognitive Dissonance.* Palo Alto, CA: Stanford University Press, 1962.

Fleischmann, Martin, e Stanley Pons. "Electrochemically Induced Nuclear Fusion of Deuterium." *Journal of Electroanalytical Chemistry* 262, nº 2, pt. 1 (10 de abril de 1989): 301-08 e 263: 187-88.

Gauquelin Michel, *The Cosmic Clocks.* Londres: Peter Owen, 1969.

Gerber, Richard, *Vibrational Medicine for the 21st Century: A Complete Guide to Energy Healing and Spiritual Transformation.* Nova York: HarperCollins,

2000. [*Medicina Vibracional — Uma Medicina para o Futuro*, publicado pela Editora Cultrix, São Paulo, 1992.]

_____. *Vibrational Medicine: New Choices for Healing Ourselves.* Santa Fé: Bear, 1988.

Grad, Bernard. "Some Biological Effects of 'Laying-on of Hands': A Review of Experiments with Animals and Plants", *Journal of the American Society for Psychical Research* 59 (1965): 95-127.

_____. "A Telekinetic Effect on Plant Growth, 2ª parte; Experiments Involving Treatment of Saline in Stoppered Bottles." *International Journal of Parapsychology* 6 (1964): 473-98.

_____, et al. "The Influence of an Unorthodox Method of Treatment on Wound Healing in Mice." *International Journal of Parapsychology* 35 (1963): 24.

Green, Brian. *The Elegant Universe: Superstrings, Hidden Dimensions, and the Quest for the Ultimate Theory.* Londres: Vintage, 2000.

Green, Elmer E., Peter A. Parks, Paul M. Guyer, Steven L. Fahrion e Lolafaye Coyne. "Anomalous Electrostatic Phenomena in Exceptional Subjects." *Subtle Energies* 2, nº 3 (1991): 69-97.

Guth, Alan. *The Inflationary Universe: The Quest for a New Theory of Cosmic Origins.* Nova York: Perseus, 1997.

Haisch, Bernard. *The God Theory: Universes, Zero-Point Fields, and What's Behind It All.* York Beach, ME: Red Wheel/Weiser, 2006.

Haisch, Bernard, Alfonso Rueda e Harold Puthoff. "Beyond E=MC2: A First Glimpse of a Universe without Mass." *Sciences* (novembro/dezembro de 1994): 26-31.

_____. "Intertia as a Zero-Point-Field Lorentz Force." *Physical Review A* 49, nº 2 (1994): 678-94.

Hameroff, Stuart. "Funda Mentality": Is the Conscious Mind Subtly Linked to a Basic Level of the Universe?" *Trends in Cognitive Sciences* 2, nº 4 (1998): 119-27.

Harris, William S., Manohar Gowda, Jerry W. Kolb, Christopher P. Strychacz, James L. Vacek, Philip G. Jones, Alan Forker, James H. O'Keefe e Ben D. McCallister, "A Randomized, Controlled Trial of the Effects of Remote, Intercessory Prayer on Outcomes in Patients Admitted to the Coronary Care Unit", *Archives of Internal Medicine* 159, nº 19 (25 de outubro de 1999): 2273-278.

Heisenberg, Werner. *Physics and Philosophy: The Revolution in Modern Science*. Harmondsworth, Reino Unido: Penguin, 2000.

Hoagland, Richard. *The Monuments of Mars: A City on the Edge of Forever*, 4ª edição. Berkeley, CA: Frog, Ltd., 1996.

Hogan, Craig J., Robert P. Kirshner e Nicholas B. Suntzeff. "Surveying Space-Time with Supernovae." *Scientific American* (janeiro de 1999): 51.

Hoyle, Fred. *The Intelligent Universe*. Londres: Michael Joseph, 1983.

Jahn, Robert G. "The Persistent Paradox of Psychic Phenomena: An Engineering Perspective." *IEEE: Proceedings of the IEEE* 702 (1982): 136-70.

Jahn, Robert G. e Brenda J. Dunne. *Margins of Reality: The Role of Consciousness in the Physical World*. Nova York: Harcourt Brace Jovanovich, 1987.

_____., "On the Quantum Mechanics of Consciousness with Application to Anomalous Phenomena", *Foundations of Physics* 15, nº 8 (1986): 721-72.

_____., "Science of the Subjective." *Journal of Scientific Exploration* 11, nº 2 (1997): 201-24.

Kilner, Walter J. *The Human Atmosphere* (Londres, 1911); revisto e com o título alterado para *The Human Aura* (New Hyde Park, NY: University Books, 1965), 3-4.

Kirlian, Semyon D., e Valentina H. Kirlian, *Investigation of Biological Objects in High Frequency Electrical Fields, etc*. Alma Ata: USSR, 1968.

_____. "Photography and Visual Observations by Means of High Frequency Currents." *Journal of Scientific and Applied Photography* 6 (1961): 145-48.

Krauss, Lawrence M. "Cosmological Antigravity." *Scientific American* (janeiro de 1999): 53.

Krieger, Dolores. "The Response on In-Vitro Human Hemoglobin to an Active Healing Therapy by Direct Laying-on of Hands", *Human Dimensions* 1 (outono de 1972): 12-5.

_____. *The Therapeutic Touch: How to Use Your Hands to Help or to Heal*. Englewood Cliff, NJ: Prentice Hall, 1979.

_____. "Therapeutic Touch: The Imprimatur of Nursing", *American Journal of Nursing* 75 (1975): 784-87.

Kuhn, Thomas. *The Structure of Scientific Revolutions*. Chicago: University of Chicago Press, 1970.

Laszlo, Ervin. *The Interconnected Universe: Conceptual Foundations of Transdisciplinary Unified Theory*. Singapore: World Scientific, 1995.

_____. *Science and the Akashic Field: An Integral Theory of Everything*. Rochester, VT: Inner Traditions, 2007. [*A Ciência e o Campo Akáshico - Uma Teoria Integral de Tudo*, publicado pela Editora Cultrix, São Paulo, 2008.]

Leadbeater, C. W. *The Chakras*. Wheaton, IL: Theosophical Publishing House, 1927. Nona edição, 2001. [*Os Chakras*, publicado pela Editora Pensamento, São Paulo, 1960.]

LeShan, Lawrence. *The Medium, the Mystic, and the Physicist*. Nova York: Ballantine, 1966.

Levin, Jeffery S. "How Religion Influences Morbidity and Health: Reflections on Natural History, Salutogenesis, and Host Resistance." *Social Science and Medicine* 43, nº 5 (1996): 849-64.

Lipton, Bruce. *The Biology of Belief: Unleashing the Power of Consciousness, Matter, and Miracles*. Santa Rosa, CA: Mountain of Love/Elite Books, 2005.

Lommel, Pirn van, Ruud van Wees, Vincent Meyers e Ingrid Elfferich. "Near-death Experience in Survivors of Cardiac Arrest: A Prospective Study in the Netherlands", *Lancet* 358 nº 9298 (15 de dezembro de 2001), 2039-045.

Martin, Joel e Patricia Romanowski, *We Don't Die*. Nova York: G. P. Putnam's Sons, 1988.

McDaniel, Stanley. *The McDaniel Report: On the Failure of Executive, Congressional, and Scientific Responsibility in Investigating Possible Evidence of Artificial Structures on the Surface of Mars and in Setting Mission Priorities for NASA's Mars Exploration Program*. Berkeley, CA: North Atlantic Books, 1993.

McIntyre, Michael. "The House of Lords Select Committee's Report on CAM." *Journal of Complimentary and Alternative Medicine* 7, nº 1 (2001): 9-11.

McMoneagle, Joseph. *Mind Trek: Exploring Consciousness, Time, and Space through Remote Viewing*. Charlottesville, VA: Hampton Roads, 1997.

McTaggart, Lynn. *The Field: The Quest for the Secret Force of the Universe.* Nova York: Quill, 2003.

_____. *The Intention Experiment: Using Your Thoughts to Change Your Life and the World.* Nova York: Free Press, 2007.

Melton, J. Gordon, Jerome Clark e Aidan A. Kelly. *New Age Almanac.* Detroit: Visible Ink Press, 1991.

Miller, Robert. "Methods of Detecting and Measuring Healing Energies." In *Future Science: Life Energies and the Physics of Paranormal Phenomena,* org. John White e Stanley Krippner, 431-44. Garden City, NJ: Anchor/Doubleday, 1977.

Milton, Richard. *Alternative Science: Challenging the Myths of the Scientific Establishment.* Rochester, VT: Park Street Press, 1996.

Mitchell, Edgar D. "Nature's Mind: The Quantum Hologram." *International Journal of Computing Anticipatory Systems* 7. Trabalhos parciais da Third International Conference CASYS'99 on Computing Anticipatory Systems, 9-14 de agosto de 1999, organizado por D. M. Dubois, 295-312. Liège, Bélgica: Centre for Hyperincursion and Anticipation in Ordered Systems (CHAOS), 2000.

_____. *The Way of the Explorer: An Apollo Astronaut's Journey through the Material and Mystical Worlds.* Londres: G. P. Putnam, 1996.

Monroe, Robert. *Far Journeys.* Garden City, NY: Doubleday, 1985.

_____. *Journeys Out of the Body.* Garden City, NY: Doubleday, 1977.

Moody, Raymond. *Life After Life.* 2ª edição. Nova York: Bantam, 1975.

_____. *The Light Beyond: New Explorations.* Com Paul Perry. Nova York: Bantam, 1988.

Moss, Thelma. *Body Electric: A Personal Journey into the Mysteries of Parapsychological Research, Bioenergy and Kirlian Photography.* Nova York: Tarcher, 1979.

Motoyama, Hiroshi. *Theories of the Chakras: Bridge to Higher Consciousness.* Wheaton, IL: Theosophical Publishing House, Quest Books, 1981. [*Teoria dos Chakras,* publicado pela Editora Pensamento, São Paulo, 1988.]

Muses, Charles. "Working with the Hypernumber Idea." *In Consciousness and Reality*, organizado por Charles Muses e Arthur M. Young. Nova York: Avon Books, 1972.

Nelson, Roger D. e Dean I. Radin. "When Immovable Objections Meet Irresistible Evidence." *Behavioral and Brain Sciences* 10 (1987): 600-01.

Ostrander, Sheila, e Lynn Schroeder, *Psychic Discoveries Behind the Iron Curtain*. Nova York: Prentice Hall, 1984.

Pearsall, Paul. *The Heart's Code: Tapping the Wisdom and Power of Our Heart Energy*. Nova York: Broadway Books, 1998.

Penrose, Roger. *Shadows of the Mind: A Search for the Missing Science of Consciousness*. Londres: Vintage, 1994.

Pert, Candace. *Molecules of Emotion: Why You Feel The Way You Feel*. Nova York: Simon and Schuster, 1999.

Piper, Don. *90 Minutes in Heaven: A True Story of Death and Life*. Com Cecil Murphey. Grand Rapids, MI: Revell, 2004.

Playfair, Guy e Scott Hill. *The Cycles of Heaven: Cosmic Forces and What They Are Doing to You*. Nova York: Avon Books, 1978.

Popp, Fritz-Albert e Jinn-Ju Chang. "Mechanism of Interaction between Electromagnetic Fields and Living Systems." *Science in China (Series C)* 43 (2000): 507-18.

Popp, Fritz-Albert, Qian Gu e Ke-Hsueh Li. "Biophoton Emission: Experimental Background and Theoretical Approaches." *Modern Physics Letter B* 8 (1994): 1269-96.

Popper, Karl. *The Logic of Scientific Discovery*. Londres: Unwin Hyman, 1959.

Powell, A. E. *The Causal Body and the Ego*. Wheaton, IL: Theosophical Publishing House, 1928. Reedição Adyar, Índia: Theosophical Publishing House, 2000. [*O Corpo Causal e o Ego*, publicado pela Editora Pensamento, São Paulo, 1984.] (fora de catálogo)

_____. *The Etheric Double: The Health Aura of Man*. Wheaton, IL: Theosophical Publishing House, Quest Books, 1969. [*O Duplo Etérico*, publicado pela Editora Pensamento, São Paulo, 1967.]

_____. *The Mental Body.* Wheaton, IL: Theosophical Publishing House, 1967. [*O Corpo Mental*, publicado pela Editora Pensamento, São Paulo, 1983.] (fora de catálogo)

Puthoff, Harold E. "CIA-Initiated Remote Viewing Program at Stanford Research Institute." *Journal of Scientific Exploration* 10, nº 1 (1996): 63-76.

_____. "Gravity as a Zero-Point-Fluctuation Force," *Physical Review A* 39, nº 5 (1989): 2333-342.

Puthoff, Harold E. e Russell Targ. "Information Transmission under Conditions of Sensory Shielding." *Nature* 251, nº 5476 (18 de outubro de 1974): 602-7.

_____. "A Perceptual Channel for Information Transfer over Kilometer Distances: Historical Perspective and Recent Research", *Proceedings of the IEEE* 64, nº 3 (março de 1976): 329-54.

_____. "Psychic Research and Modern Physics." *In* Edgar J. Mitchell, *Psychic Exploration: A Challenge for Science*, organizado por John White, 523-36. Nova York: G. P. Putnam's Sons, 1974.

Radin, Dean I. *The Conscious Universe: The Scientific Truth of Psychic Phenomena.* Nova York: HarperEdge, 1997.

_____. *Entangled Minds: Extrasensory Experiences in a Quantum Reality.* Nova York: Paraview Pocket Books, 2006.

Radin, Dean I., e Roger D. Nelson. "Evidence for Consciousness-Related Anomalies in Random Physical Systems." *Foundations of Physics* 19, nº 12 (dezembro de 1989): 1499-514.

Reich, Wilhelm. *The Cancer Biopathy.* Nova York: Farrar, Straus, and Giroux, 1973.

_____. *Character Analysis.* Londres: Vision Press, 1950.

_____. *The Discovery of the Orgone.* Vol 1, *The Function of the Orgasm.* Traduzido para o inglês por Theodore P. Wolfe. Nova York: Orgone Institute Press, 1942.

_____. *The Discovery of the Orgone.* Vol 2, *The Cancer Biopathy.* Traduzido para o inglês por Theodore P. Wolfe. Nova York: Orgone Institute Press, 1943.

_____. *Selected Writings.* Nova York: Farrar, Straus e Cudahy, 1960.

Reichenbach, Karl Baron von. *Researches on Magnetism, Electricity, Heat, Light, Crystallization, and Chemical Attraction in Their Relations to the Vital Force*, traduzido para o inglês por William Gregory. Londres: Taylor, Walton & Maberly, 1850. Reedição Secaucus, NJ: University Books, 1974.

Restak, Richard M. "Is Free Will a Fraud?" *Science Digest* (outubro de 1983): 52.

Rhine, Joseph Banks. *New World of the Mind*. Nova York: William Sloane, 1953.

Ring, Kenneth. *Heading Toward Omega: In Search of the Meaning of the Near-Death Experience*. Nova York: HarperPerennial, 1985.

_____. *Life at Death*. Nova York: Quill, 1980.

_____, e Sharon Cooper. "Near-Death and Out-of-Body Experiences in the Blind: A Study of Apparent Eyeless Vision." *Journal of Near-Death Studies* 16 (inverno de 1997): 101-47.

Rose-Neil, Sidney. "The Work of Professor Kim Bong Han." *The Acupuncturist* 1 (1967): 15.

Schnabel, Jim. *Remote Viewers: The Secret History of America's Psychic Spies*. Nova York: Dell, 1997.

Schwartz, Gary E. *The Afterlife Experiments: Breakthrough Scientific Evidence of Life after Death*. Com William L. Simon. Nova York: Atria, 2002.

_____. *The G.O.D. Experiments: How Science is Discovering God in Everything, Including Us*. Com William L. Simon. Nova York: Atria, 2006.

_____. *The Truth about Medium: Extraordinary Experiments with the Real Allison DuBois*. Com William L. Simon. Charlottesville, VA: Hampton Roads, 2005.

_____, e Linda G. S. Russek. *The Living Energy Universe: A Fundamental Discovery that Transforms Science and Medicine*. Charlottesville, VA: Hampton Roads, 1999.

Schwartz, Gary E., Linda G. S. Russek, Lonnie A. Nelson e Christopher Barensten. "Accuracy and Replicability of Anomalous After-Death Communication across Highly Skilled Mediuns." *Journal of the Society for Psychical Research* 65 (2001): 1-25.

Sheldrake, Rupert. *Dogs that Know When Their Owners Are Coming Home and Other Unexplained Powers of Animals.* Londres: Hutchinson, 1999.

_____. *A New Science of Life: The Hypothesis of Morphic Resonance.* Rochester, VT: Park Street Press, 1995.

_____. *The Presence of the Past: Morphic Resonance and the Habits of Nature.* Londres: HarperCollins, 1994.

Smith, Alson J. "From Miracle to Experiment." *In Religion and the New Psychology.* Nova York: Doubleday, 1951.

Smolin, Lee. *The Trouble with Physics: The Rise of String Theory, the Fall of Science, and What Comes Next.* Nova York: Houghton Mifflin, 2006.

Stevenson, Ian. *Cases of the Reincarnation Type.* 4 vols. Charlottesville, VA: University Press of Virginia, 1975-983.

_____. *Children Who Remember Previous Lives: A Question of Reincarnation.* Charlottesville, VA: University Press of Virginia, 1987.

_____. *Twenty Cases Suggestive of Reincarnation.* Charlottesville, VA: University Press of Virginia, 1974.

Sturrock, Peter. "Brave New Heresies." *New Scientist* 24 (31 de dezembro de 1988): 49-51.

Swann, Ingo. *To Kiss Earth Good-bye.* Nova York: Dell, 1975.

Swedenborg, Emanuel. *Heaven and Hell: Drawn from Things Heard and Seen.* Traduzido para o inglês por George F. Dole. West Chester, PA: The Swedenborg Foundation, 2000.

Talbot, Michael. *The Holographic Universe.* Nova York: HarperCollins, 1991.

Targ, Russel e Keith Harary. *The Mind Race: Understanding and Using Psychic Abilities.* Nova York: Ballantine, 1984.

_____. e Harold E. Puthoff. *Mind-Reach: Scientists Look at Psychic Ability.* Nova York: Dell, 1977. Reimpresso por Charlottesville, VA: Hampton Roads, 2005.

Tart, Charles T., org. *Body Mind Spirit: Exploring the Parapsychology of Spirituality.* Charlottesville, VA: Hampton Roads, 1997.

Taylor, John M. *Superminds: A Scientist Looks at the Paranormal.* Londres: Pan, 1976.

Thompkins, Peter e Christopher Bird. *The Secret Life of Plants*. Nova York: Avon Books, 1973.

Tilller, William A. "Energy Fields and the Human Body." *In Frontiers of Consciousness*, organizado por John White. Nova York: Avon Books, 1974.

_____. *Science and Human Transformation: Subtle Energies, Intentionality, and Consciousness*. Walnut Creek, CA: Pavior, 1997.

_____. "Subtle Energies in Energy Medicine." *Frontier Perspectives* 4, nº 2 (1995).

Velikovsky, Immanuel. *Worlds in Collision*. Nova York: Dell, 1950.

Whitton, Joel L. e Joe Whitton Fisher. *Life Between Life*. Nova York: Doubleday, 1986.

Wilber, Ken. *The Spectrum of Consciousness*. Wheaton, IL: Theosophical Publishing House, Quest Books, 1977. [*O Espectro da Consciência*, publicado pela Editora Cultrix, São Paulo, 1990.]

_____. *A Theory of Everything: An Integral Vision for Business, Politics, Science, and Spirituality*. Boston: Shambhala, 2000. [*Uma Teoria de Tudo*, publicado pela Editora Cultrix, São Paulo, 2003.]

Woit, Peter. *Not Even Wrong. The Failure of String Theory and the Search for Unity in Physical Law*. Nova York: Basic Books, 2006.

Wolf, Fred Alan. *The Dreaming Universe: A Mind-Expanding Journey into the Realm Where Psyche and Physics Meed*. Nova York: Touchstone, 1995.

_____. *Star Wave: Mind, Consciousness, and Quantum Physics*. Nova York: Macmillan, 1986.

Zukav, Gary. *The Dancing Wu Li Masters: An Overview of the New Physics*. Nova York: William Morrow, 1979.

_____. *The Seat of the Soul*. Nova York: Fireside, 1989.